"十三五"国家重点
出版物出版规划项目

城市社区更新理论与实践丛书
赵万民　黄瓴　主编

BEIJING 北京

城市社区更新
理论与实践

CHENGSHI SHEQU GENGXIN
LILUN YU SHIJIAN

刘佳燕　著

中国城市出版社
中国建筑工业出版社

《城市社区更新理论与实践丛书》总序

进入21世纪第三个十年，回顾我国规划学科和规划学界近年经历的历史性变化和巨大进步，主要体现在两大方面：一方面是新的国土空间规划体系的建构，另一方面是城市发展模式和空间规划从主要是增量扩张到存量提升即城市更新的转型。正是党的十八大及继后的党的三中全会、五中全会以及2015年中央城市工作会议，对我国改革开放以来经济社会发展阶段和形势做出了科学判断，进一步明确和极大地充实了中国特色社会主义的丰富内涵，正确及时地把握我国城镇化的历史进程，提出了新型城镇化的时代转型。党的十九大报告中指出，我国社会主要矛盾已转变为人民日益增长的美好生活需要和不平衡不充分的发展之间的矛盾。以人民为中心的高质量发展目标已成为全社会共识，这同第三次联合国住房和城市可持续发展大会提出的人类未来二十年共同发展纲领《新城市议程》及17项可持续发展目标（SDGs）相互契合。从党的十八届三中全会首次提出"推进国家治理体系和治理能力现代化"这个重大命题到党的十九届五中全会明确"十四五"规划和二〇三五年基本实现社会主义现代化远景目标，并且具体到对我国规划体系的改革提出改革方向、内容和指导方针，催生了规划学科向真正符合人民和时代需要的方向发生深刻而伟大的变革，一系列相关文件指导着我国规划体系不断深化和完善。

我们从十余年的理论探索和工作实践中汇聚形成的这套丛书的主题——城市社区更新属于后一方面，可以说是在以人民为中心的思想指引下一部分城市规划转型课题的理论和实践的阶段总结。曾几何时，在当地政府邀请和委托下，我们走进一个个城市中低收入居民的社区，面对住房条件、居住环境、市政设施以及社会方面的多种问题，社区更新规划的工作方式、内容和程序无法继续沿用传统体系规划的范式。进入这个新的工作领域时，免不了要学习与参照西方发达国家的社区规划著作和范例，以及国内陆续问世的社区规划论著，从中获得较为系统的社区规划概念和方法，但是多彩多姿的国情和地域现实促进我们重新思考，走进社区人民群众和基层干部中共商共谋，在实践中创新求解。可以说，参与每个社区更新的过程都可以记录下一个个生动的故事，这也是规划师价值观的自我净化和升华。

说到社区更新和社区规划从早期的试验到最近纳入城市规划体系的历程，的确是意味深长。自中华人民共和国成立至改革开放迄今，在全国构建起区、街道、居委会三级城市基层政权组织体系，先后经历了从社区服务、社区建设到社区治理三个发展阶段。1986年，民政部首次把"社区"概念引入城市管理，提出要在城市中开展社区服务工作。2000年11月，中共中央办公厅、国务院办公厅转发《民政部关于在全国推进城市社区建设的意见》，明确"社区建设是指在党和政府的领导下，依靠社区力量，利用社区资源，强化社区功能，解决社区问题，促进社区政治、经济、文化、环境协调和健康发展，不断提高社区成员生活水平和生活质量的过程"，推动各地区将社区建设纳入国民经济与社会发展计划。2001年，社区建设被列入国家"十五"计划发展纲要。2010年至今，社区治理成为国家治理重要组成部分，重点在于构建城乡社区治理体系，提升城乡社区治理能力，打造共建共治共享治理格局。2017年6月，《中共中央 国务院关于加强和完善城乡社区治理的意见》指出，"完善城乡社区治理体制，努力把城乡社区建设成为和谐有序、绿色文明、创新包容、共建共享的幸福家园"。2017年10月，党的十九大报告提出，"加强社区治理体系建设，推动社会治理重心向基层下移，发挥社会组织作用，实现政府治理和社会调节、居民自治良性互动"。但在过去的20年里，在我国大多数城市中，无论是社区规划还是社区更新，主要体现在具体项目上，并未从法理和学理上得到"正名"。原因主要有三：一是从学理上社区规划或社区更新涉及跨学科的充分融合，复杂的交叉机理未臻定论；二是从项目实践上体现出很大的在地差异性和综合性，规划的技术和方法多方尚在各自探索；三是过去发展阶段传统城乡规划体系中社区的缺位，正式规划专业教材和法规暂付阙如。从20世纪90年代末以来，上海、北京、深圳、武汉、重庆等国内一些大城市也只是在一些点上开展起社区规划、社区更新行动。

令人鼓舞的是，今天社区更新和社区规划在全国城市方兴未艾地蓬勃开展，新成果和新经验层出不穷。社区发展、社区更新的时代已经到来。

《城市社区更新理论与实践丛书》启动于2018年底，选择了具有代表性的9座城市，分别是北京、上海、广州、重庆、成都、武汉、南京、西安和厦门，旨在梳理和总结每一座城市在社区更新方面的经验，系统整理因地制宜的社区更新理念（理论）、规划设计方法，并通过典型案例探讨社区更新的机制与政策。特别需要说明的是，本丛书各分册的作者皆来自高校的城乡规划学专业，他们既是我国社区更新、社区规划的实践者与研究者，同时也是观察者和教育者。大家的共识是立足规划的视野探讨具有中国语境下的城市社区更新，希冀从规划的多学科维度进一步丰富我国的城市更新理论和方法。写作和编辑这套丛书最大的体会，是必须努力学习、深刻理解习近平新时代中国特色社会主义思想的科学体系，牢固树立以人民为中心的发展思想，坚定中国特色社会主义道路的四个自信和五大发展理念，以此丰富和创新我国社区发展的规划学科理论。自豪地身处当下的中国，站在过去城市规划建设取得的卓越成就的基础上，经心审视社区的价值，充分认知社区之于国家治理的作用，努力发现社区作为实现人民城市愿景的重要意义，乃是本丛书编写的初衷。丛书的顺利诞生要特别感谢中国建筑工业出版社（中国城市出版社）的大力支持和辛勤工作。

"诗意的栖居"是人类包括中国人的共同理想。已做的社区更新规划研究和实践曾经陪伴了我们千百个日日夜夜,更深入到我们心灵中的每一天。我们更为不同社区的未来美好图景殚精竭虑。作为我国社区发展的城市规划工作的参与者,从实践到理论,再从理论到实践的不懈且无尽的努力,这既是使命,更觉荣光。

  谨此为序。

赵万民

2021年10月

▶ 前言 ◀

春去秋来，四季更替，大自然之魅力在于年复一年的除旧焕新，生物体之活力在于生生不息的新陈代谢。城市亦然。

长久以来，我们对于缓慢演进的、城市侵占乡村的活动似乎已经习以为常，或是将目光更多聚焦于对新形态与新事物的畅想和拥抱。

在当代城镇化与全球化浪潮以及资本、权力和技术革新的驱动下，曾经缓慢、自然演替的城市更新过程在过去的百年间加速、加剧，社会群体对于参与、公正、人文等社会性议题的关注，也让更新背后的目标价值、决策机制、实施路径走到前台，接受多元主体的审视与共议。

更重要的是，曾经常用的"城市人口""居民"等抽象称谓已再难以笼统覆盖所有，在日益碎片化的社会空间和利益格局中，不得不面对"你们"和"我们"之区分。社区的重要性日益凸显，其不仅作为更新资源和实施策略相对集中投放的场域阵地，而且是形塑差异化更新政策的实践基础，更是决定更新行动成败的关键参与者。

当下探讨社区更新有着特别的重要性。一是在新型城镇化与北京减量提质战略背景下，亟须探索依托存量更新实践以人为本理念的实施路径;二是在共同富裕发展目标指引下,更新作为提升城市竞争力,更是再分配的手段,亟须探索如何让发展红利更广泛而公正地辐射到更多人;三是在城市更新转型浪潮下,社区更新不仅意味着转向更为微观的更新单元和更加精细化的设计与改造,更需要看到社区作为社会—空间统一体的能动性和主体性,探索如何实现更新活动与治理能力和治理体系现代化进程的协动推进。

北京,作为千年古都,亦是大国首都,相关更新活动一直在进行中,并面临相比一般城市更为复杂、艰巨的挑战。本书尝试从社会—空间视角,对北京半个多世纪以来的社区更新历程进行梳理和评价,分析不同发展阶段和背景下社区更新的差异化目标、实施路径和结果,并重点围绕当前的转型背景,对社区更新相关的重要政策环境、制度建设和代表性的前沿实践进行评述,最后对社区更新的概念、目标、原则和路径进行总结。

北京社区之丰富,更新之复杂,历程之曲折,一书难尽,定有疏漏或不到位之处,渴求各位读者批评、指正。

目录

《城市社区更新理论与实践丛书》总序
前言

第 1 章　关于社区
1.1　社区的概念　002
1.2　中国社区概念的特点　004
1.3　社区作为场所的价值　005

第 2 章　北京城市社区
2.1　北京城市和社区概况　010
2.2　北京城市社区的主要类型和特征　013
2.3　社区发展中的主要问题和挑战　023

第 3 章　城市更新与社区更新
3.1　城市更新　030
3.2　社区更新　038

第 4 章　北京城市更新背景下的社区更新历程
4.1　面向居住条件改善的住房拆改建（1950 年代～1980 年代中）　046
4.2　房地产开发推动下的危旧房改造（1980 年代末～1990 年代中）　049
4.3　城市现代化与房改浪潮下的大规模老城改造
　　（1990 年代末～2000 年代中）　053
4.4　老城整体保护战略下的小规模渐进式更新
　　（2000 年代末～2010 年代初）　058
4.5　探索多元模式的社区可持续有机更新（2010 年代中至今）　060
4.6　北京城市社区更新历程小结　062

第 5 章　更新背景下的北京城市居住空间转型
5.1　人口聚集效应日益显著，高密特征持续强化　066
5.2　社会结构总体逐步提升，两极分化趋势凸显　069
5.3　社会空间碎片化与隔离，邻里关系淡化解体　072
5.4　场所营销、空间绅士化与被动郊区化　075

第 6 章　新时期社区更新的制度和政策环境

6.1	北京新版城市总体规划	080
6.2	城市更新行动	082
6.3	老旧小区改造	086
6.4	基层治理体制改革	093
6.5	责任规划师制度创新与实践	096

第 7 章　老城历史街区的保护与复兴

7.1	大栅栏地区：设计介入与跨界复兴	104
7.2	东四南地区：参与式保护与更新	114

第 8 章　混合型居住街区的有机更新

8.1	新清河实验：参与式社区规划与社区治理	128
8.2	学院路街道：园校企联动的街区更新	138
8.3	劲松北社区：党建引领、企业推动的老旧小区改造	148

第 9 章　基于触媒的微空间更新

9.1	地瓜社区：地下空间的再利用与活化	160
9.2	微花园：胡同院落绿色微更新	166
9.3	公共空间方案征集：全民参与的空间品质提升	172

第 10 章　走向可持续社区更新

10.1	从城市更新到社区更新	182
10.2	社区更新的目标	184
10.3	社区更新的原则与理念	186
10.4	社区更新的路径	191
10.5	总结与展望	199

参考文献　203

后记　209

第1章　关于社区

1.1　社区的概念
1.2　中国社区概念的特点
1.3　社区作为场所的价值

社区有着极其复杂的内涵和释义，所以，这里并非试图为其赋予一个标准化的定义，而是尝试探讨在更新背景下如何走向更好的社区。重要的不是准则，而是价值。

本章在梳理社区概念的基础上，探讨中国特色的社区概念，以及社区作为场所的价值。

1.1 社区的概念

▶ 社区，可谓当前社会热议度最高的词汇之一。与之同样程度之高的，还有其涵义的复杂性和多样性，国内外相关概念解释超百余种，给不同学科、不同领域的研究和实践带来混淆、分歧，甚至争议。

从不同学科而言，空间视角下，社区指特定邻里地域范围内的物质环境；社会视角下，是基于共同兴趣、文化或利益连结的共同体；治理视角下，作为社会治理的基本单元（图1-1）。

从功能而言，社区通常指以居住功能为主的邻里社区。随着城市功能的日益复合，越来越多的居住区和就业、商业，甚至旅游功能混合设置，故而在近年来的社区规划、社区生活圈规划中，开始统筹考虑居住型社区、产业型社区、景区型社区等拥有不同特色主

图1-1 不同学科视角下的社区概念

导功能的社区类型。

Taylor（2003）等学者进一步提出，当人们谈及社区时，通常有以下三种差异化指代。

(1) 描述性定义

通常指一群拥有某些共同特征的人，特征包括个体属性、信仰、活动、场所、服务等。不过，拥有共同特征的人群并不必然将他们自身认定为一个（社区）共同体，关键是需要他们有共同的并能加以动员的利益，如文化遗产、社会关系、经济利益或权力等资源。正是这些共同的利益，激发社区内部的共享和互动，将社区从一个描述性的定义转变为活跃的代理人。

(2) 规范性定义

近年来出现有关"社区消亡"（loss of community）的讨论，可以追溯到斐迪南·滕尼斯（Ferdinand Tonnies, 1955）的著作，他对比了（乡村）社区（gemeinschaft）的积极属性和（城市）社区（gesellschaft）的消极属性。此种意义上的社区，指一定地域范围内的社会群体，由共同的价值观念和共识的行为规范结合而成的地域生活共同体。核心包含了人、地、关系这三大要素，即一定规模的群体（人），一定的地域范围（地），共同的文化价值观念和行为规范（人—人关系），以及群体对于场所的归属感（人—地关系）（图1-2）。现实中，人们常常把社区的描述性指代和规范性指代相混淆，假设拥有共同的居住地或利益将必然带来社会互动、价值认同和相互信任。大量现实中的"陌生人小区"证实了上述误区，同时也派生出下面的第三种类型。

图1-2 社区三要素：人、地、关系

(3) 工具性定义

假定规范可以引领行动，暗示社区可以转变为代理人，象征性地将信任、凝聚力和安全等价值归因于环境优化、服务供给等干预行为。

本书中所谈及的社区，主要指以居住为主要功能的邻里社区，强调聚焦于居住及以其为核心延展出来的生活相关内容。在涉及抽象的或类型化描述时，采用其描述性或规范性定义；涉及案例社区时，则采用工具性定义，基于2000年《民政部关于在全国推进城市社区建设的意见》中关于城市社区的界定，指"经过社区体制改革后作了规模调整的居民委员会辖区"。

1.2
中国社区概念的特点[①]

▶ 在中国,社区概念自诞生起就呈现出独特的在地化诠释和实践演绎。

（1）强调作为地方性场所

如果追溯"社区"的词源演进可见,从滕尼斯最早用德语表述的"gemeinschaft",到后来英文用语的"community",基本延续了共同的思想、文化、目的和命运这一核心理念。传入中国后,费孝通等人将其译为"社区"（丁元竹,2020）。"社"字有"社群"之意,如社会学早期曾被译为"群学";"区"字包含"地域"之意;更进一步,"社"字在《说文解字》中被释为"地主也",指土地神和祭祀土地神的地方、日子和祭礼,可见其天然就暗喻了中国传统紧密的人地关系。从学术实践而言,吴文藻、晏阳初、梁漱溟、费孝通等早期著名社会学家很大程度上受到"芝加哥学派"关注邻里特征和社会结构的影响,在社区研究中高度注重基于地方的实证调查。可见,从内涵到外延,社区一词一直含有地方性场所之意,并强调地方邻里与空间场域的紧密连结。

（2）与地方治理紧密结合

从汉唐的里坊制、宋代的乡治乡约、明清的保甲制,到中华人民共和国成立后的单位制与人民公社、街居制,再到现在的社区制,长久以来,社区都作为国家意识形态动员、环境决定论理想以及地方互助自治相结合的落脚点。Rowe等人认为,中国的社区概念不同于滕尼斯的定义,而更接近Suttles提出的,即基于特意和理性的,有意愿的或社会性的建构。由此可引申出中国社区规划的特殊性——不仅指领域的划分、设计和建设,还意指国家与地方积极努力地规划理想的和可复制的示范社区（Nick等,2019）。

可见,"场所"和"营造"两个关键词深植于中国的社区理念之中,前者强调空间性和社会性的整合,后者突出国家与地方力量互动下的创造与持续运营（图1-3）。

[①] 本节和下节部分内容参考：刘佳燕. 基于场所营造的社区规划：北京"新清河实验"的实践探索[J]. 上海城市规划,2021（5）：1-8.

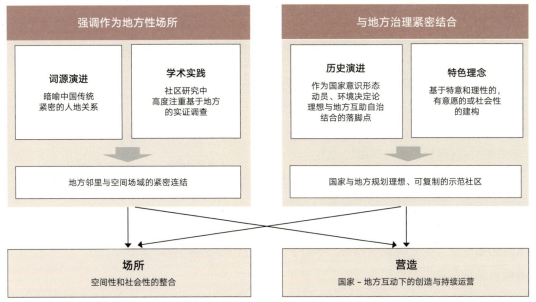

图1-3 中国社区概念的特点

1.3 社区作为场所的价值

▶ 场所（place）一词最早来自地理学领域，被定义为承载主观性的区域。相比于空间（space）更多指向不确定的、与个体没有社会联系的地点，场所是一种具有特定位置的固定空间，具有自己的特征、身份和价值。在社会文化视角下，它还是互动的社会空间，为社会关系赋予涵义。

最常与场所相关联的，是家和社区的概念。社区作为场所，承载了人们对过去的记忆、当下的生活和对未来的想象，充满了经验和意义，同时让人们对自身和地方产生认同；另一方面，这些记忆、想象和认同又共同塑造着社区场所。

社区作为一种场所，呈现出复合的价值属性，主要有以下三点（图1-4）。

（1）社区作为地域共同体

来自于场所作为物理空间的"邻近性"和"宜居性"的假设，

强调物质环境对于形塑良好社区的重要作用，并认为人们关于生活的主观评价很大程度上依赖于客观的生活质量。具体体现在两个方面：一是基于地域邻近性，实现各类社会福祉的获取；二是通过环境宜居性，实现生活质量的保障。

（2）社区作为生活共同体

社区场所作为一种重要的地方资源，面向所有年龄、能力和社会经济背景的人提供进入和享用的可能，并在其互动交往、情感维系和身份认同中发挥重要作用。不同于前者假设的具备理性规模和格局的空间单元，

图1-4 社区作为场所的价值

这里的社区是动态的，由特定时空下社区内的人及其与他人、与场所之间的互动形成，强调来自场所作为生活空间的主体体验属性。实际中，可能存在多个由行动者认知的社区，作为人们在共享的日常实践中产生互动和情感认同的场所，它们通过不同的体验、归属或身份共存。具体体现在：一是多元主体之间的社区连结度，通常可用社区社会资本来测度，包括互动、支持和信任等因素，也可分为"粘结型社会资本"和"桥梁型社会资本"，两者分别描述社区内部及其与外部之间的联系程度，对于社区发展都具有重要意义；二是人们对于社区的场所认同感，反映愿意在此投入时间、情感和资本的程度。

（3）社区作为治理共同体

体现出场所作为社会建构的属性。社区作为国家和社会、个体间的连结桥梁，承载着国家意志、地方福祉与社会多元主体交织而成的利益网络，它既是基层管理单元，也是地方寻求共同发展的单元。社区治理的核心是围绕社区公共领域展开，既包括物质性公共环境，也包括社会性公共事务。因而此部分具体体现为：一是环境维护度，既包含人们对于社区空间环境的关注、爱护和维护，也包括是否有物业、自管组织等有效维护环境、防止其衰退的长效机制；二是社区参与度，即围绕社区公共事务，基层政府、社区组织、居民、物业、社会组织等多方主体是否形成共商共建共担共享的有效参与和协作机制。

对于一个社区而言，理想情况下三种价值属性同时并存，而且相互作用。例如，基于良好规划设计的地域共同体，通过提供多样化、高品质的公共空间和公共生活促进邻里交往和场所认同，成为紧密团结的生活共同体，在互动互助的过程中相关主体间构建起合理高效的伙伴关系和参与机制，亦成为良序共治的治理共同体。

在当前我国城市社会空间转型背景下，大规模、快速的城镇化建设、人口流动、身份转变和社会分化使得社区的场所价值处于迅速转变和重塑的过程中。在既有的社区相关规划和建设中，暴露出的一个普遍问题是，往往聚焦于上述某一种价值，如单纯针对邻里空

间的环境改造，或是局限于行政边界内的资源投放，而导致社区的场所价值呈现不完整，甚至制约其可持续发展。

因此，探索综合性的场所营造策略，使社区作为场所的多元价值得到完整实现并相互促进，推动社区共同体的建设，成为当代社区规划和社区更新的重要内容。

第2章　北京城市社区

2.1　北京城市和社区概况
2.2　北京城市社区的主要类型和特征
2.3　社区发展中的主要问题和挑战

决定一个人生活品质的，往往不是住在哪个城市，而是在哪个社区。

社区是城市社会—空间统一体的基本单元。由此带来在城市社区问题的研究中，两种视角尤为重要：一是社会—空间的复合视角，全面认知社区问题背后社会、空间、制度等多维影响因素，并深刻理解这些因素之间的互动关系；二是城市—社区的交互视角，既要根植社区探究其地方性特征，又能立足城市理解宏观层面的结构性和制度性因素，即"跳出社区看社区"。

2.1 北京城市和社区概况

2.1.1 北京城市概况

▶ 北京，简称"京"，是中华人民共和国的首都、直辖市、国家中心城市，全国政治中心、文化中心、国际交往中心、科技创新中心，是世界著名古都和现代化国际大都市。

北京地处华北平原北部，东与天津市毗连，其余均与河北省相邻。市域土地面积1.64万平方公里。地势西北高、东南低。

全市下辖16个区，分别是东城区、西城区、朝阳区、丰台区、石景山区、海淀区、门头沟区、房山区、通州区、顺义区、昌平区、大兴区、怀柔区、平谷区、密云区和延庆区。

根据《北京城市总体规划（2016～2035年）》，"老城"指二环路以内（含护城河及其遗址）的区域，总面积约62.5平方公里；"首都功能核心区"包括东城区和西城区两个行政区，总面积约92.5平方公里；"中心城区"即城六区，包括东城区、西城区、朝阳区、海淀区、丰台区、石景山区，总面积约1378平方公里。对于中心城区中的朝阳区、海淀区、丰台区、石景山区四个区，书中借用北京市主体功能区的说法，称其为"城市功能拓展区"（图2-1）。

改革开放以来，北京市经历了快速的经济社会发展和城镇化进程。1978～2020年的42年间，全市地区生产总值从109亿元增长到36103亿元，人均地区生产总值从0.1万元增长到16.7万元，分别相

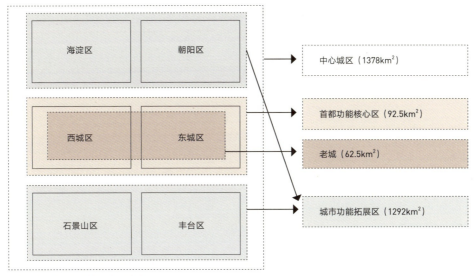

图2-1 北京特定称谓区域的范围示意

当于原来的331倍和167倍；三产构成比重从5.1：70.9：23.9变为0.3：15.8：83.8，产业结构转型升级成果显著，第三产业已取代第二产业成为经济的主引擎；常住人口从871.5万人增长到2189.3万人，常住人口城镇化率（城镇人口占常住人口比重）从55.0%增长到87.5%，常住外来人口从21.8万人增长到841.8万人，占常住人口的比重从2.5%增长到38.5%，人口聚集效应和流动态势持续加强（北京市统计局等，2021a，2021b，2021c）（图2-2）。

随着中国城镇化进程步入"后半程"，北京作为领头兵，呈现出一系列显著的转型特征，包括经济发展进入增速下降、结构优化的深度转型期，常住人口和外来人口规模负增长、人口抚养比持续走高、流动人口日趋稳定化和家庭化，伴之以社会空间的分异与重构，城市发展从早期解决"有无"问题，逐步升级转型为追求更高品质和精细化，致力于

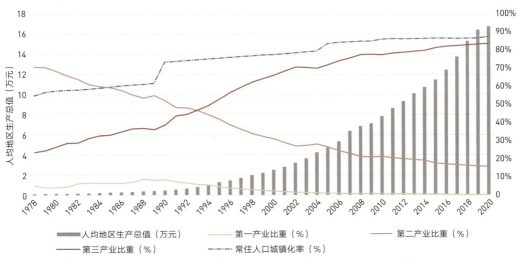

图2-2 1978~2020年北京城市发展主要数据（资料来源：数据来自北京市统计局等，2021a，2021c）

探索以严格控制人口规模和建设用地规模的减量发展为特征，聚焦低碳、生态、宜居的绿色发展为基础，创新发展为动力的高质量发展的新型城镇化路径。

2.1.2 北京社区概况

截至2019年底，北京全市共有152个街道办事处、143个建制镇、38个建制乡、3231个社区居委会、3891个村民委员会（北京市统计局等，2021c）。每个社区居委会服务人口，全市平均水平为5800人，最高为通州区9100人，最低为门头沟区2500人（表2-1）。

部分街道、社区辖区面积和人口规模过大，难以保障基层减负和社区服务居民的工作落实。2000年全市3000户以上的社区就超过600个，占比约为社区总数的1/5。调整街道社区规模、拆分超大社区成为当前推进精细化基层治理的重要基础性工作。

2019 年北京各区社区及常住人口数　　　　　　　　　　　　　　　　　　　　表 2-1

北京下辖区	常住人口（万人）	常住城镇人口（万人）	街道办事处（个）	社区居委会（个）	每社区常住城镇人口（万人）
东城	79.4	79.4	17	177	0.45
西城	113.7	113.7	15	259	0.44
朝阳	347.3	347.0	24	492	0.71
丰台	202.5	202.1	16	337	0.60
石景山	57.0	57.0	9	150	0.38
海淀	323.7	320.3	22	581	0.55
门头沟	34.4	30.8	4	123	0.25
房山	125.5	94.4	8	160	0.59
通州	167.5	118.0	6	130	0.91
顺义	122.8	71.0	6	135	0.53
昌平	216.6	182.4	8	238	0.77
大兴	188.8	139.9	8	233	0.60
怀柔	42.2	30.1	2	35	0.86
平谷	46.2	27.1	2	41	0.66
密云	50.3	30.5	2	93	0.33
延庆	35.7	21.3	3	47	0.45
总计	2153.6	1865.0	152	3231	0.58

资料来源：北京市统计局等，2021c。

2.2
北京城市社区的主要类型和特征

▶ 随着单位制解体、户籍制度和住房制度的改革，以及当代社会人口流动性的增强，从空间而言，建于不同历史时期、不同形态、不同建设和运营模式下的各类居住空间如"马赛克"一般高度混合并置；从社会而言，越来越多的居民自由选择居住空间，曾经高度同质化的单位大院日趋"杂化"，社会经济地位成为推动人群聚居的重要因素。所有这些，共同带来当代城市居住空间的重构，以及多元化社区类型与特征的并存。

北京城市社区，根据其差异化的社会空间特质，可以分为以下六种主要类型：老城平房社区、单位大院社区、商品房社区、保障性住房社区、低密度别墅社区和城中村社区。特别以前三种类型为主，共同混合构成了北京城市地区的社区面貌。

从空间分布而言，由于历史原因和城市发展路径的影响，这几类社区总体呈现出"圈层+片区"的分布格局。老城平房社区主要位于二环路以内的老城地区；单位大院社区主要分布在二环路和四环路之间以及周围的边缘集团；商品房社区广泛分布在二环路和六环路之间，主要集中于四环路至五环路外围地区；保障性住房社区主要分布在中心城边缘和新城地区，并形成天通苑、回龙观、东坝、常营、台湖、西红门等集中连片分布地带；低密度别墅社区主要分布在东北部机场—潮白河地区、西部西山地区、亚奥京北地区、西北八达岭高速沿线地区、东部泛CBD地区，以及亦庄和城南等地区；城中村社区主要分布在五环路和六环路之间的城乡交接地带。

在下面关于各类社区的描述中，将重点从其社会—空间的复合性特征进行阐释。这一认识非常重要，是社区更新不同模式和路径能否顺利介入甚至成功的前提基础。例如后文案例中关于历史街区的更新改造，需要统筹考虑传统街区风貌保护、原居民生活记忆保留与当代新的功能植入和活力群体引入之间的张力和协调问题；又如在单位大院的更新案例中，展现出强大的"能人效应"和紧密的邻里关系网作为"后单位制红利"，在社区参与和协商动员中发挥了关键性作用。

2.2.1 老城平房社区

老城平房社区的形成与20世纪中期以来北京城市定位的转变和住房管理制度紧密关联。中华人民共和国成立后,北京作为首都并定位为生产性城市,带来大量人口的涌入。相对于国有单位职工主要居住在单位宿舍,大量的自谋职业者、在较小单位或街道下辖经济组织就业的人员租住或被安置在平房四合院中。由于一些历史原因,大量四合院的产权和管理权分属不同主体,居住和管理情况混乱,且长期缺乏维护,在不断、无序的加建过程中,逐步沦为拥挤、混乱的"大杂院"(图2-3)。

总体而言,老城平房社区中比较突出的社会—空间问题包括:①房屋和市政管线老化破旧严重,大量房屋存在安全隐患;②人口密度高,居住环境杂乱、拥挤,配套服务设施不足;③人口老龄化现象严重,租房户比重高,拆迁改造引入高收入群体,贫富分化现象加剧。北京市社会科学院(2005)的调查显示,大栅栏地区人口密度高达4.5万人/平方公里,人户分离现象严重,个别社区外迁人口占45%以上,且迁出的多为年轻人,常住人口中困难群体占比高达30%;在前门地区,居民住房户均面积21平方米(其中公房户24.8平方米、私房户14.4平方米),人均住房面积8.75平方米,远低于当时18.2平方米的全市人均水平,其中人均住房使用面积低于5平方米的达到80%,房屋建筑结构较差、差和危房的比重高达93%。大量院落没有下水道,户内没有独立的厨房、厕所,有的一个胡同地区只有一个公共厕所,早上常常出现居民排长队上厕所的现象。前几年笔者在前门地区调查时了解到,还有住户用大矿泉水瓶装满水通过阳光晒热后用作洗澡水的情况。

另一方面,历经几轮拆迁浪潮,老城平房社区用地和常住人口都仍占到老城总量的40%有余,是北京老城独特空间肌理和传统胡同生活的重要载体,只不过较长时期以来人们对于老城的关注点多聚焦于皇宫、王府、寺庙等帝王将相的权力空间和重要历史文保建筑,而相对忽视了胡同邻里其实在老城风貌保护和人文传承方面具有的不可替代的价值;后者与前者相辅相成,缺一不可。东西向的胡同串联起一个个形制整齐的四合院,不同阶层群体相邻而居,在胡同里、槐树下休憩、往来;南北向的大街串联起胡同口各类日常生

图2-3 北京老城平房社区掠影

活不可或缺的商业店铺，形成功能混合又动静分明的生活与消费空间体系。如何在北京推动老城整体保护与复兴的背景下，实现住房条件改善与衰退邻里激活，成为老城平房社区更新的重要挑战。

2.2.2 单位大院社区

单位作为计划经济时期城市最基本的社会管理与组织形式，带来单位大院这一极富中国特色的城市社会空间单元形态。高墙大院围合出的，不仅是墙内外人们身份地位的差异，也是对成员思想、行为和社会网络的约束与区隔。社会—空间的视角下，单位大院社区不是简单的地缘社会，而是功能组织在城市地域的延伸。

北京作为首都，党政军、群团机关及其各工作部门，以及科研、文教单位、艺术团体、国有企事业单位众多，形成一个个相对独立的封闭大院，如集中在长安街及其沿线和三里河一带的政府机关大院，公主坟至玉泉路沿线集中的部队大院，学院路沿线以"八大学院"为代表的大学校区，东郊的京棉二厂，以及西部石景山和房山地区的首都钢铁公司、燕山石化等工厂大院，等等。到1980年代，北京的各种大院共计约2.5万个。2001年，中心城范围内，仅在京的中央国家机关单位就有1150家，其大院占地170平方公里（张杰等，2009a）。

北京的单位大院社区普遍具有以下突出的社会—空间特征。

（1）内部功能高度复合，自给自足

基于"单位办社会"的思想，大院中生产、居住和各类福利设施一应俱全，为形成基于业缘、地缘和趣缘的紧密生活共同体提供了土壤。

（2）空间设置注重功能主义和标准化

在"先生产，后消费"的基本方针和按"标准人"设计的思路指导下，通过设置食堂、浴室、托儿所、服务站、礼堂等集体功能空间，对居住空间进行高度的功能压缩和面积控制，将居民从原本分散而繁琐的家务劳动中抽离出来，保障人力资源最大限度地用于生产活动之中。根据国家计划委员会1957年颁布的《住宅经济指标的几项规定》，"每户居住面积不得超过18平方米……由于严格限制面积指标和造价，居室、卫生间、厨房面积小，户内过道窄，卫生间门窄，室内净空低，隔墙、楼板薄等，人们讥之为'窄、小、低、薄'，居住条件很差"（北京市地方志编纂委员会，2007）。

（3）空间布局强调构图感，突出集体主义的控制力和精神标识

大院平面通常呈现强烈的中轴对称式构图，公共建筑布置在区域轴线上，厂房和住宅建筑在两侧对称分布，住宅楼采用围合形式。从空间意象上展现社会主义制度对稳定秩序的控制力，以围合形式呼应社会主义集体生活的构想，用标志性建筑作为大院的精神标识。

（4）以围合的院墙，强化空间、权力和功能的封闭性和内向性

大院围墙作为典型的空间边界，是安全防卫的保障、单位权力领域的界定，更重要的

是，在资源稀缺的年代，保护了单位集体资源不被外部人员侵占，带来空间的归属感和专属感。很多大院对其内部空间拥有自主规划建设的权力，引发了圈地、无序建设、违章建设等现象。

随着单位制的解体、城市土地有偿使用制度的建立以及住房市场化的发展，大院社区"杂化"和"退化"现象日趋显著（柴彦威等，2007）。曾经职住一体的空间模式逐渐瓦解，围墙被打破或实际上封闭性减弱，居民构成的异质性迅速增长。很多大院中，原有强大的社区维护管理机制退出或社会化转型不成功，导致楼栋、管线和环境长期缺乏有效维护，迅速破败而杂乱不堪，街坊围合出的内院被违建和混乱停车所充斥，铺砖破碎。电影院、锅炉房、自行车棚、收发室、粮油铺等生活配套设施由于经营或需求的转变，大量闲置或废弃，曾经厚重、丰富的集体记忆，伴随原居民的迁出、空间的衰落和更替，走向消亡（图2-4）。

不过不可忽视的是，在很多大院社区中，曾经紧密的熟人社会网络和治理资源仍有部分保留了下来，包括基于长辈关系、大院里共同成长起来的"发小"，也为新生代之间奠定了熟人社会的基础，原有工会等组织体制和"能人"资源，为社区治理提供了强大的动员和组织基础，成为重要的"后单位制红利"。

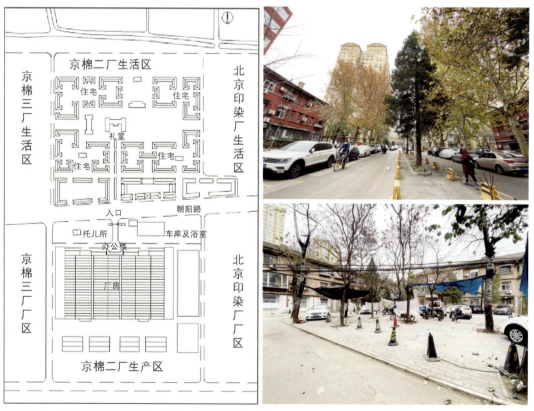

图2-4 京棉二厂规划方案（左）与生活区现状（右）（资料来源：左图来自张艳等，2009；右图李宜静摄）

2.2.3 商品房社区

自1980年代末，住房制度改革在全国推行并逐步深化，住房商品化取代了福利分房制度。商品房社区如雨后春笋般涌现，逐步接替单位大院成为北京城市中最主要的居住空间形式。

位于东南二环的方庄小区，是北京最早期建设的商品房小区之一，曾被称为北京的"富人区"（图2-5）。之后，亚运村、望京等大型商品房社区纷纷拔地而起。这些由开发商建设、通过房地产市场流通的住宅小区，以市场机制运作，居住人群更多依据经济水平在不同地区聚集，带来城市居住空间结构的重构。相比于单位大院的"政治分层"，商品房社区更多体现为新时期"经济分层"在城市空间的映射。

大部分的商品房小区延续了"围墙"这一空间边界形式，门禁内部围合出更富现代气息的住宅楼栋、更为完备的市政配套和优美的居住环境，但也存在部分公共服务设施建设滞后或是停车位配置不足等问题。在居民构成上，中青年家庭、外来人口占比相对较高，一方面个体较高的受教育程度和收入水平，带来优越的社会资源和社会资本；另一方面，为时不长的邻居关系、高度的流动性、昼出夜归的生活状态，导致不少社区内部的邻里关系较为淡漠，社区社会资本相对薄弱。

图2-5 方庄小区掠影（资料来源：李宜静摄）

2.2.4 保障性住房社区

保障性住房指政府按限定标准、限定价格或租金的为本市中低收入住房困难家庭提供的住房。北京的保障性住房体系通常包含廉租住房、经济适用住房、限价商品住房、公共租赁住房等公开配租配售保障房，以及各类定向安置住房。

自1998年《国务院关于进一步深化城镇住房制度改革加快住房建设的通知》（国发〔1998〕23号）中提出"建立和完善以经济适用住房为主的多层次城镇住房供应体系"，北京集中建设了数个大规模经济适用住房住区，其中最为典型的就是回龙观和天通苑。虽然在短时间内解决了大量居民的居住问题，但也由于配套政策不完善，带来户型面积过大、准入人群错位、住区规模较大等问题，加上大量分布于偏远郊区地带，配套设施缺失或建设滞后，造成居民生活不便和长距离通勤。如1999年立项的翠城馨园，位于东南四环朝阳区垡头地区，属于北京启动的第一批经济适用住房项目，规划容纳4.2万余人，最大的三居室户型面积达151平方米（王伊倜等，2013）。

2006年，北京市进一步调整完善保障性住房政策体系，加大保障力度，"十一五"至"十三五"的15年间，累计新增各类保障性住房180余万套[①]，占比约为全市城镇住房总量的1/4。供应类型上，增加了公共租赁住房、共有产权住房等新的类型，关注夹心层群体住房问题，对单套住宅的建筑面积和准入资格制定了更加严格的控制标准，避免过大规模的集中开发，注重不同类型保障性住房及其与商品房住房的相对混合设置。

总体而言，保障性住房社区中的居民以中低收入家庭为主，失业率和老龄化程度较高。空间布局上大部分位于城市中心区边缘和外围以及新城地区，市政和公共服务设施配套以及公共交通的可达性相对较差（图2-6）。近年来，新建保障房小区在公交接驳、内部空间环境和配套设施建设等方面有了很大程度的改善，并全面推广使用绿色建筑和装配式建筑技术（图2-7）。

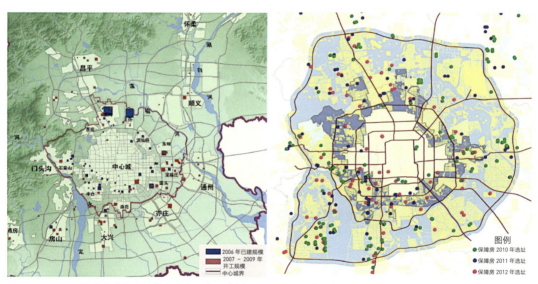

图2-6 1999～2009年北京市保障性住房分布示意图（左）和2010～2012年北京市保障性住房选址示意图（右）（资料来源：廖正昕，2013）

[①] 北京市"十一五"期间累积开工建设、收购各类保障性住房48.5万套；"十二五"期间建设收购各类保障性住房100万套；"十三五"期间开工建设各类政策性住房约33.4万套，共计180余万套。数据来源：阳娜. 北京："十二五"期间建设筹集100万套保障房[EB/OL]. (2015-12-31) [2021-09-05]. http://www.xinhuanet.com/politics/2015-12/31/c_1117642787.htm.；北京市住房和城乡建设委员会. 住房保障工作情况[EB/OL]. (2020-12-29) [2021-09-05]. https://baijiahao.baidu.com/s?id=1687411053459263379&wfr=spider&for=pc。

图2-7 北京新建保障性住房社区掠影（左：郭公庄家园；右：百湾家园）

2.2.5 低密度别墅社区

老北京城有"东富西贵"的居住空间分异。在当代，高端别墅区的分布主要追随优势突出的自然环境要素与交通要素，包括"一山"（西山）、"二河"（潮白河、温榆河）、"三线"（立汤、京密、京通等快速路）、"四高"（京藏、京沈、京开、京密等高速公路），形成中央别墅区、奥北别墅区、西山别墅区、潮白河别墅区、亦庄别墅区、昌平八达岭别墅区、城南别墅区、东部泛CBD别墅区等主要聚集地区（图2-8）。

图2-8 北京主要别墅区分布示意图

这类别墅社区，普遍呈现低层、低密度、高绿化率的空间特征，坐拥湖、河、山、林等自然山水景观，成为本地企业高管、私营企业主、影视明星、在华外籍人士、各类商务人士等富裕阶层聚居的地区，高度依赖私家车出行，并对国际私立学校、高尔夫球场、赛马场等特殊的教育休闲类设施尤为青睐。

2.2.6 城中村社区

城中村社区主要形成于改革开放后的快速城镇化时期，是城市建设地区不断扩张，进而包围、蚕食周边农村村落的产物，通常也被称为"都市里的村庄"。城中村形成的深层次原因来自中国特色的城乡二元管理体制和土地二元所有制结构。从地域角度和生产生活方式而言，它呈现出明显的城市特征；而从社会和土地性质而言，仍保留了大量传统农村的因素，兼具城市与农村的双重特征。

城乡二元管理体制导致城中村没有完全被纳入城市统一规划、建设和管理，发展带有很强的自发性和盲目性，引发了一系列的社会—空间问题，可概括为"四低四高"：土地利用效率低，建筑环境质量低，设施配套水平低，产业业态层次低；用地建设强度高，非法违法行为比例高，公共安全隐患高，流动和困难人口聚集度高。

根据2004年北京市第61次市长办公会议公布的信息，北京中心城区内有第一类"城中村"（指在建成区内环境脏乱的城市角落）231个，占地面积1092万平方米，建筑面积273.5万平方米；第二类"城中村"（指规划城区内的行政村，大多分布在城乡结合部）112个，占地面积约1.8亿平方米，建筑面积约7221万平方米。两类"城中村"均集中分布在朝阳、海淀、丰台三个区（杨青，2004），其占地总面积相当于功能核心区面积的2倍有余。2010年第六次人口普查数据显示，全市村庄中外来人口数量超过1万人的有43个村，超过2万人的有10个村，超过3万人的有3个村，分别是朝阳区王四营的官庄村、昌平区北七家镇的燕丹村和东三旗村（李君甫等，2016）。

大量城中村社区的存在，给城市建设和管理带来很大的负面影响，较长一段时期以来被很多城市管理者视为"毒瘤"，亟待清除。近年来，在城中村拆迁与城镇化进程两股力量的共同作用下，城中村主要分布地已转移到五环外，甚至六环之外的地区，涉及海淀区、朝阳区、丰台区、通州区、昌平区、大兴区等，其中昌平和通州区数量最多（温宗勇等，2018）（图2-9）。

随着拆迁政策和土地政策的调整，人们产权意识和维权意识的提高，拆迁、征地的难度和成本高速攀升。根据魏后凯等（2014）对北京城乡结合部50个重点村改造建设费用的测算，农业人口市民化成本（建设与社保费用）人均达51万元。海淀区五环路南侧的八家村，曾是北京西北部最大的废品收购集散地，2016年基本完成拆迁安置，人均建安和补偿费用高达109万元（葛嘉伟，2017）。

另一方面，城中村在解决大城市居住和就业问题上发挥了不可忽视的作用。首先，它

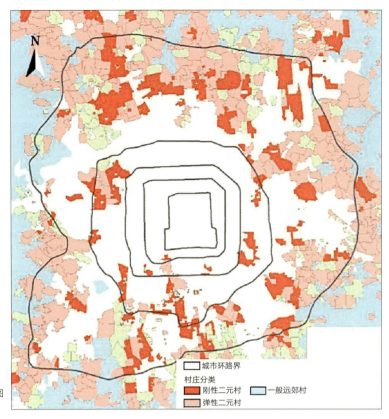

图2-9 北京市城中村分布示意图
（资料来源：温宗勇等，2018）

以非正式的形式，成为城市可支付住房体系的重要补充，为外来务工人口、刚毕业大学生和中低收入人群提供了廉价的居住空间，如盛明洁等（2017）调研北京西北五环至六环之间的史各庄地区，作为北京北部离中心城区最近的低收入大学生落脚点，5.4万常住人口中，户籍人口仅占12%，低收入大学生占比近70%；其次，这里还是移民聚居和非正规经济的集中地，如北京城中曾一度繁盛的位于丰台大红门的"浙江村"、海淀甘家口和魏公村的"新疆村"，以及"安徽村""河南村"等，而非正规就业承载了我国城镇总就业人口数的50%以上（胡鞍钢等，2016）；最后，如桑德斯（2012）笔下的"落脚城市"和项飙（2018）对"浙江村"的记录，城中村还为底层精英群体开拓关系、积蓄资本进而向上流动提供了"蓄能平台"，笔者带学生在海淀区朱房村和水磨村的调研显示，其中的租户不乏来自周边重点高校的毕业生，以及在中关村、上地上班、月收入上万元的白领群体，可谓之为"蜂族"，选择"蜗居"于此，旨在为明日的展翅高飞积攒"人生的第一桶金"（图2-10）。

城中村社区作为一种过渡时期的非正式社区形式，未来必然面临更新改造的挑战。既需要从提升城市土地价值、加强规范化管理和提升生活品质的角度进行功能、空间环境、配套设施、住房条件等方面的改造和升级，同时也需妥善考虑面向农民的安置补偿、社会保障的完善、传统邻里关系的维系、集体经济组织的发展，以及面向中低收入租户群体提供替代的可支付住房。

图2-10 双泉堡城中村（拆迁前）掠影

从社区作为场所的价值属性而言，上述六类社区在不同属性上各有所长（表2-2）。如老城平房社区，在地域共同体价值得分上表现一般，但另两项价值优势却十分显著；而低密度别墅社区，在地域共同体的环境宜居度上优势突出，但其他方面却乏善可陈。如何激发优势、修补短板，需要在社区更新中以差异化策略审慎应对。

北京六类城市社区的价值属性比较　　　　　　　　　　　　　　　　　　　　　　　　　表 2-2

	地域共同体价值		生活共同体价值		治理共同体价值	
	福祉获取	环境宜居	社区连结	场所认同	环境维护	社区参与
老城平房社区	★★★	★★	★★★★★	★★★★	★★★★	★★★★★
单位大院社区	★★★★	★★★	★★★★	★★★★	★★★	★★★★
商品房社区	★★★	★★★★	★★	★★★	★★★	★★
保障性住房社区	★★	★★★	★★★	★★	★★	★★
低密度别墅社区	★★	★★★★★	★★	★★★	★★★★	★★
城中村社区	★	★	★★	★	★	★

注：★越多，代表价值评分越高。

2.3 社区发展中的主要问题和挑战

▶ 总体而言，快速城镇化进程带来城市建设水平和人均住房条件的迅速提升；但在微观社区层面，无论物质环境建设还是社会治理的发展都相对滞后，既体现为社区级公共服务设施供给和公共空间品质不足，也包括社区内物业管理、配套服务的短缺和邻里关系的日趋淡漠，更体现在城市社会分异背景下，还有大量平房和老旧小区内基础住房条件仍较为恶劣，并因缺乏有效维护而加速恶化。

2.3.1 部分住房条件亟待改善

随着城市建设的大力推进，北京城镇居民的住房条件总体上得到大幅改善，2018年人均住房建筑面积达到33平方米（北京市统计局等，2019）。

不过还有大量早期建设的平房区、筒子楼、简易楼等住宅，在房屋质量、居住面积、基础设施配套（上下水、厕所、厨房）等方面仍然条件较差，亟待改善。以西城区为例，2010年第六次人口普查数据显示，户均住房面积仅42平方米，约39%的住户户均住房面积低于20平方米，约49%的住户所在住房建于1990年代以前，住房设施条件方面，无自来水、无厨房、无厕所、无洗澡设施的住户占比分别为3.9%、17.0%、21.7%和22.3%。

对照全面小康社会居住目标中户均一套、人均一间以及住宅成套率等指标，改善基本住房条件、保障基本居住质量，应成为住房条件困难社区进行更新的首要任务。

2.3.2 社区服务设施配套不足

较长时期以来，相对于城市和区域级公共服务设施，社区层级的公共服务设施无论在受重视程度、配套指标还是建设实施上，一直相对滞后。特别在城市外围地区的新建商品房小区、保障房小区和农民安置小区，基础教育、医疗卫生、文体休闲以及停车等公共设施配套短缺现象严重。

中国社会调查所在北京的调查显示，63%的被访者表示自己所在的社区教育配套滞后；关于敬老、助残设施，1422个居住区样本点中仅30个设有敬老院，11个设有残疾人康复托养所；关于社区卫生服务站和社区卫生服务中心，1985～1994年、1995～2002年、2003～2006年三个时段内，开工项目的不达标率分别为42%、17%和69%（晋璟瑶，2007）。

随着社会经济发展和居民需求水平的不断提升，社区服务日益成为影响居民生活满意度和幸福感最关键的因素之一。亟待结合新时期以老旧小区改造、完整社区建设为载体的社区更新契机，完善面向基本需求的保障型服务设施配置，针对社区品质化、个性化需求加大提升型和特色型服务设施供给；另外，要积极推动功能整合、空间集约的一站式社区综合体建设，并通过整合公共类、公益类和市场类服务探索自我造血的可持续运营机制（刘佳燕等，2021）。

2.3.3 社区公共环境品质低下

笔者所带课题组于2015～2016年在北京市中心城区范围内通过分层抽样的方法，在15个街道33个社区开展社区调研（图2-11），问卷调查样本总计1391人，覆盖商品房、安置房、混合型、城中村、老城平房、经济适用住房和单位大院七种社区类型。

图2-11 调研社区所在街道分布示意图

调查结果显示，相对于住房质量和社区周边城市服务设施和环境条件，居民对于社区内部环境的不满意度更为显著，主要问题按严重程度由高到低依次为：机动车无序停车（69%）、物业管理缺失（54%）、服务设施不足（50%）、公共活动空间不足（49%）等。

社区内部空间环境品质已成为影响居民生活品质的最重要因素。人们对于邻里交往、文体休闲等活动空间的需求日益增高，2020年初暴发的新冠肺炎疫情更进一步强化了人们（特别是老少群体）在小区和社区内就近活动的依赖性。停车空间短缺或无序亦成为"老大难"问题。家庭拥有机动车的比重与日俱增，调研显示商品房小区户均拥有私家车数量达1.3台，不少保障性住房小区居民拥有私家车数量超过规划车位数的数倍，此外还有自行车、摩托车、老年代步车、儿童自行车等多种车辆停放的需求。上述空间需求的不断扩张，受制于胡同平房区、老旧小区内部极其有限的公共空间，带来行人、非机动车与机动车之间，有车族与无车族之间，老人、中青年和不同年龄儿童之间的空间争夺，严重的甚至引发邻里冲突。此外，大量平房区和老旧小区由于长期缺乏有效的物业管理和维护，进一步加剧了户外环境品质的恶化。

大量研究显示，社区内部公共空间环境是增进居民身心健康、促进邻里交往、培育社区社会资本的重要前提条件。安全、宜人、充满阳光和绿色的户外环境，对于提升老年人走出家门的意愿、参与社区活动的频次和健康水平都有显著的积极作用。亚历山大（2002）在《建筑模式语言》中提到，如果儿童在一生的最初几年中没有充分的机会和其他儿童一起玩耍，那么他在以后的生活中极有可能出现某种精神疾病。通过在社区内为儿童和青少年创造跨性别、年龄、家庭的交往机会，对于下一代的教育和成长也是意义非凡。

在城市社区更新中，公共空间环境品质的提升应成为核心议题，也是能以相对较低的投入成本获得显著收益的高效路径。

2.3.4 邻里关系淡漠归属感差

李君甫等（2020）基于2017年全国流动人口动态监测调查数据的研究显示，北京流动人口中的绝大多数，包含91%的城—城流动人口和57%的乡—城流动人口，都居住在城市社区；并且，62%的城—城流动人口和92%的乡—城流动人口没有购买住房，大部分选择租住住房。这显示，伴随城镇化进程的推进，城市社区已成为北京流动人口的最主要聚居地。

一方面，在人口的高度流动性和异质性的冲击下，大量社区成为"陌生人社会"的缩影，邻里关系日渐瓦解、淡漠。这从社区社会网络规模的缩减可窥见一斑。上文提到笔者在北京的社区调研数据显示，社区居民讨论网（即被访者在所居住社区中日常交流对话的邻居人数）的平均规模为3.6人，城中村社区规模最小，仅2.7人，最高为保障性住房社区，也仅为4.5人。

另一方面，社区文化氛围日趋淡化。胡同文化、大院文化等传统特色的在地邻里文化和记忆，伴随老住户的迁离、逝去和空间改造逐步消亡，新老居民之间因不同地域文化或生活方式之间的差异引发隔阂甚至冲突，新的社区文化尚未形成，导致社区的认同感和归属感低下。

2.3.5 社区贫富分异与空间区隔

Castells在20世纪末期出版的"信息时代三部曲"著作中，提出网络社会将带来巨大的社会经济变革，大都市地区人们社会经济地位的分异将愈发显著。北京的现实在很大程度上佐证了这一预言。2004～2019年的15年间，北京城镇居民的收入分化持续拉大，高收入户和低收入户的家庭人均可支配收入比值从4.0提高到5.4（图2-12），考虑到富裕家庭的真实收入通常高于调研值，实际差距应该更大。

宏观城市层面社会群体间贫富分化的不断加剧，很大程度上基于住房市场化的选择机制，投影在居住空间上，带来社区分异与区隔现象的日趋显著。一边是高端富人区占据优越的自然环境和交通条件，甚至垄断自然山水、绿地公园、城市道路等公共资源；另一边是大量中低收入群体蜗居在狭小的平房区、城中村、简易楼和地下室中，不仅住房条件、社区内部的居住环境和配套设施存在天壤之别，所处的城市区位、公交可达性、生态环境等条件也存在极大差异，带来生活条件乃至发展机会的不平等。基于"贫困循环"机制，后者的不平等又将进一步加剧社会的贫富分化，乃至在代际层面传递下去。

但另一方面，如果只是简单依循"混合居住"理念，将社会经济地位差距较大的群体安排相邻而居，可能因资源配置或使用、生活方式、邻里文化的差异，或是"不患寡而患不均"的心理，诱发甚至激发群体间矛盾。近年来，某些混合配置的商品房和保障性住房

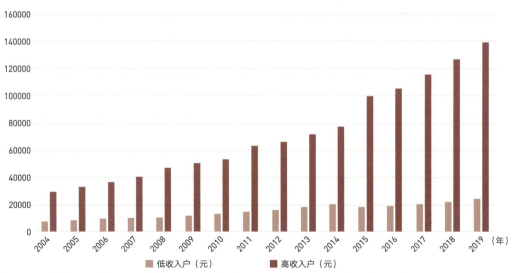

图2-12 北京市城镇居民家庭人均可支配收入（资料来源：相关数据来自2005～2020年《北京统计年鉴》）

群体间的冲突性事件时有发生[①]，在老城还曾经出现过平房区居民在自家住房与高端商品房小区之间自发垒砌砖墙以示隔离的行为。

▶ 总结而言，社区作为社会—空间统一体，上述社会性与空间性问题紧密关联，相生相伴。以某些单位大院社区为例，单位制解体带来物业管理的不到位，加速设施老化和环境衰退，导致居民迁出，滞留下来的大部分为老年、失业、生活困难等群体，又进一步加剧了物业费收缴的困难，带来社会和空间的双重衰退，并陷入恶性循环。

另一方面，需要看到社区问题很多时候不是简单的小区或社区内部建设的不足，而是城市层面社会—空间问题在社区的折射。如果仅从微观着手，可能事倍功半，甚至事与愿违。例如，面对老城中一些平房区和老旧小区内停车位短缺的问题，一味追求在本已十分局促的空间中增设停车设施，实是难为"无米之炊"，甚至激发邻里矛盾；而应从区域角度确定战略并整合资源，包括基于老城中公交优先的区域交通发展定位，明确对于私家车停车位的供给侧约束，以及探索通过街区层面的空间共享拓展停车位资源。这也是本书中希望强调的一点——"跳出社区看社区"。

---

① 薛宇飞. 商品房配建限价房的烦恼：小区"隔离墙"该不该拆除？[EB/OL]. (2019-08-01) [2021-10-31]. https://baijiahao.baidu.com/s?id=1640616075666027195&wfr=spider&for=pc。

第 3 章　城市更新与社区更新

3.1　城市更新
3.2　社区更新

城市更新并非一个新概念，它伴随城市的产生和发展，如影相随。只是当代城镇化过程加速和放大了这一曾经缓慢的演替进程，并在其上叠加了来自多元主体的错综复杂的利益关系和发展期许，使其在不同发展阶段呈现出差异化的目标、形式和路径特征。

城市更新落脚于社区层面，由早期的"住房改善"和"住区更新"，逐步走向当代从空间到内容更加复合、扩展的"社区更新"。

本章从全球视野对城市更新和社区更新的基本概念、发展历程进行系统梳理和辨识，以助于从更为宏观和动态的视角审视并展望当代的选择。

3.1 城市更新

3.1.1 基本概念

城市更新在当代城市建设与发展中的重要性与日俱增。一方面，随着城镇化进程的推进，越来越多的城市建设从早期新区、农地上的完全新建、置换或改造模式，出于对农地和生态保护的考虑，以及城市地区无止境蔓延的反思，转向在城市已建成地区上的再建设；另一方面，大量城市用地和建筑，因为老化或不适应新的发展需求，而被废弃或闲置，需要进行再利用、再开发。

如果说城市就像一个生命体，始终处于不断的变化之中，那么更新就是其中一种新陈代谢的方式。伴随城市发展的全程，并不断为之赋予新的形态、能量和活力。

当我们用中文谈及城市更新一词时，对应的英文用语包括"urban renewal"和"urban regeneration"，此外也常见"urban renovation""urban rehabilitation"（城市改造/翻新/修复）、"urban redevelopment"（城市再开发）、"urban revitalization""ruban renaissance"（城市复兴）等相关概念。这些用语对应着不同城市发展阶段下人们对于更新目标和策略认知的转变。

"Urban renewal"多指在1960年代前后，公共部门驱动下，聚焦在过度拥挤的内城贫民窟地区进行的大规模再开发。主要关注物理形态的变化以及土地、建筑物使用或强度的变化（Couch，1990）。

1980年代之后,英美等国更多倾向于使用"urban regeneration"一词,描述聚焦于经济增长,应用公共资金撬动大规模市场投资,例如伦敦道克兰地区更新。通过公共政策促进公私部门之间的伙伴关系,从而推进城市更新,并比以往更加强调环境意识。

1990年代末,城市更新逐步被"urban renaissance"等城市复兴概念所取代。到了2000年代中期,又被更为广泛的"sustainable communities"可持续社区概念涵盖在内。

不过,更新一词仍然是学界和实践领域最广泛认知和使用的概念。上述所有概念都有类似的含义,涉及重构、重生与振兴。当前城市更新的概念已经超出单纯的物质对象,而包含了对于社会包容、财富创造、可持续发展、城市治理、健康和福利、犯罪预防、教育机会、移动的自由性、环境品质和良好设计等方面的广泛关注(ODPM,2003)。

根据《牛津通用辞典》(*Oxford Universal Dictionary*)的解释,"regeneration"从字面意义而言,指"新的动物组织的形成,以及所失去器官的再生";从象征和宗教意义而言,指"复活,重生,精神意义上重生的过程或事实"。换言之,更新意味着为处于衰退、枯萎、缺乏活力和能量的事物赋予新的生命力。在城市研究中,后一种状态通常用"衰退"或"危机"来定义。当一个社会空间实体,如城市或社区,经历了更新,意味着一个从先前的衰退或危机状态恢复到活力状态的过程。可见,更新并不简单等同于用外观、形态上更"新"的去替换了"旧"的,而强调"活力"的再生。

基于对国内外不同时期关于城市更新的概念诠释(表3-1),结合当前发展背景和要求,界定本书中所言的城市更新,指针对城市或地区经济、社会或物质环境的衰退状态,寻求为其带来持续改善的综合性干预活动,使得城市空间能更好地满足新体制、新经济和社会转型的发展需求。

有关"城市更新"(urban regeneration)的定义　　　　表3-1

作者	定义
Roberts等(2000)	综合的、整合的愿景和行动,导向城市问题的解决,并寻求为一个已发生变化的地区带来经济、物质、社会和环境状况的持续改善
英国社区和地方政府部(2009)	转变地区经济、社会和物质衰退状态的一系列活动。这些活动如果没有政府的支持,市场力量通常不会去做
Leary等(2013)	一种由公共部门推动、资助、支持或激励的基于地区的干预行为,旨在为遭受剥夺而且通常是多重剥夺的地方人群、社区和场所带来显著的、可持续的提升
陈占祥(1980)	城市总是经常不断地进行着改造和更新,经历着"新陈代谢"的过程。城市更新的目标是振兴大城市中心地区的经济,增强其社会活力,改善其建筑和环境,吸引中、上层居民返回市区,通过地价增值来增加税收,以此达到社会的稳定和环境的改善
阳建强(2000)	中国现阶段城市更新的实质就是基于工业化进程开始加速、经济结构发生明显变化、社会进行全方位深刻变革这一宏观背景下的物质空间和人文空间的大变动和重新建构。它不仅面临着过去大量存在的物质性老化问题,而且更交织着结构性和功能性衰退,以及与之相伴而随的传统人文环境和历史文化环境的继承和保护问题。……总的指导思想应是提高城市功能,达到城市结构调整,改善城市环境,更新物质设施,促进城市文明

资料来源:笔者根据相关资料整理:Roberts等,2000;Department for Communities and Local Government,2009;Leary等,2013;中国大百科全书总编辑委员会,1980;阳建强,2000。

这其中体现出城市更新概念所包含的几个重要内涵：

（1）作为更广泛的城市政策的重要组成部分。一是与特定地域相关，特别面向其中居住和工作的人群，以及相关城市问题的解决；二是包含政府采取的一系列行动、路径、方法与规范，特别针对市场作用失灵或缺乏干预意愿的领域。

（2）关注城市功能的修复与再生。如曾失去活力的经济活动实现再增长，曾失调的社会功能得以恢复，从社会排斥走向社会融合，遭遇破坏的环境品质或生态平衡得到重新修复。

（3）体现为综合性的干预手段。城市地区是复杂动态的巨系统，城市更新需要关注并协调统筹经济、社会、空间等多个方面转型过程的相互作用和产出。

3.1.2 发展历程

"城市更新"（urban renewal）一词进入人们视野并引发关注，可追溯到芒福德（Mumford，1938）在其经典著作《城市文化》（*The Culture of Cities*）中的论述："不是消极延续，而是重新整合。……去除病变的组织，恢复衰退的功能关系，让它们与新社区相平等"。

在美国，最早是联邦住房管理局（Federal Housing Administration，FHA）将城市更新付诸实践，旨在帮助萧条的房屋建筑业重振生产和就业，并提高工薪家庭可获得住房的数量和标准（Gold，2013）。联邦住房管理局在1941年颁布的关于城市再开发的手册中，强调了衰败的城市地区的问题以及城市重建和再开发的需要，为综合长期方案提供了理由，并特别强调了将城市及其组成元素以及周边社区纳入整体性总体规划的必要性（FHA，1941）。1949年的《住房法》（*Housing Act*）进一步强化了手册中的规定，在其第一章"贫民窟清除与社区发展和再开发"（Slum Clearance and Community Development and Redevelopment）中，提出了一个由联邦政府设计和管理的计划，旨在帮助城市清除废弃地，并将其以极低的价格提供给开发商。不过，私人开发商对于低收入群体住房并没有兴趣（不管是否提供补贴），而是致力于在市中心开发购物和商业中心（Cullingworth等，2003）。由于参与城市很少，后来计划进行了调整，第一章更名为"贫民窟清除与城市更新"（Slum Clearance and Urban Renewal），其中提出了由私营部门对城市结构进行保护和恢复，而无需联邦资金投入购买和清理土地等方法，原则上也提出了对"人与结构"进行更新的理念（Foard等，1966；Howard，2010）。但实际中却出现了偏差。城市管理者和地方领导人不再依循最初的设想去支持建设可支付住房，而转向投资可能促进城市复兴的项目，以提振低迷的房地产市场，提高税收回报，谋求获得迅速而巨大的变化。最终导致低收入群体被强行驱逐而流离失所，或是被安置在土地价值低廉的社会住房中，他们原来的家园被大型交通基础设施、文娱中心、购物中心、豪华公寓、私立医院等所取代（Teaford，2000）。这种所谓的"美国模式"在当时展现出极大的吸引力，看似为解决城市衰败问题，同时刺激市中心再开发、改善基础设施和解决贫民窟住房问题提供了一个现代化的物质性解决方案。

英国在1950年代也对城市更新展现出极大兴趣，因为它能有效改变那些期待已久却被无止境耽误的重建项目的尴尬境遇。1959年，当时的住房和地方政府部（the Minister of Housing and Local Government）提出政府要进行"渐进式城市更新"，而不是"碎片化的城镇规划"，以及在计划中寻求重建、恢复和保护之间的平衡（Gold，2013）。在1962年颁布的一项政策中，城市更新（urban renewal）被描述为"一个古老过程的新阶段——对变得陈旧、过大或过时的建筑甚至整个地区进行的再开发和改善"。尽管过去城市更新被界定为一个缓慢而持续的过程，但伴随后来社会和技术的快速转型发展，当时普遍形成一种认知，即需要通过更多有意识的行动来指引更新过程，恢复和保护仍是需要考虑的内容，但城市环境成为更新过程的重要障碍。由此带来20世纪中期前后大规模的更新改造运动，并呈现出以下主要特征（Couch，1990）：一是认为政府应承担或绝对掌控大多数的再开发活动；二是很大程度上相信规划师"知道他们在干什么"，他们的技术物理行动能为城市更新问题提供有效的解决方案；三是高度强调城市设计和审美价值，相对忽视社会和经济问题。这类运动实施不久之后，遭遇到以简·雅各布斯（Jane Jacobs）为代表的社会各界的反对。英国《泰晤士报》在1971年4月刊登了整版专题文章，批判当时"充斥着妄自尊大的项目，以史无前例的规模，粗暴对待我们城市业已伤痕累累的面容"（Gold，2013）。

1980年代，面对城市经济危机带来的经济不景气、失业潮、大量用地闲置和废弃、居民迁出等问题，城市更新承担起地方经济增长的重任。以英国为代表，在新自由主义思潮推动下，政府转向为市场力量让渡更多空间，通过解除管制，创造投资机会，具体行动包括设立城市开发公司（Urban Development Corporations）和企业区（Enterprise Zones）、开展社会住房建设项目等，重点关注基于物质环境的住房更新。但之后的事实显示，大批"基于地区"的特定更新行动如同"拼布床单"，缺乏政策行动的连续性（Tsenkova，2002）。地产导向的更新策略以及政府对城市经济的过度关注，不但未如预期般缓解系列的城市问题，甚至引发更加严重的社会环境乃至经济问题，从而遭遇批判、引起反思。

在德国，一些城市开始尝试更加敏感的、回应社区的城市更新行动。一个里程碑是1984~1987年的柏林国际建筑博览会（Berlin International Building Exhibition）中展示的Kreuzberg地区的城市更新项目。其中展现出"审慎的城市更新"（Careful Urban Renewal）理念，提倡保留既有建筑和城市结构、街道肌理，注重小尺度，尊重当下空间的使用，呼吁社会导向、环境友好、推动空间混合利用的行动，并在国际社会引发广泛关注（Romano，2020）。

进入1990年代，作为上述问题的回应，城市更新趋向强调以下四个方面：①采用更加综合、整体的行动，将刺激经济活动、环境提升与激发社会文化活力等策略相结合；②提供长期整合的战略远景，促进相关计划、项目之间的积极协同和整合；③建立公私部门之间的合作伙伴关系；④采用可持续发展目标，在此导向下，社区和邻里成为更新的焦点（Roberts等，2000；Tsenkova，2002）。

英国工党政府制定了城市更新政策框架，强调要实现强大的社区、活跃的公民和扩大的政治参与。通过推进多部门合作和社区参与，建立和加强互惠与信任的网络和规范，增加社会资本，并更加关注社会和空间的不平等（Raco，2007；Colantonio等，2011）。城市更新资金转向一种新的竞争性资源分配路径。中央政府试图通过支持竞争，而不是简单地满足需求，激励衰败地区在发展型计划中创新，鼓励更多的合作和战略性行动，从而创造更新资金的更大价值。总结当时的更新行动特点包括：①强调供应方策略，例如提高邻里层面的就业能力、住房、邻里管理和公共服务的供给；②在地区和邻里层面进行地方性干预，促进社会融合；③追求地方合作；④注重更新后地方社区的自力更生，通过自主和互助建立社会资本，解决地区衰败问题（Hall，2007）。

这一时期，文化主导的城市更新成为波及全球的重要现象，涉及从文化的生产到文化的消费，后者意味文化在更新中被视为一种经济资产。依托更新，文化项目被视为应对工业岗位减少、商业和工业空间空置和贬值，以及其他与去工业化有关问题的解决手段，可以创造新的地产开发机会，帮助吸引金融、高科技等新兴经济部门，激发艺术文化活动，并借助旅游刺激相关消费，为边缘群体提供新的社会和经济机会，加强社区参与和跨文化互动等（Florida，2002；Markusen，2010）。文化更新项目甚至成为城市打造新名片的重要象征符号，在毕尔巴鄂、格拉斯哥等传统工业城市的重生，以及伦敦、纽约等老牌文化城市重申其突出地位的努力中均可见其重要地位。但也有不少学者揭示出，在实践中文化往往成为工具，而不是真正目标；以文化为中心的城市更新策略中隐含的审美判断，在一定程度上是一种强大的社会控制手段，而非包容性文化生产和创新的配方；更新活动与社区社会文化赋能之间的真实联系即使存在也非常薄弱；最终真正得到提升的是地产价值，而非文化活力（Zukin，1995，Zukin，2011；Catungal等，2009）。城市成为"娱乐的机器"，日趋商品化、景区化和主题化，不但没有将艺术相关活动和群体吸引过来，甚至忽视当地艺术家、艺术组织和地方社区的需求，并导致他们被迁移出去（Grodach，2013）。

也有学者指出，在东亚社会的发展型国家，社会福利和社会政策通常让位于经济增长的优先权，导致社会和城市基础设施发展不足。特别在新型工业化国家，在发展主义至上的思想影响下，倾向于将城市贫民区和衰败地区视为物质环境衰败和健康贫困的问题地区，注重发展型项目，城市更新被视为城市"社会工程"（Hsu等，2013）。

进入21世纪，地方社区成为全球可持续发展的焦点，也成为各国城市政策的中心。城市复兴和提升城市竞争力、可持续的社区更新成为新时期更新的两大重要主题（Couch等，2013）。英国1999年发布《走向城市复兴》（*Towards an Urban Renaissance*）报告，提出营造整合的、多层面的城市社区的发展愿景，它们应是经过良好设计的、紧凑的、相互联系的，在一个可持续的城市环境中支持多样化用途，与公共交通良好整合，可灵活应对变化（Urban Task Force，1999）。2001年颁布的《邻里更新的新承诺：国家战略行动规划》

(A New Commitment to Neighbourhood Renewal: National Strategy Action Plan)中提出，通过联合相关机构力量采取整合行动，来解决失业、犯罪、受教育水平低、不健康、住房和地方物质环境低下等相互关联的问题。之后，一系列重要文件相继颁布，从2005年的《布里斯托协议》(*Bristol Accord*)，2007年的《关于可持续欧洲城市的莱比锡宪章》(*Leipzig Charter on Sustainable European Cities*)，2015年联合国《变革我们的世界——2030年可持续发展议程》(*Transforming our World: the 2030 Agenda for Sustainable Development*)，到2020年的《新莱比锡宪章：为了共同利益的城市变革力量》(*The New Leipzig Charter: the Transformative Power of Cities for the Common Good*)，建设可持续社区的共识逐步形成。人们日益认识到，社区作为城市发展挑战的重要聚集地，需要整合各方力量，通过综合性的更新策略，承诺并实现更加智慧、包容和可持续的城市社区发展。

总结过去大半个世纪以来西方城市更新的实践，经历了从城市重建和贫民窟清除，转向房屋翻新和地区提升，最后走向以社区更新为主体的发展历程。指导理念也从早期聚焦目标单一、内容狭窄的大规模现代化空间改造，逐步转向目标更为复合、内容更为丰富的社区可持续发展（表3-2）。

城市更新的演变历程　　　　　　　　　　　　　　　　　　　　　　　　　　　　　　　　　　表3-2

不同阶段政策类型	1950年代重建（reconstruction）	1960年代复兴（revitalization）	1970年代更新（renewal）	1980年代再开发（redevelopment）	1990年代更新（regeneration）
主要政策和取向	对城镇老区的重建和拓展，通常基于一个总体规划；郊区扩张	1950年代主题的延续；郊区和边缘地带的增长；早期尝试修复	关注原地更新和邻里计划；继续在边缘地带发展	许多开发和再开发的大型计划；旗舰项目；城镇之外的项目	政策和实践转向更加综合的形式；更多关注整合的对策
关键行动者和利益相关者	国家和地方政府；私人开发商和承包商	转向公私部门之间更好的平衡	私人部门职能增长，地方政府分权	关注私人部门和特别机构；发展伙伴关系	以合作作为主要方式
活动的空间层级	强调地方和场地层级	活动所在的地区层级	初期是地区和地方层级；后来更多强调地方层级	初期关注场地，后来强调地方层级	重新引入战略视角；地区活动增多
经济关注点	公共部门投入，以及一些私人部门的参与	自1950年代私人投入的影响不断增加	公共部门资源限制，私人投入增加	私人部门为主，以及选择性的公共资金	公共、私人和志愿部门资金之间更好的平衡
社会内容	改善住房和居住	改善社会和福利	以社区为基础的行动和更多的赋权	社区自助，以及选择性的国家支持	强调社区的作用
物质关注点	内城地区的置换和边缘地带的发展	部分延续1950年代现有地区的修复	对老城区更广泛的更新	大型置换和新建计划，"旗舰计划"	比1980年代更为适度；遗产和保留
环境行动	景观和一些绿化	选择性改善	带一些创新的环境改善	更多关注关于环境的更广泛行动	引入更为广泛的环境可持续理念

资料来源：Roberts等，2000。

回顾城市更新的演进史，不同于略览一本时间序列的图画历史书，毕竟任何一项更新行为对城市空间、生活场所甚至所遭遇人群的冲击和影响是巨大而深远的；也并非试图简单地对某些更新活动进行一味批判，而是让我们以更加审慎的态度检阅城市更新政策及其实施影响——它不仅仅是一项改变城市环境的工程项目,更是基于大规模干预措施推动社会变革的运动,而且后者的重要性日益凸显。

3.1.3 特点与形式

城市更新作为根植于实践的独特活动,具有以下主要特点(Horita等,2009;Roberts等,2000;Department for Communities and Local Government,2009):①作为一种干预性的活动,通过特定时期内有意改变一个地区或场所的特性,使其成为人们愿意在此居住、工作和抚养家庭的可持续的场所;②作为一种跨越公共、私人、志愿和社区部门的活动,通常包含各类不同利益相关者之间的多种多样的伙伴关系;③作为一种确定政策和行动的方法,包含多个目标和活动,既涉及政府为行动提供的支持性制度,也依赖于地方的特定问题和潜能;④作为一种回应于变化中的经济、社会、空间和政治环境的活动,不是一套完全既定的指导原则或实践路径,而可能会伴随时间的推移,其制度结构亦需不断调整变化;⑤作为一种为发动集体力量寻求适宜解决方案提供协商基础的方法,推动人们对其生活环境进行重新定义,并对场所意义的价值进行社会化重构。这一沟通过程实质上是更新的核心,而不仅仅只是要开展的活动。

从目标指向而言,提升土地价值是城市更新最普遍的意图。另一个特别受关注的目标是经济产出和就业。稳定、充足的就业能提供更好的经济和社会产出,以及更加充分的经济和社会流动机会——特别对于最底层群体而言,这是实现他们独立的重要的第一步。就业能增进个体的幸福和健康,降低犯罪的可能;反之,失业背后是无法忽视的社会成本。英国政府统计数据显示,全国贫困地区劳动力市场排斥所带来的净成本是每年115亿英镑(Department for Communities and Local Government,2009)。除此之外,更新目标还可以包括:改善场所,使其对居民和投资者更具吸引力,新兴的和既有的商业保持繁荣;在贫困地区打破贫困循环,释放潜能;为社会个体和组织赋能,让他们提高素质、技能和抱负,从更新带来的发展机会中获益,并参与决策;补充和改善地区内运行不佳的社会服务,提升其灵活性;推进可持续发展,营造开放、公正的社区氛围,提升人们对居住地和更广泛政府目标的满意度等。

从主要内容而言,城市更新涉及以下4个维度:①经济。包含就业、收入、产业、职业、技能发展等。②社会。包含健康、安全、教育、住房、文化、社会交往、服务品质、生活质量等。③物质。包含基础设施、建成环境、自然环境、交通和通信等。④治理。包含地方决策、社区参与、社会协作、领导形式等。这四个维度之间并非相互排斥,而是紧密关联互动。

从实施机制而言,城市更新主要包括但不限于以下三种类型:①政府主导,采用社会支出的形式,作为实现社会和谐和福利(主要在住房、公共健康和环境政策等领域)的必需手段;②市场主导的更新和重建,没有政府干预;③政府规制下的社会资本投入,推进可盈利的私人部门资产开发或再开发。

从开展形式而言，城市更新基于不同地区特点和干预视角可以采用以下多种形式：①地产导向的物质行动，如通过城市综合体开发或混合利用计划，预期为地方经济带来多重效益；②商业导向的行动，如通过商业投资，将服务低下的市场作为更新焦点；③文化导向的行动，如以创意和文化传媒产业作为更新的核心驱动；④城市设计导向的行动，如强化城市形态对可持续发展的促进作用；⑤健康福利导向的行动，如突出良好设计的空间对于邻里健康和宜居的重要性；⑥社区发展导向的行动，如强调地方社区参与决策和发展社会资本网络的重要性等（图3-1）。

最后，基于对以往更新实践的反思，当代城市更新中需要特别关注以下两大特质（Roberts等，2000；Tallon，2010）：①整合性。关注物质性和社会性行动之间的互动关系，采取综合性干预手段，前提是用整合的视角更好地理解地区衰退的过程和机理。②战略性。之前很多更新行动的内在不足在于是短期的、碎片化的、临时的、基于项目的，因而需要在更新中纳入面向城市整体发展的全面性、长期性战略框架的指导，清晰界定更新的预期成果，强化特定项目与政策体系的联系，明确行动者和组织的任务与责任，形成共同目标和协作意识。这两点对于当代我国城市更新实践而言也是极其重要和迫切的。

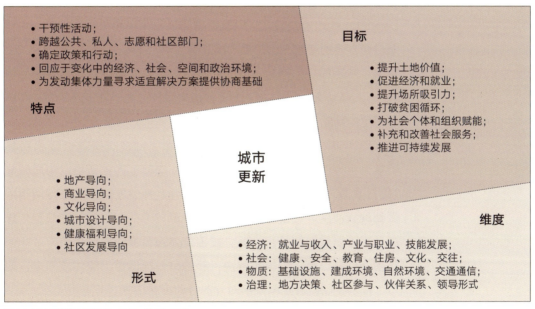

图 3-1 城市更新的主要特点、目标、维度与形式

3.2 社区更新

3.2.1 发展历程

"社区"概念一直紧密包含于城市更新之中。

1945年，伦敦郡议会城镇规划委员会（the London County Council Town Planning Committee）批准帕特里克·阿伯克隆比（Patrick Abercrombie）主持的"大伦敦规划"的同时，宣布了7个重建任务，其中一个就是在伦敦建设"平衡的社区"，每个社区中包含若干邻里单元（Imrie等人，2009）。

城市更新中具体关注社区问题和社区参与，可以追溯到20世纪中期针对受剥夺社区采取的一系列基于地区的行动，从美国的"反贫困战争"（War on Poverty）到英国的"社区发展项目"（Community Development Projects），以及新镇建设和贫民窟清除计划等。主要源自两方面的考虑：一是受"社会病理学"视角影响，认为问题（特别是"贫困循环"问题）在于社区自身，那些衰败社区需要被"修复"；二是认为问题来自于国家和公共服务，需要关注服务短缺和协调不足的问题（Taylor，2003）。

到1980年代，在环境决定论主导和以创造投资效益吸引市场资本为目标的城市更新运动背景下，面向社区的更新也以物质性的"砖石改造"为主要手段（Hall，2007）。人们发现，这些行动不但受到种族冲突、社会动荡等结构性变革的影响，而且行动只是"抹去"了不受欢迎的贫困社区，贫困群体被置换、忽略或遗弃了，但贫困问题并没有得到根本解决，新的良性社区也未能建立起来。地方上抵制更新，甚至与政府对立的行动日益增多。

张仙桥等（1993）对比了两个同为住区拆除、居民反应却截然相反的更新案例。1972年美国圣路易斯市面向黑人居民的Pruittlgoe住宅区被炸毁，其由著名建筑师雅马萨奇（Yamasaki）设计，曾被誉为"马赛公寓美学之发展"，但住宅中原本为促进居民交往而设置的宽敞走廊变成了犯罪场所，因而居民面对炸毁行动欢呼庆幸。与之形成鲜明对比的是在美国波士顿西区，意大利裔低收入群体聚居地在都市重建运动中被拆除重建，各方面的物质条件大为改善，但居民却因为习以为常的邻里模式和生活方式被粗暴破坏而感到沮丧。

Healey等（1992）、Tallon（2010）等学者总结英国1980年代前后城市更新政策的主要问题体现在以下几个方面：①城市问题的定义和响应尺度的不足。多数更新活动从地理学视角出发，将特定城市问题视为在某个具体地区的聚集问题，力求通过基于小尺度地区的行动来解决，但事实证明它只看到了症状而非原因。②政策的碎片化和协调的不足。由于缺乏长期战略性思考的指引，更新政策倾向短期实用主义和项目化，难以有效解决长期存在的、深刻的城市问题。③过度依赖地产导向的不足。更新活动高度依赖于吸引私人部门向衰败地区投资的政策工具，背后的假设是通过刺激地方经济发展，效益会扩散至衰败社区和有需求的群体。但实际情况是，大量最受剥夺地区的状况并未得到改善，而且行动忽视了地方需求和人的资源问题。④管理和官僚主义的不足。更新政策实施中遭遇中央和地方政府之间的冲突，地方机构感觉被排斥在城市政策领域之外。这些问题进而引发人们对于城市更新中社区相关视角和问题的关注与再思考。

到1990年代，基于对之前更新政策的反思，以及人们日益认识到经历更新的社区并未有效获得预期收益，尤其是那些受社会排斥的社区，主要挑战成为如何确保受排斥社区从更新活动中获益，以及如何促进以地区为基础的、涉及各级政府的更新行动的内在整合。社区更新更多被纳入整体的、基于地区的政策中，将经济增长、就业、少数族裔、犯罪、环境、基础设施和住房等问题整合考虑。政府关注点不仅包括"最差的住区"，而且聚焦于社会和空间的不平等问题，在中央政府、地方政府、公共机构、私人企业、志愿组织、地方社区等之间建立伙伴关系，并推动社区参与，尝试从地方层面解决社会排斥问题，促进社会混合（Hall，2007）。

当时的英国首相布莱尔先后在政策文件中提到："自上而下的实施已经够多了，而经验显示成功依赖于社区自身拥有权力并承担责任，从而让事情变得更好。""除非社区完全参与更新的形成和实现，不然纸面上最好的规划案也将在实践中遭遇失败。"文件中强调不仅给社区赋予权力，还有责任；要求社区参与不仅发生在特定的基于地区的行动中，而且被纳入"地方战略伙伴计划"（Local Strategic Partnerships）。"重新发现社区"成为1990年代英国城市政策最主要的"成功故事"之一（Tallon，2010）。

近年来，全球城市更新普遍呈现出显著的"转向社区"的趋势，社区更新日益成为更加综合的地方政府改革的重要组成部分。更新的目标更加复合化和"柔性化"，从环境改善、经济发展、消除贫困与社会排斥，转向更多强调地方伙伴关系和自下而上的行动形式，注重社会资本的培育和壮大，建立包容和混合的邻里社区，实现人和社区的全面发展与整合发展（Kearns，2003；Imrie等人，2009；张威等，2019）（图3-2）。

总结当代社区更新的兴起，旨在应对以下的转型挑战：①在快速城镇化、全球化、地方化浪潮高度叠加的现代社会，产业重构带来"新的不平等"，社会贫富分化和隔离现象日趋普遍并加剧，传统邻里网络和社区认同趋向解体。社区作为抵御贫困、增进融合的重要

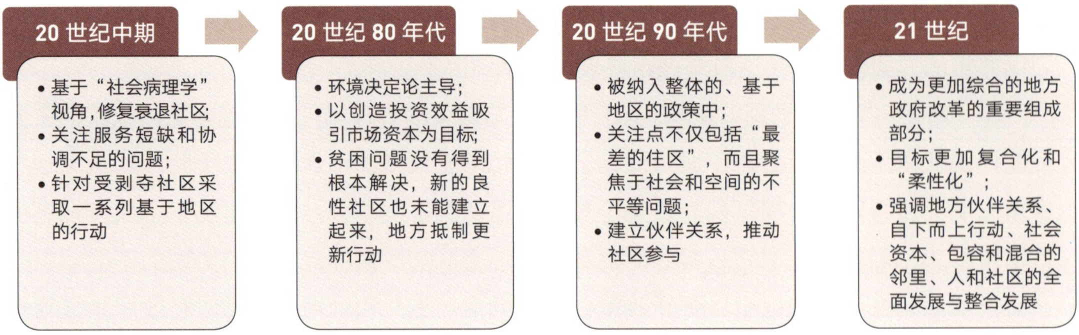

20世纪中期	20世纪80年代	20世纪90年代	21世纪
• 基于"社会病理学"视角，修复衰退社区； • 关注服务短缺和协调不足的问题； • 针对受剥夺社区采取一系列基于地区的行动	• 环境决定论主导； • 以创造投资效益吸引市场资本为目标； • 贫困问题没有得到根本解决，新的良性社区也未能建立起来，地方抵制更新行动	• 被纳入整体的、基于地区的政策中； • 关注点不仅包括"最差的住区"，而且聚焦于社会和空间的不平等问题； • 建立伙伴关系，推动社区参与	• 成为更加综合的地方政府改革的重要组成部分； • 目标更加复合化和"柔性化"； • 强调地方伙伴关系、自下而上行动、社会资本、包容和混合的邻里、人和社区的全面发展与整合发展

图 3-2 社区更新的发展历程

阵地，亟待建构新的良序共同体和场所认同。②从管理向治理的理念转变，人们日益认识到政府资源和职能在当下复杂社会环境中的有限性，需要整合市场和社会力量共同协作。③人们对于福利供给和生活品质的需求不断提升，社区成为实践积极的公民权利和责任的重要载体，有待让更多的人能够参与社区相关的决策，承担起解决地方问题的职责，而不是去期待其他人。

社区更新行动的主要内容包括：①关注供给侧措施，包括改善邻里层面的就业率、邻里管理、住房和公共服务供给；②基于国家整体发展战略和目标指引，在地区和邻里层面采取地方性干预行动，促进社会包容；③提倡共同协作的地方伙伴关系；④鼓励更新中开展自力更生的行动，以自助和互助为工具，推动地方社区建设和拓展社会资本，解决衰败地区问题（Hall，2007）（图3-2）。

3.2.2 基本概念

由上文可见，社区更新作为城市更新的重要组成内容，近年来其地位和受关注度日益提升。但关于其定义，目前从学术到实践领域并没有统一的界定。

西方有关城市更新的研究文献中，另一个常见的相关用语是"基于社区的更新"（community-based regeneration），强调采用基于地区的行动，地方社区参与并推动的城市更新。

英国社区和地方政府部在2016年发布的《住区更新国家策略》（*Estate Regeneration National Strategy*）中，使用的"住区更新"（estate regeneration）一词，并将其定义为通过向居民提供经过良好设计的住房和公共空间、更好的生活质量和新的发展机会，从而改变邻里。它既能为原有居民改善住房提供机会，也能给居住密度相对偏低的城市地区增加亟需的新住房。其中指出，成功的住区更新应具备以下三个基本原则：一是社区作为合作伙伴参与；二是地方政府提供支持和领导作用；三是有意愿和私人部门合作，获得商业技能和投资杠杆（Department for Communities and Local Government，2016）。

总体而言，当前西方语境下，社区更新涉及以下三方面的重要概念：①社区，既指代有明确空间地域范围、可管理的场所，也包含社会学意义上的社会联系和认同，因而更新的对象和手段都需要对空间和社会等维度进行统筹考虑。②社会资本，通常体现为社会网络、规范和信任，决定了一个地区成员之间的凝聚力、集体行动和决策能力，是提升社区韧性和增进参与的基础。壮大社区自身的资本和能力建设，已经成为当前西方社区更新的重要目标。③治理和参与，强调国家和地方政府、市场、社会组织和社区之间建立合作伙伴关系。

在我国，长期以来都倾向于使用"（居）住区改造"一词，近年来随着城市更新的兴起，棚户区改造、老旧小区改造也日益成为政策研究的重要关注点。以上几个概念更多关注的还是针对住宅楼宇、居住区空间环境和设施等的物质性改造和升级。而面对作为社会—空间统一体、内涵更为复合的社区，以及与之相关的更为综合的活化、复兴、赋能等更新诉求，目前尚未形成关于社区更新的系统性的理念认知和策略思考。

本书在最后一章将尝试对社区更新的概念、目标、原则和路径进行界定。

3.2.3 相关理念

当代社区更新的理念认知和策略制定在很大程度上受到以下两个重要理念的影响：一是可持续社区发展；二是有机更新。

3.2.3.1 可持续社区

关于可持续发展最常用的定义来自1987年世界环境和发展委员会（the World Commission on Environment and Development）发布的《我们共同的未来》（*Our Common Future*）报告，又名《布伦特兰报告》（*Brundtland Report*），指"既满足当代人的需求，又不对后代人满足其需求的能力构成危害的发展"。不过，这一定义中关于"需求"的定义并不清晰。比如，富裕地区所认为的需求在贫困地区看来可能是奢侈的。

2005年，欧洲各国部长共同签署《布里斯托协议》（*Bristol Accord*），定义可持续社区为"人们希望现在和未来居住和工作的场所。它们能满足现在和未来居民的多样化需求，对环境敏感，有利于高品质的生活。它们是安全和包容的，经过良好的规划、建设和运营，为所有人提供平等的机会和良好的服务"。协议还提出了可持续社区的8个关键特征，包括：①活跃、包容和安全。公平、宽容、有凝聚力，拥有浓厚的地方文化，和其他共享的社区活动。②运行良好。拥有有效和包容的参与、代表和领导。③连接良好。拥有良好的交通服务和通信，实现人们与工作、学校、健康和其他服务之间的联系。④服务良好。公共、私人、社区和志愿服务适合人们的需求，所有人都可获得。⑤环境敏感。为人们提供尊重环境的居住场所。⑥蓬勃发展。地方经济繁荣、多元和富有创新。⑦良好的设计和建造。以优质的建筑和自然环境为特色。⑧人人公平。包括现在和将来，以及来自其他社区的人。

2015年，联合国在可持续发展峰会上通过了《2030年可持续发展议程》（*the 2030*

Agenda for Sustainable Development）。议程提出了17项可持续发展目标，其中第11项目标为"可持续城市和社区"（sustainable cities and coummunities），其下又细分了10项具体目标。

基于联合国提出的可持续发展目标框架，可持续社区指以绿色、共享、共治、包容、韧性等为愿景，有能力充分动员所有利益相关方参与社区建设和社区治理以增强可持续性的社区。可持续社区的主要特征包括：为居民提供可负担的住房和公共服务，安全绿色的交通出行方式，较强的生态和安全韧性，优质的社区环境，面向各类群体的包容性社区空间，特色鲜明且保护利用良好的文化资源，紧密和谐的社会网络，良好的参与氛围与组织能力，等等。

3.2.3.2 有机更新

在我国，自20世纪末期以来，对住区更新影响最大的是有机更新理论。

有机更新理论认为城市如同有机体一样，永远处于新陈代谢中，主张依循城市自身内在的发展规律，顺应城市原有的肌理，在可持续发展的基础上，探求城市的更新与发展。其理论基础来自以下三个方面的主要认知：①城市整体的有机性。城市同生物体一样，是有机的，各部分彼此相互关联、和谐共处。②城市组成部分的有机性。构成城市的各个组成部分在顺应原有城市结构的基础上不断地新陈代谢。③更新过程的有机性。城市及其组成部分的更新代谢过程是逐渐的、连续的。

体现在规划建设中，有机更新理论提倡"采用适当规模、合适尺度，依据改造的内容与要求，妥善处理目前与将来的关系——不断提高规划设计质量，使每一片的发展达到相对的完整性，这样集无数相对完整性之和，即能促进北京旧城的整体环境得到改善，达到有机更新的目的"；"新的建设宜较为自觉地顺其肌理，用插入法以新替旧，一般无法全面地推倒重来，只是在特殊的情况下，才需要'动手术'"；基本原则包括循序渐进、审慎更新、小而灵活、居民参与、社区发展等（吴良镛，1989；吴良镛，1994；方可，2000）。

在此基础上，延伸发展出多种相关的更新理念和模式。如《北京旧城 25片历史文化保护区保护规划》中提出"微循环式"改造模式。其中将保护与更新视为相辅相成、对立统一的一对概念，保护和更新的对象可能相互转化，形成一个动态的循环，并在完善的保护规划实施下，还应该是一个有序的动态循环。"只有将保护与更新对象的划定'微型化'，让新旧建筑物交替更迭的过程'微型化'，才能做到在有序循环的更新过程中对街区整体风貌的持续保护"（宋晓龙等，2000）。

此外，还有小规模渐进式更新模式。针对大规模更新改造方式暴露出的诸多问题，包括一次性大规模投资不利于经济长期稳定发展，大拆大建的改造方式把问题简单化，摧毁传统社会网络、生活空间，环境营造和服务配套与生活需求脱节，改造建设盲目性大且造成房产、地产闲置，不利于公众参与，利益导向的改造行为突破规划规定和政策等，小规模渐进式更新改造强调在充分认识和尊重现状的基础上，以解决使用者实际问题为目的，采用资金逐渐投入、设施逐渐完善的小规模、缓慢的更新改造活动，如小规模的住房改建、翻建、加建、养护和修缮，以及资金投入较少的由政府和居民合作的社区环境整治和改善等，还涉及住区生活与工作环境的改善和提高。特别针对老城区、历史文化街区及其周边敏感地区，这一模式在资金筹措、建造施工、公众参与等方面拥有很好的灵活性，可收到较好的环境和社会经济效益（张杰，1996）。

不过，由于我国城市工作长期以来的重点都是面向大规模改造和建设，并形成与之相对应的规划建设和管理方法，包括如：注重终极理想状态，而缺乏对过程的关注和管控手段；用细致的空间形态控制作为目标实现手段，而忽视政策手段的引导机制；倾向于对现状的否定和问题视角，而缺乏对地方资源的积极利用视角，等等，导致在小规模更新方面，理念提了很多年，但在政策上一直缺乏系统推进和有效落实，在实际中常常容易出现散而乱，甚至品质低下的问题，一些试点项目最终无疾而终。

3.2.4 路径

直至今日，关于社区更新仍然存在以下诸多的争议和不确定性：

（1）人还是场所：更新行动的核心干预对象应是地方社区中的特定群体或所有居民，还是既定邻里中的物质性场所？

（2）自上而下还是自下而上：更新行动最大的驱动是来自政府自上而下的政治决策，还是地方社区自下而上的发展诉求？

（3）公共还是私有：更新行动的投入应主要依赖于来自政府公共部门的行动和资源，还是私人部门或社会团体？

（4）问题导向还是资产导向：更新行动的核心目标指向解决或修复主要问题，还是建设和强化个体或社区的能力和资产？

（5）聚焦还是全面：更新行动应专门聚焦特定目标群体的特别需求或问题，还是全面关注和解决更加多元的问题？

上述问题是需要在每个更新策略和行动确定之前都予以审慎思考的，并非让我们在路径中"二选一"，而应尝试在这些分歧中搭建桥梁，通过综合考量，因地制宜选择适宜的方案，以求为社区和个体福利带来最大的提升，实现帕累托最优。

第 4 章　北京城市更新背景下的社区更新历程

4.1 面向居住条件改善的住房拆改建
（1950 年代 ~ 1980 年代中）

4.2 房地产开发推动下的危旧房改造
（1980 年代末 ~ 1990 年代中）

4.3 城市现代化与房改浪潮下的大规模老城改造（1990 年代末 ~ 2000 年代中）

4.4 老城整体保护战略下的小规模渐进式更新（2000 年代末 ~ 2010 年代初）

4.5 探索多元模式的社区可持续有机更新（2010 年代中至今）

4.6 北京城市社区更新历程小结

中华人民共和国成立至今，北京从一座百废待兴的老城，成为一座融合璀璨千年文化的历史名城与现代化国际大都市，半个多世纪期间经历数轮更新改造和空间扩张。

本章基于对北京城市发展和更新建设的主要动力和聚焦点演变的梳理，将其社区更新的历程总体划分为以下5个发展阶段：面向居住条件改善的住房拆改建（1950年代～1980年代中）、房地产开发推动下的危旧房改造（1980年代末～1990年代中）、城市现代化与房改浪潮下的大规模老城改造（1990年代末～2000年代中）、老城整体保护战略下的小规模渐进式更新（2000年代末～2010年代初），以及新时期探索多元模式的社区可持续有机更新（2010年代中至今）[①]。

4.1
面向居住条件改善的住房拆改建（1950年代～1980年代中）

▶ 中华人民共和国成立后，北京百废待兴。1952年，城区的危险房（不足二成半新）有6万间、860多万平方米，占城区旧有房屋的49%，破旧房屋（二成半新到五成半新）有74万间、1070万平方米，占61%；关厢地区的危险房屋占15%，破旧房屋占71%（北京市地方志编纂委员会，2002）。当年全市人均GDP仅约10美元，城镇居民人均住房建筑面积4.75平方米[②]。

基于"建设社会主义现代化首都"的指导思想，恢复和发展生产成为首要任务。1953年，《改建与扩建北京市规划草案要点》中提出，首都建设总方针为"为中央服务、为生产服务、为劳动人民服务"（董光器，1998）。1957年制定的《北京城市建设总体规划方案》中再次明确，"北京不只是我国的政治中心和文化教育中心，而且还应迅速地把它建设成为一个现代化工业基地和科学的技术中心"（徐向东，1996）。在"先生产后生活""将消费的城市变成生产的城市"等理念指引下，北京城市建设的重点放在了政治导向下的城市标志性公共空间建设与经济导向下的工业基地建设。相对而言，城

---

① 《北京市国民经济和社会发展第十三个五年规划纲要》《北京城市总体规划（2016年～2035年）》中以"老城"取代以往"旧城"的称谓，体现出对城市历史积淀的尊重和价值认可。本书中除了引用文献，均采用"老城"一词。

② 数据来自北京市统计局、国家统计局北京调查总队的北京市宏观经济与社会发展基础数据库。北京1949年人均地区生产总值66元，粗略折合约10美元。

市基础设施与住房建设被作为配套性工作，置于次要地位，大院以工厂为中心提供配套，商业网点从2万多个萎缩到几千个（董光器，1998）。因而，面向居民生活需求的老城更新基本体现为较为被动的、应急的、以"解危救困"为目的的政府福利行为。

这一时期的北京城市更新主要以政府统建的方式开展，涉及土地和房屋权属问题由市、区房屋管理局统一负责。受制于当时十分有限的公共财力，更新内容主要是一些局部的、小规模的危房整修和基础设施建设，以满足老城居民基本的生活需求，实现城市初步的现代化转型。受当时急于改造老城的思想影响，对原有建筑物和市政设施的维护保养和补充重视不够，建筑物"如要翻建只能按'四原'（原面积、原性质、原结构、原材料）要求进行，致使破旧危险房激增"，老城内"交通堵塞、水压不足、积水严重，污水排不出，气、热、电力管道进不来"（董光器，1998）。到1960年，北京人均居住面积下降到3.24平方米，甚至还低于解放初的人均4.75平方米（谭烈飞，2002）。

从下述几组数据可见当时的住房供需压力：北京市1963年人口出生率达到43.41‰，每年新生婴儿多达15万～20万人，1970年代末到1980年代初，平均每年进入婚龄的人数增加到20万人左右（图4-1）。1978年，北京市户籍205.5万户中，已婚无房户有2.6万户，大儿大女、几代同堂的不方便户有10.8万户，拥挤户有16.4万户，其中平均每人不足2平方米的极端困难户有1万多户（孙金楼等，1984；北京市统计局等，2019）。

随着北京城镇人口的迅速增长，加上既有房屋设施的老化，城市中心区居住压力不断增加，缓慢的局部改造已无法满足快速增长的住房需求。1967年城市总体规划被暂停执行，1968～1976年北京市城市规划管理局被撤销，城市建设一度陷入相对无序和管控失效

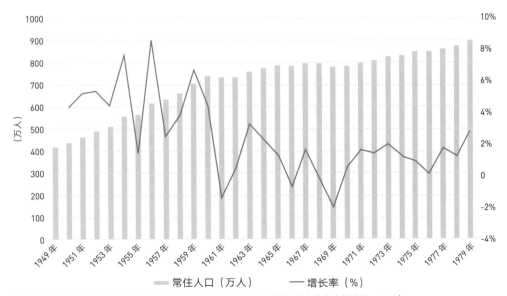

图4-1 1949～1979年北京常住人口数和增长率（资料来源：相关数据来自北京市统计局，1999）

的状态，引发大规模"见缝插针""填平补齐"的建设活动①，1976年唐山大地震后大量搭建的地震棚进一步加剧了四合院的杂乱拥挤。由于缺少规划，同时在"干打垒"精神的影响下，破旧危险房的改造方式，前期以建设简易楼为主，后期更多采用就地上楼、逐步扩大改建的"滚雪球"方式②，在众多的平房四合院则推广"推、接、扩"③的经验进行加建扩建。

这种以短期解困为目的的政策在一定程度上缓解了当时迫切的居住改善需求压力，却为后期的再次更新埋下了严重的遗留问题——大量的简易楼和临建住宅建筑质量差，使用年限短，短短二三十年后，很快就集中沦为需要"二次改造"的危旧房；伴随着产权不清晰和大量中低收入群体的入住，更为后期的更新改造带来诸多困难。有些地方以"改造"为名，大搞见缝插楼，"堵塞胡同、侵占院子，住宅、工厂、仓库混杂布置，分散小锅炉房到处都是，严重扰民，污染环境"，许多密度较稀疏、风貌较好的王府、大院被破坏，"生活服务设施却无人修建，欠账严重"，出现城市越建越破的反常现象（董光器，1998）。

改革开放之后，社会主义市场经济体制开始发育，但计划经济的体制与思想影响尚存。1982年北京被列为第一批国家历史文化名城，1983年《北京城市建设总体规划方案》中保留了北京作为"全国的政治中心和文化中心"的定位，但不再提"全国的经济中心和工业基地"。1986年，北京划定老城改进重点区域范围，市政府明令禁止在城区内分散插建楼房④，城市更新思想开始由"改建"向"保护+改造"转变。不过当时历史文化名城保护的工作重点仍聚焦于宫殿、官署、寺庙、园林和一些大型建筑群，对居住空间的关注较少，并且多参照西方规划概念和模式，缺乏对中国传统居住区结构和形态的重视和深入研究（吴良镛，1989）。

总结这一阶段北京社区更新的特点，从背景而言，存在住房基础差、财政实力弱、规划管理一度失控的现实局限，与快速扩张的城市人口规模和居住需求之间形成难以调和的矛盾。由此体现在更新策略上，主要集中在老城以内，基于尽快缓解短期住房压力的出发点，以解决基本的"有房可住"和质量安全为出发点，以单位主导加上个体建设为主，针对单体住宅、楼栋或合院，采用占用空地、插建和原地改造等方式，进行分散式的局部拆改建，并且新建规模远超改造。建筑存量从中华人民共和国成立初期的1000多万平方米增长到1980年代的3000多万平方米。新增的2000多万平方米新房中，大部分是利用老城的空地建设起来的；原有的1000多万平方米的旧平房住宅，大概只改造了1/3，大量破旧房屋仍然保留（董光器，1998）。受限于当时经济社会发展的水平，加上建设资金和时间等方面的

---

① 1967年国家基本建设委员会在《关于北京地区一九六六年房屋建设审查情况和对一九六七年建房的意见》中提出：凡安排在市区内的建设，应尽量采取见缝插针的办法，以少占土地和少拆民房。
② 简易楼一是结构标准低，结构强度差、不保温；二是设备标准低，没有厨房，只有公共水龙头和公共厕所；三是房间面积小，住户拥挤；四是没有规划，布局混乱且密度高，已经成为各区改造的包袱。"滚雪球"式的改造是通过拆平房，建设5、6层单元式楼房，居住面积略有增加，大体做到"拆一建三，分二余一"，采取统一规划、分期建设的办法逐步实施。安置原住户后剩下的三分之一房屋，作为扩大改建的周转房，使旧房改造面积像"滚雪球"一样越滚越大。但实际因为改造周期太长，"雪球"滚不起来，加上改建房不能保证专房专用，中途插进来不少外来户，更增加了改建难度。见：董光器. 北京规划战略思考[M]. 北京：中国建筑工业出版社，1998。
③ 指允许在四合院住宅内推出一点、接长一点、扩大一点，挖掘四合院内空间潜力，增加住房面积。见：董光器. 北京规划战略思考[M]. 北京：中国建筑工业出版社，1998。
④ 北京市人民政府. 北京市人民政府关于限制在城区内分散插建楼房的几项规定（失效）[京政发[1986]109号][EB/OL]. (1986-08-01) [2021-09-22]. https://baike.baidu.com/item/%E5%8C%97%E4%BA%AC%E5%B8%82%E4%BA%BA%E6%B0%91%E6%94%BF%E5%BA%9C%E5%85%B3%E4%BA%8E%E9%99%90%E5%88%B6%E5%9C%A8%E5%9F%8E%E5%8C%BA%E5%86%85%E5%88%86%E6%95%A3%E6%8F%92%E5%BB%BA%E6%A5%BC%E6%88%BF%E7%9A%84%E5%87%A0%E9%A1%B9%E8%A7%84%E5%AE%9A/18579878?fr=aladdin。

制约，出现了一批建筑质量和设施配套较差、私搭乱建的住房，老城平房四合院内的建筑密度从原来的50%左右增加到70%（Zhang，1997）。1983年，老城内还有旧四合院民房区29片，占地435公顷，建筑面积190万平方米，共计约13万间，危（房）、积（水）、漏（雨）现象严重（吴良镛，1989）。住房面积短缺、老旧房屋失修、基础设施条件差、私搭乱建等种种因素相叠加，导致老城内的居住问题十分严重，成为后一阶段大规模改造的现实压力。

4.2
房地产开发推动下的危旧房改造（1980年代末～1990年代中）

▶ 进入1990年代，北京的城镇化率超过70%，地区生产总值突破500亿元，第一产业、第二产业、第三产业比例达到7∶49∶44（1990年），人均GDP年增速稳定保持在两位数，经济社会发展进入前所未有的加速和转型阶段。改革开放的深入和经济体制的全面转轨，带来北京对城市发展路径的重新认知和定位。《北京城市总体规划（1991年—2010年）》明确城市发展目标定位于"全国的政治中心和文化中心，是世界著名的古都和现代国际城市"，并提出发展适合首都特点的经济，调整产业结构和用地布局，促进高新技术和第三产业发展。

新的城市发展目标和社会经济的快速发展给北京城市更新带来了巨大动力，主要体现在以下几方面：①老城基础设施匮乏、建筑破败、过度拥挤的居住环境已经难以满足人们日益提高的生活需求。1989年全市城镇居民人均住房建筑面积10.74平方米（北京市统计局等，2014）。1990年代初，北京老城内危旧房建筑面积达1000万平方米，占地1900多公顷，涉及居民人口约92万人[①]；当时城区内的三类房（一般破损房）和四、五类房（严重破损房、危险房）占到市区该类房屋数的75%左右，约有20万户人家居住在危房区中（陆孝襄，1992）。②快速城镇化进程带来大量新的住房需求，

---
① 关于报送政协北京市第九届委员会常务委员会《关于北京城区危旧房改造问题的建议案》的函（京协厅函［2000］119号）[EB/OL]．（2006-11-01）[2021-09-17]．http://www.mohurd.gov.cn/fgjs/xgbwgz/200611/t20061101_159557.html．

1990～2000年十年间全市城镇人口增长了259万人，相当于1990年城镇人口总数的1/3（北京市统计局等，2010）；③老城内以传统工业为主导的经济格局逐步向金融、商贸等第三产业升级，政府从招商引资的角度出发迫切需要改造老城；④1987年颁布的《中华人民共和国土地管理法》和1990年颁布的《中华人民共和国城镇国有土地使用权出让和转让暂行条例》明确了城市政府利用土地产生经济效益的制度保障，同时财税制度改革激发了政府对土地开发的积极性，土地市场逐渐形成，房地产成为新的经济增长点，老城土地价值凸显，成为投资开发的热点。

1980年代末，北京市政府选定东城区菊儿胡同、西城区小后仓胡同、（原）宣武区[①]东南园作为危旧房改造的三片试点，除了探索传统院落布局形式、延续胡同风貌、保留重要大树等做法外，重要的是政府大幅度减少资金的直接投入，采用"政府、单位和个人三结合"的建设方式，即：政府无偿划拨危改建设用地并减免税收，单位提供周转、置换房源或给职工提供资助，居民缴纳租赁保证金或以优惠价购买新住房，负责改造的开发公司通过出售余房来弥补建设资金的差额（方可，2000；魏科，2005）。如小后仓胡同改建项目中，市政府提供周转资金、房管部门垫资和建设综合服务楼出售成为投资的主要来源（分别占比1:1:3），还有少量来自住户优惠购房资金（黄汇，1990）。三处危旧房区总占地2.7公顷，拆除危旧房屋2.2万平方米，涉及549户、2143人。改建后新建住宅和公建3.0万和0.3万平方米，总投资2229万元。其中，除政府投资600万元外，其余采取房改、合作建房和房地产经营的办法解决，通过与房改相结合的方式探索了加快危改的路径（陆孝襄，1992）（表4-1、图4-2）。

1990年，北京市政府第八次常务会做出加快危旧房改造的决定，确定了"一个转移"（从新区转移到旧城）、"一个为主"（以区县政府为主）和"四个结合"（危旧房改造与新区开发相结合、与房地产经营相结合、与住房制度改革相结合、与保护古都风貌相结合）的改造方针。在菊儿胡同、小后仓等试点工程的基础上，基于对市区危旧房状况的全面调

危改区改建前后基本情况　　　　　　　　　　　　　　　　　　　　　　　　　　　　　　　　表4-1

危改区名称	用地面积（平方米）	改建前				改建后				资金投入（万元）
		建筑面积（平方米）	户数（户）	人数（人）	人均居住面积（平方米）	建筑面积（平方米）	户数（户）	人数（人）	人均居住面积（平方米）	
菊儿胡同	2627	1085	44	138	5.3	2760	46	144	12.4	284
小后仓胡同	15000	13739	298	1200	4.7	17094	305	1200	7.3	1280
东南园	8990	6620	207	805	4.8	9881	232	900	6.6	665
合计	26617	22044	549	2143		29735[a]	583	2244		2229

[a]建筑面积合计数未包括小后仓胡同项目的3000平方米公建。
注：原表格中用地面积单位写的"公顷"，疑似有误，书中改为"平方米"。
资料来源：陆孝襄，1992年。

[①] 2010年6月，经国务院批准，北京市对老城进行行政区划调整，原东城区、崇文区合并为新的东城区，原西城区、宣武区合并为新的西城区。本书中所提及的这四个城区和相关数据均以2010年为界限，分别对应行政区划调整前后的范围。

图4-2 菊儿胡同（左）和小后仓胡同（右）改造项目掠影（资料来源：李宜静摄）

查，市政府从中划出了最危最破的37片作为第一批危旧房改造项目，其中22片位于功能核心区（表4-2）。1992年开始全面推进危旧房改造。在1990年代的十年间，北京城市改造总投资高达330亿元，建成了450万平方米新建筑，累计动工危改区146片，共计拆除危旧建筑415万平方米，竣工40片，15万居民迁入新居；到2000年，北京老城内10层以上的住宅楼和30米以上的公建已达500栋左右（张杰，2002）。这段时期内，北京市的危旧房改造对象从1980年代的"危房"扩大到了"危旧房"，带来改造范围和规模的迅速扩大。工作从分散的点、片改造，逐步发展为连点成片、连街成片的大规模改造，并且逐渐由城市中心区外围向中心区腹地推进（孟延春，2000）。

北京第一、二批危旧房改造项目　　　　　　　　　　　　　　　　　　　　　　　　　　　　　表 4-2

	第一批（个）	第二批（个）
东城区	北河沿、菊儿胡同、察慈小区、小黄计、安外大街（5）	南馆、海运仓、东四、朝内、隆福寺、黄土岗、东中街、东营房、灵光、官书院、青年湖东一巷、青年湖东二巷、北京站前东侧、北京站前西侧（14）
西城区	德宝、甘雨桥、扣钟庙、德外、万明寺、北营房东里（6）	桃园、德宝、榆树馆、教场、新光、国英、东冠英、阜外、皮库、草岚子、花枝、官园、宏庙、南闹市口、北礼士路（15）
宣武区	白菜湾、天宁寺、槐柏树、春风胡同、三庙院、禄长街（6）	红居街、建功里、三统碑、小马厂、北线阁、广安、登莱、牛街东、牛街西、菜市口、报国寺、南线里、南横街东口、双槐树、沙子口（15）
崇文区	忠实里、东花市、法华寺、长青园、草厂头条（5）	东花市、景泰东里、东四块玉、肉市、安化寺、永外、崇外大街、敬业里（8）
朝阳区	吉市口、朝外南营房、雅宝路（3）	芳草地、化石营、幸福村、左家庄、永安南里、雅宝路、吉市口、东草园、驼房营（9）
海淀区	甘家口、万泉庄、马甸、大泥湾（4）	小马厂、合作大院、白堆子、善缘桥、文慧园（5）
石景山区	赵山、古城、八角（3）	金顶街、苹果园、琅山（3）
丰台区	右外建安里（1）	—
门头沟区	新桥路（1）	—
通州区	中仓（1）	帅府（1）
大兴县	团结巷、兴政东里（2）	黄村东里、黄村老街（2）
合计	（37）	（72）

资料来源：孟延春，2000。

这段时期的城市更新以推倒重来的大规模房地产开发为主要形式，即"开发带危改"。房地产热潮席卷全国，北京老城更是成为海内外房地产开发商的首选之地，加上北京市将危旧房改造的可行性研究方案审批权下放到各区县，在市场力量的驱动下，改造形式逐步从危旧房改造演变成以酒店、办公等大型商业设施建设为主的城区再开发，并频频突破规划高度限制和带来超高容积率，严重影响了古都风貌的整体保护，造成了交通堵塞和环境质量下降（董光器，1998）。如1996年开工建设的"东方广场"，位于王府井南口、东长安街上的黄金地段，占地10公顷，总建筑面积约80万平方米，汇集了甲级写字楼、高端购物中心、豪华公寓、五星级酒店，号称亚洲最大的商业建筑群之一[①]。项目最初建筑高度方案为80米，超出总体规划的限定高度35米，最后获批的实际高度仍然达到68米（方可，2000）。

更新进程在1994年前后一度步入顶峰。1992~1994年，仅两年间，全市有175片危改区立项改造，这个数字相当于1991年的5倍（方可，2000）。1995年北京市建委主任在北京市危旧房工作会议上的报告中提出，1994年"是历年来危改工程建设速度最快、竣工小区最多的一年。全年完成危改投资30多亿元，相当于前四年的总和"（魏科，2005）。

在危旧房改造区的规划设计中，一批著名的专家、学者亲自参与或指导方案编制，进行了大量人性化、精细化的设计探索，包括：成区、成片改善环境，组团式、院落式平面布局以促进邻里交往，退台、错落、坡顶的形式营造丰富的景观效果和居住体验，建筑布局、色彩和细节处理多样化并结合地方特色和民俗习惯，采用"三大一小一多"（客厅、厨房、卫生间相对大一些，卧室相对小一些，壁橱、吊柜相对多一些）等户型格局和设施管线的综合设计等（陆孝襄，1992）。

大规模危旧房改造在改善老城居民住房条件的同时，也暴露出诸多问题（董光器，1998；耿宏兵，1999；方可，2000；张杰等，2009），包括：①改造项目筹融资渠道单一，过度依赖开发商资金，难免导致经济利益至上的改造倾向，大量真正"危旧"的地区并未得到有效改造，不仅缺乏建设资金流入，连正常维修和保养也无法保障，造成破旧房屋加速衰败。1990~1997年，全市确定危改区共279片，其中开复工123片，仅占44.1%，已竣工33片，仅占11.8%。危改8年共拆除危旧房360万平方米，实际上许多并不是真正的危房。②改造项目普遍采取推倒重来的方式，造成拆迁规模过大、速度过快，因征地、拆迁引发的社会矛盾日益尖锐，出现群众上访事件，其中多数涉及拆迁安置问题，甚至出现集团诉讼的情况。一些被拆迁居民被迫外迁安置到远郊区县，生活出行极为不便，有些开发商提供质量差、不好销售甚至是违章建设的房屋作为安置房，引发后续长期的产权、质量问题和社会纠纷。③为争取较高回报，大部分改造采取较高标准开发高端住宅项目，相对而言大众最亟须的经济适宜的普通住宅供给不足。④社会公共服务设施配建不足。1990年代全市中小学、托儿所和幼儿园、文化、体育、医疗设施的新建建筑占新建筑总量的比

[①] http://www.orientalplaza.com/。

例仅为5%左右，相比于1970年代的9.4%、1980年代的7.4%，呈现显著下降趋势，严重影响了社区生活品质。⑤对于历史地段的文化价值认识不足，致使许多传统风貌和特色景观遭到破坏。⑥过度扩张的房地产投资市场造成物价上涨及投资结构失衡等现象。

吴良镛（1998）曾撰文指出，"今天的北京旧城已经像一个癞痢头，正在开发中的花市、宣外、金融街等，皆已面目全非，出现一片片'平庸的建筑'和'平庸的街区'。这些已足以说明，在这种建设'开发'的形势下，采用现有的旧城规划和建设模式，已经并且还将继续产生种种可怕的后果。"

针对以上情况，1995年和1996年国务院相继出台了《关于严格控制高档房地产开发项目的通知》（国发〔1995〕13号）和《国务院关于加强城市规划工作的通知》（国发〔1996〕18号），加强了对高档房地产项目和城市规划工作的管控力度，特别强调"节约和合理利用土地及空间资源"，并在1997年下令冻结非农生产用地一年，采取了"最严厉的"土地政策（耿宏兵，1999）。根据北京市城乡建设委员会1996年9月的报告数据，危旧房改造拆迁面积比1995年同期下降68%，竣工面积下降50%（魏科，2005）。受国家宏观调控影响，加上1997年下半年亚洲金融危机爆发，房地产呈现全国性的萎缩局面。北京也难以避免，以提高建筑高度和土地开发强度为特征的"开发带危改"开始面临市场阻力，进入停滞期。

总结这一阶段的社区更新，是面对过去数十年间不断累积加剧的危旧房问题，及其与快速增长的城镇人口和住房需求之间的突出矛盾，在政府财力有限而房地产市场迅速崛起的背景下，采取了地产开发带动危旧房改造的主要形式。以菊儿胡同、小后仓胡同改造项目为代表，在多渠道获取建设资金、继承和保留北京传统居住风貌等方面进行了积极探索。但总体而言，在过度的市场驱动下，大量真正的危旧房未能得到全面有效改造，征地拆迁还引发了诸多的社会矛盾，并导致传统风貌景观受损严重等问题。

4.3
城市现代化与房改浪潮下的大规模老城改造
（1990年代末～2000年代中）

▶ 2000年，北京人均GDP首次超过3000美元，意味着迈入中上等收入地区行列。北京"十五"规划提出要"建首善之区，创一流城市，率先在全国基本实现经济、社会和城市的现代化"，体现了北京积极应对全球化浪潮、全面塑造现代化国际大都市的决心，并推动其进入城市现代化建设的高速时期。

前一阶段老城内大规模的住宅建设和办公、商业地产的开发，不但没有降低人口密度，反而进一步增加了老城的功能容量，导致原有道路和市政基础设施不堪重负。结合申办奥运的契机，北京加快城市现代化步伐，力求向全世界展现现代化国际大都市形象，并大力加强了古都特色风貌保护和整治力度。2000年和2003年，北京市委、市政府相继投入3.3亿元和6亿元实施以"两线、一街、一区"为核心的修缮保护计划和"人文奥运文物保护计划"（郑珺，2010），推进文化古都保护和老城改造工作的结合，并启动了一批以道路和景观改造为代表的市政基础设施建设。如1997年底的平安大街改造，以及之后的牛街拆迁和"两广"路拓宽等工程，主要依据的是1998年《北京市城市房屋拆迁管理办法》（市政府第87号令）中提出的以货币补偿为核心的危改政策。然而实际上，这种单纯依靠"市政带危改"的方式很快就因迅速增大的资金和拆迁压力而举步维艰。

如果说旨在提升环境品质的城市现代化建设为这一轮老城更新创造了契机，那么真正为其注入源源动力的则是国家住房体制改革。针对1997年出现的经济疲软现象，国家出台了一系列积极的财政政策和调控措施，旨在刺激投资需求和鼓励消费，拉动经济增长，其中的一个核心领域就是住房体制改革。1994年《国务院关于深化城镇住房制度改革的决定》（国发〔1994〕43号）和1998年《国务院关于进一步深化城镇住房制度改革加快住房建设的通知》（国发〔1998〕23号）两个里程碑式的房改文件的出台，刺激了房地产业的发展，后者更是宣布从当年下半年开始，全国城镇停止住房实物分配，实行住房分配的货币化，从而结束了全国长达数十年的"泛福利"住房制度（张杰等，2009）。

2000年，《北京市加快城市危旧房改造实施办法（试行）》（京政办发〔2000〕19号）出台，提出了"政府组织扶持、居民自主决策、房改带动危改、解危适度解困"的危改新思路，并在"三区五片"〔（原）崇文区的龙潭西里、金鱼池，（原）宣武区的天桥、牛街二期，丰台区的右外三条〕进行试点。5个项目规划总占地81公顷，规划总建筑面积131万平方米，计划动迁居民1.4万户，拆除危旧房屋40.5万平方米（北京市城市建设综合开发办公室，2001）。试点项目将过去福利制的危房改造变为政府、单位、个人三方共同出资的"危改加房改"，就地回迁、异地安置与货币补偿相结合，鼓励异地安置，从而为长期制约老城改造的资金困境带来新的转机。

以龙潭西里试点为例。危改区占地0.6公顷，其中三栋简易楼建筑面积3933平方米，居民住房246间，涉及居民133户、551人。原测算危改项目预计总投资约1.61亿元，如按房地产开发出售的方式，预计亏损3377万元，无法推动。最终采取房改带危改的新路径，政府提供优惠政策，以居民出资、实行有偿回迁为主，鼓励居民出资建房或用成本价购房，改造的资金由"政府贷一点、实施单位添一点、居民拿一点"组成，结合原地回迁、地价减免、给居民完全产权、公积金贷款等优惠政策，力求同步实现住房的"解危"和"解困"（张树林等，2000）。从2000年4月26日危改公告发布，到6月18日所有居民办完安置手续并迁出危楼，当年年底交付使用。其中，97户居民回迁安置，回迁购房157套，23户异地安置，12户货币安置，1户换房安置。回迁居民人均建筑面积（在政策以内的部分）达17.5平方米，接近于拆迁前的3倍（原人均建筑面积5.94平方米），高于当时15平方米的全市平均水平（张念萍，2001）。

为实现"首善之区"，缓解住房紧张问题和改善居住条件，2000年，《北京市加快城市危旧房改造实施办法（试行）》发布后，第二轮危旧房改造自此启动。"十五"计划提出"全市危房改造工作以旧城区和关厢地区为重点，五年改造危房300万平方米。到2005年，基本完成城区现有危旧房改造"①。危旧房改造成为北京市、区政府重点推进的工作任务，"每年，各区都与市政府就将要实施的危改项目签订目标责任书，因此，各区领导便不遗余力地将加快危改作为唯一的目标，危改也成为其最为重要的政绩之一"（周乐，2002）。以（原）西城区为例，2000年划定危改区面积约占全区总用地的1/5，几乎占据了西城区二环内、皇城外除白塔寺、西四北保护区等地区的大部分地区（张杰，2002）。

借助住房体制改革释放的市场动力，通过市政带危改、开发带危改、文物保护带危改及京政办发〔2000〕19号文带危改等多种形式，北京老城进入了前所未有的危旧房改造高潮，甚至大幅超越了上一阶段。2001年作为"十五"计划的第一年，加上申奥成功，危旧房改造规模一度达到"史无前例的状态"，全年拆除危旧房183.9万平方米（魏科，2005）（图4-3）。根据《东城区"十一五"时期城市建设发展规划》，2001~2005年五年内，（原）东城区"共完成危改投资119.2亿元，是前10年投资总额的5.2倍。累计动迁居民42000多户，是前10年动迁居民的2.3倍。五年共实现竣工面积200万平方米，是'九五'期间的5.3倍"（北京市规划局，2015）（图4-4）。

经济适用住房建设成为这段时期解决部分老城拆迁居民安置问题的重要途径。1998年

图4-3 1990~2004年北京市危旧房改造拆迁情况（资料来源：魏科，2005）

---

① "十五"期间北京要危改300万平方米[EB/OL]．（2001-02-05）[2021-09-22]．http://news.sina.com.cn/c/178721.html。

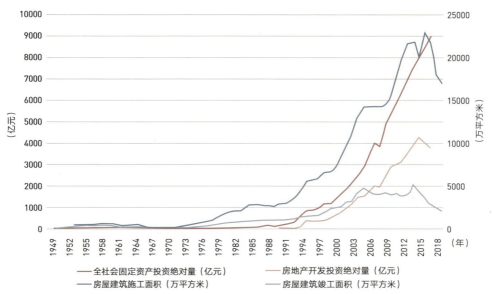

图4-4 1949~2019年北京全社会固定资产投资、房地产开发投资、房屋建筑施工和竣工面积规模变化情况（资料来源：相关数据来自北京市统计局等，2021c）

北京市政府批准了回龙观、天通苑为代表的第一批19片经济适用住房小区，并在1999年后陆续竣工。2004年有25.8%的拆迁居民家庭申请购买经济适用住房，在一定程度上缓解了开发商主导的拆迁安置问题。由于保障性住房供应规模总体非常有限，事实上，自2005年起新建经济适用住房就不再面向普通申购者，仅定向供应拆迁户（张杰等，2009a）。

这一阶段老城改造的一大突破在于多途径解决改造资金问题。一方面，市、区政府的经济实力已有较大发展，并拓展了银行贷款、土地出让金、股票和基金等多样化的融资渠道；另一方面，广大居民经济实力不断增强以及个人住房信贷的发展，促进了货币安置、就地回迁、异地安置等多种拆迁安置办法的实行，使得来自单位和个体的社会资本成为改造资金的重要组成部分。以2002~2003年实施的南池子试点改造工程为例，改造范围规划占地6.4公顷，建筑面积3万多平方米，涉及拆迁居民1076户、人口3038人，房屋2358间。其中回迁居民300户，异地安置和货币补偿的776户（张家明等，2004）。在项目总支出的3.01亿元中，政府直接投入的资金仅5200万元，其余的2.49亿元通过部分转让土地和向居民售房等方式实现资金平衡（邰磊，2010）。

这一轮轰轰烈烈的老城改造运动在大幅改善老城风貌和居民住房条件的同时，也引发了诸多争议性矛盾。随着危旧房改造的任务下放到区县一级，更新改造成为各区县政府的考核任务，也成为政绩工程，过度拆迁和突破控规等现象屡屡发生。据统计，1990~2003年，北京共拆除胡同639条，是前40年的3.1倍（1949~1989年拆除胡同199条）（魏科，2005）。更严重的是，大规模拆迁导致不少特色历史文化街区迅速瓦解直至消亡。以牛街为例，改造后的牛街危改小区内，矗立起一座座现代主义风格的高层塔楼，紧紧包裹着个别保留下来的历史建筑，而街区的传统历史风貌几乎难以寻觅（图4-5）。

图4-5 牛街危改后掠影（资料来源：李宜静摄）

哈佛大学设计学院原院长彼得·罗伊（2004）教授在2002年哈佛-清华关于北京老城更新的联合设计课后，写下了这样一段话，"过去的和当代的很多文学作品都采用北京作为背景，描述水平延伸的墙及彼此相连的低层合院和胡同中的丰富生活。在这些作品中，时间似乎总是停止于不间断的历史中。具有讽刺意义的是，正是在现代化建设方面的长期欠账，才使得大量拥有无与伦比的文化环境的街区免遭灭顶之灾——这些地区仅仅是破败了。今天，当原状保护受到不同的制约（如建筑的不安全性、年久失修、不能提供足够的基础设施），人们开始从保护院落住宅、胡同及道路的复杂特征方面尝试保护北京的历史街区"。事实是，院落、胡同等老城肌理和风貌的价值在当时大规模的拆迁浪潮中被无视和吞噬。

2004年，中央再次出手，推行"管严土地、看紧信贷"等宏观调控手段以应对全国性的房地产投资过快增长等问题。北京市开始反思危改模式和老城保护等问题，第二轮危改进入尾声。

总结这一阶段北京的社区更新，在城市全面建设现代化国际大都市、推进功能结构和产业升级的目标驱动下，面对古都风貌保护和环境品质亟待提升的迫切需求，借助住房体制改革和市场资本的力量，以及申办奥运等重大事件的契机，体现为以大规模危旧房改造为重点的老城改造运动。1998~2005年短短7年间，北京城镇常住人口规模和城镇居民人均住房建筑面积都实现了超过1/3的增幅[1]，大批现代化商品房住宅小区拔地而起，基本形塑了北京中心城核心区域的居住空间形态。但与此同时，由于过度依赖房地产市场，更新过程中对投资回报、拆迁任务等经济和物质性短期目标过度关注，给城市传统风貌、邻里网络和社会稳定造成了一系列难以弥补的冲击，引发了诸多争议。这种大规模拆迁改造式的更新活动至2000年代中期逐步缩减。

---

[1] 1998~2005年，北京城镇常住人口规模从958万人增长到1286万人，增幅约34%，城镇居民人均住房建筑面积从14.96平方米增长到20.13平方米，增幅约35%。相关数据来自：北京市统计局，国家统计局北京调查总队. 北京统计年鉴2010[J]. 北京：中国统计出版社，2010.

4.4
老城整体保护战略下的小规模渐进式更新
（2000年代末～2010年代初）

▶ 进入2000年代中期，北京的城镇化率超过83%，人均GDP5750美元，一、二、三产比例达到1∶29∶70，城镇居民人均住房建筑面积达22平方米（2005年）。从国际经验而言，这一阶段通常以产业、就业、城乡结构的现代化转型和中产阶级快速崛起为特征，但同时也面临社会分异、需求扩张与政府职能转型等方面的挑战。北京城市发展从规模扩张逐渐走向注重质量提升的内涵式发展，老城"整体保护"的理念逐步得到深化和推广，城市更新转向以小规模、渐进式的模式展开。《北京城市总体规划（2004年～2020年）》提出"以建设世界城市为努力目标，不断提高北京在世界城市体系中的地位和作用"。"十二五"规划中，人文、科技、绿色成为城市发展的核心理念。

在"人文北京"的理念指导下，关于老城更新的认识从"部分保护+部分改造"转向了"整体保护"。《北京城市总体规划（2004年～2020年）》提出"两轴两带多中心"的空间格局，推动了从区域协调的角度实现老城保护与新城开发的统筹发展，并提出通过"市域战略转移""旧城有机疏散"等措施，疏散老城人口压力，保护其历史风貌特色。随后相继颁布的一系列规划和条例，包括《北京历史文化名城保护条例》《北京市"十一五"时期历史文化名城保护规划》《"人文北京"之文博行动计划（2010～2014年）》《北京市文物建筑修缮保护利用中长期规划（2008～2015年）》《北京旧城房屋修缮与保护技术导则》《北京旧城25片历史文化保护区保护规划》《北京市"十二五"时期历史文化名城保护建设规划》等，逐步构建起以老城整体保护为核心，从文物保护单位、历史文化保护街区到历史文化名城的系统性的老城保护格局。《北京市住房建设规划（2006年～2010年）》提出将新城作为中心城人口职能疏解、首都现代化过程中新增居住需求的主要载体，老城区内原则上不再新增居住用地，积极探索小规模渐进式的危改模式。

这一版总体规划从颁布到实施的后续10年间，从土地空间价格来看，单中心城市空间结构尚未发生根本性转变（张红等，2014）；从土地出让的实际情况来看，这一时期的城市建设仍呈现外溢式扩张为主的态势。这一方面使得中心城区的集聚压力进一步增加，另一方面城市规模的急剧扩大形成了"回波效应"，导致老城的影子地价迅速上升（赵燕菁，2001），老城更新中用于拆迁补偿的费用在总建设投资中的比重急剧增加，加上日趋严格的老城保护带来再开发容量提升的空间受限，大幅增加了城市更新的资金平衡难度。

在上述多种因素的影响下，强调老城整体保护，推进小规模、渐进式的更新模式开始逐步成为社会共识。市政府提出"修缮、改善、疏散"的总体思路，确定"政府主导、财政投入、居民自愿、专家指导、社会监督"的方式，开展以"院落微循环改造""政府组织拔危楼""街巷胡同环境整治""六片文保区试点"为代表的"点、线、面"相结合的老城保护和改造实践（北京市住房和城乡建设委员会，2008）。2007年，全市改造涉及老城44条胡同、1474个院落、9635户居民；2008年6月底前，城四区完成修缮整治胡同44条、院落1954个，疏散老城区居民2800户；2009年，因老城区房屋保护修缮而疏散的居民数降至2004户（北京市住房城乡建设史志鉴编纂委员会，2008，2009，2010）。可见，从改造的总体规模到单个项目规模，相较于前期都呈现大幅下降的态势。

这一阶段，老城整体空间形态基本保持相对稳定的同时，受多重功能聚集、人口高密度、产权关系复杂、房屋管理制度等因素的综合影响，历史街区的空间保护状况并不理想。2013年对14片历史文化街区的保护规划实施评估显示，"街区中的私搭乱建愈演愈烈，近乎失控，除文物建筑外，大量传统建筑的保护与更新并未能实现"（边兰春等，2017）。

另一方面，房地产市场呈现以高端市场为主要目标的显著特征。2006年，建设部等九部委联合下发《关于调整住房供应结构稳定住房价格的意见》，规定"自2006年6月1日起，凡新审批、新开工的商品住房建设，套型建筑面积90平方米以下住房（含经济适用住房）面积所占比重必须达到开发建设总面积的70%以上。"但2007年全年北京商品住宅供应统计数据显示，90平方米以下的中小户型供应套数仅占总量的33%（张慧茹，2007），住房市场供应结构性失衡问题突出。

总结这一阶段的社区更新，在2004版城市总体规划和历史文化名城保护规划等一系列规划和政策文件的新理念指导下，明确了北京老城整体保护的思路，强调了对历史文化、传统城市风貌的重视，加上拆迁安置成本的飞速上涨，更新模式转向以小规模、渐进式为主，更新改造的空间规模大幅下降，关注点聚焦于改造后住房物质条件的改善、社区配套基础设施建设以及改造的资金平衡问题。由于改造后多以居民异地安置、原有用地用于高端商品房开发为主，带来传统邻里网络被破坏、老城趋向绅士化等相关质疑。

4.5
探索多元模式的社区可持续有机更新（2010年代中至今）

► 这一时期，北京的城镇化率已超过86%，达到高度城镇化水平，人均GDP达到11568美元（2015年）。社会经济的高度发展，同时伴随以日益加剧的人口、资源、环境压力，北京如何实现城市功能的优化与城市品质的提升成为当务之急。《北京城市总体规划（2016年~2035年）》明确了北京"建设国际一流的和谐宜居之都"的发展目标，以及政治中心、文化中心、国际交往中心和科技创新中心"四个中心"的战略定位，强调"由扩张性规划转向优化空间结构的规划"。保障和改善民生成为城市建设发展的根本出发点和落脚点。

伴随中央陆续出台有关实施棚户区改造、老旧小区改造和城市更新行动的政策文件，北京明确提出，城市更新取代传统的增量开发成为城市建设发展的主导模式。"十二五"规划中，首次提出了"让市民住有所居"的目标，2021年发布的《关于实施城市更新行动的指导意见》和《城市更新行动计划（2021~2025年）》中，强调了城市更新以"不搞大拆大建"为基本原则，重点推动城市建成区存量空间资源的提质增效。这一时期社区更新的主要任务集中在老城平房区的保护性修缮、棚户区改造和老旧小区综合整治三个方面。

针对老城的历史文化街区特别是平房区，根据中共中央 国务院关于对《首都功能核心区控制性详细规划（街区层面）（2018年~2035年）》批复精神，要"严格落实老城不能再拆的要求，坚持'保'字当头"，在"老城整体保护与有机更新相互促进"的思路指导下，主要采取保护性修缮、恢复性修建、申请式退租等方式。如2015年9月，东城区启动帽儿、雨儿、蓑衣、福祥四条胡同修缮整治项目。在完成申请式退租、三分之二居民外迁上楼后，2019年3月，雨儿胡同率先开始修缮整治施工，至8月已有19个院落完成整体修缮（李玉坤等，2019）。

棚户区改造在"十一五"三区三片的试点工作基础上[①]，在

---
① "十一五"期间，北京启动了通州、丰台和门头沟三个区的三片棚户区试点，累计解决了1.6万户。见：马力. 北京住建委：五年内解决住房难[EB/OL]. (2011-01-21) [2021-09-14]. https://news.fang.com/2011-01-21/4410582.htm。

"十二五"和"十三五"时期得到全面推进，目标是"2020年基本完成中心城棚户区改造"。探索棚改项目"异地平衡"①模式，并以大规模保障性住房建设部分对接老城人口的疏解安置，十年间共计完成约23万户棚改（殷呈悦，2016；北京市住房和城乡建设委员会，2021b）。

老旧小区综合整治工作以2017年为分水岭。2012年，北京市政府下发了《关于印发北京市老旧小区综合整治工作实施意见的通知》（京政发〔2012〕3号），针对老旧小区建设标准不高、设施设备陈旧、功能配套不全、日常管理制度不健全等群众反映强烈的问题，对全市老旧小区开展综合整治。"十二五"时期，主要对1990年以前建成的老旧小区实行以抗震节能为主、环境整治为辅的综合整治，完成约6562万平方米市属老旧小区综合整治，惠及81.9万户居民（陆茜，2017）。2017年，《老旧小区综合整治工作方案（2017~2020年）》出台，启动了新一轮老旧小区综合整治工作，以"六治七补三规范"②为重点，通过"基层组织、居民申请、社会参与、政府支持"的方式，共实施2000余万平方米，涉及居民34万户，并在工作思路上呈现以下转变：一是扩大改造范围，由专项改造转变为综合整治；二是引导居民参与，由自上而下的"任务制"转变为自下而上的"申报制"；三是注重长效机制，由重工程建设转变为工程建设与社区治理并重；四是强化基层治理，由部门主导转变为属地统筹；五是引入社会资本，由以政府出资为主转变为多元共担（北京市住房和城乡建设委员会，2021a，2021b）。

随着可持续更新理念的推广，以及中央提出社会治理创新战略、北京全市推广责任规划师工作，越来越多的社区更新案例相继涌现，相较之前更新活动多数来自政府决策、聚焦住房本体和物质空间环境的改造，这些新的实践探索致力于发动居民协商和社区参与、聚焦社区微空间和民生保障的改善，注重采用物质性与社会性策略相整合的路径，推动社区的可持续全面发展。书中后面的章节会有重点介绍。

这一时期社区更新的模式呈现显著转变。在北京致力建设国际一流和谐宜居之都、强调保障和改善民生的新目标指引下，面对超大城市人口、资源、环境之间的紧张关系以及多元主体之间的复杂利益关系，社区更新更多聚焦于在维系原有社区形态和构成不做大拆大建的前提下，激发社区和社会多方力量共同参与，从社区、街区尺度探索社会和空间的综合性改善提升路径，注重可持续的有机更新。同时，也面临更新资金压力大、社会资本参与规模有限，以及改造后长效维护机制不完善等问题。

---

① "异地平衡"模式指将中心城区的某个棚改项目和城六区外的棚改项目打包、捆绑，由一个实施主体同时操作，并作为一个项目进行立项与规划。
② "六治"为治危房、治违法建设、治开墙打洞、治群租、治地下空间违规使用、治乱搭架空线；"七补"为补抗震节能、补市政基础设施、补居民上下楼设施、补停车设施、补社区综合服务设施、补小区治理体系、补小区信息化应用能力；"三规范"为规范小区自治管理、规范物业管理、规范地下空间利用。

4.6
北京城市社区更新历程小结

▶ 　　北京城市社区更新在1949年至今的70多年间，在城镇人口总数增长近11倍的情况下（从1949年的178.7万人到2020年的1916.6万人），实现城镇居民人均住房建筑面积从1949年的4.75平方米提升到2020年的32.60平方米，增长了近7倍，已基本达到小康住宅标准，可以说在提升居住面积水平方面取得了极其显著的成果。

　　总体而言，北京城市社区更新呈现出以下主要特色：

　　（1）以政府作为更新主体，国家主导的特色显著。早期单位制背景下，作为主要更新主体的单位可视为国家和地方政府的代表机构；中期市场力量的发挥，也是基于土地经济与地方政府形成某种意义上的"增长联盟"（张振华，2011），之后政府通过加强土地和信贷监管强化其控制主导权；近年来提倡社会多方参与，从议题提出、资金投入到实施推进，仍是地方政府作为最重要的主体。

　　（2）住房体制改革始终作为社区更新的核心动力。回顾1980年代至2000年代老城改造的快速发展时期，无不借力于以住房制度为核心的体制改革，通过住房实物分配向货币化的转变以及房改带危改等举措，引入市场和社会资金，激活住房市场，推进更新进程。审视当前制约北京老城保护与发展的住房产权格局混乱、改造资金不足、社会参与的制度性门槛等瓶颈问题，未来的突破口仍将依赖于住房体制改革的进一步深化。

　　（3）重大事件成为社区更新的催化剂。北京先后于1991年和1998年两次提出申办奥运会，正好对应两次老城改造浪潮的兴起，带动大规模的固定资产投资和城市现代化建设，推动老城更新上升至全市乃至全国的重大战略地位。

　　从北京城市社区更新的演进历程来看，呈现出以下转变（图4-6）：①更新目标：从住房条件改善，到社区居住品质提升，再到社区整体可持续发展；②更新主体：从以单位、个体为主，到市场推动，再到政府主导、社会多元参与；③更新尺度：从单体住房，到楼栋、院落、小区、胡同，再到更大范围的社区、街区层面；④更新策略：从分散式的局部拆改建，到地产开发带动危旧房改造

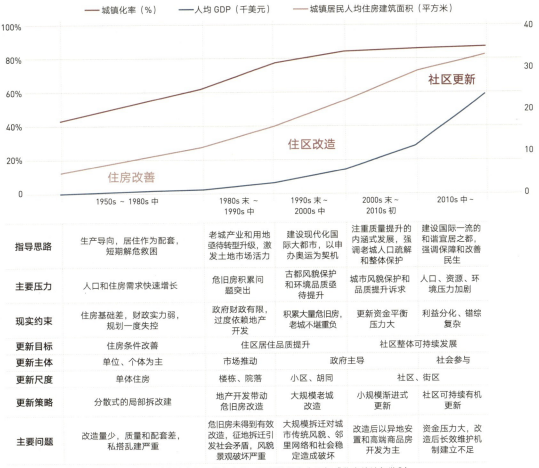

图4-6 北京城市社区更新的发展历程（资料来源：笔者自绘，相关数据来自历年《北京统计年鉴》）

和大规模老城改造，再到小规模渐进式和可持续的社区有机更新。

当我们进一步深入透析北京城市社区更新不同阶段的演进更迭，可以看到，其影响因素有客观的城市社会经济发展水平和城市发展战略的转变，但更重要的，是来自以下三个方面的认知转变。

（1）关于社区

伴随社会经济发展水平和人们生活需求的不断提升，关于住房和社区意义的认知也在不断变化。

在物质短缺年代，住宅的意义在于提供保障基本卫生和安全条件的栖身之所。1956年，时任北京市规划管理局设计院研究室主任的华揽洪在关于住宅标准设计方案的分析中，提出当时对居住定额的一般规定是每人居住面积为4～4.5平方米，以实现节地、节约成本。宋融等（1957）在《建筑学报》发表文章，指出"在我们目前的住宅中，在很长一段时间内，都将是有房住还是没有房子住的问题，在住宅内部最主要的是成不成一个家庭（自成一套）有居室、厨房、厕所，在房间来说，应都是居室（没有什么客厅、书房等），主要来解决床位等有无问题，并解决吃饭，储存等位置问题。我们认为解决了这些问题，满足了这些要求，就是解决了住宅的适用问题。"

1994年，建设部提出"小康住宅"目标，应对国际上"文明居住"标准，在住宅设计上包括有套型面积较大、平面布局合理、合理分割卫生空间、增设门斗等内容，同时还涉及社区服务设施配套、有宜人的绿化和景观、预留汽车停车车位等住区环境层面的内容。

再到今日，进一步扩展到以居住为中心的更为广泛的社区生活圈的涵义，涉及多样完善的服务设施、舒适宜人的外部空间、和谐友善的邻里关系、全龄友好的生活环境、积极活跃的社区参与氛围等需求，以及更高的品质化、人性化等要求。由此带来对于社区更新的目的和评判标准也更高、更复合。

（2）关于更新

很长一段时期以来，从学术到实践领域关于更新的认知也一直充满着争议和演进。

首先，将更新作为一时的运动，还是长期的过程？北京的城市更新历程显示，长期以来政府并未将更新视为一种长期的"新陈代谢"过程纳入城市日常工作，而更多寄希望于一时的运动，"毕其功于一役"。老城两次拆迁改造的高峰正好与两次申报奥运的时间相对应，也从一个侧面印证了"运动化更新"的模式。由此导致大量的更新工作聚焦拆迁新建，而忽视了长期运维。直至近年来，社会才达成共识，将更新视为一个长期任务，是一个城市、社区保持活力的日常性自我修复和完善的过程，因而长效更新机制的建立成为关键。

其次，是更新和保护的关系。更新和保护常常被视为静态、对立的两个面，前者被简单理解为单一对物质环境的改造，而后者则被解读为"什么都不能动"。由此，导致大量的名人故居、历史街区面对"拆"或"留"一字之差的"生死抉择"，或者选择"惨淡的留存"，或者走向"面目全非的新生"。

（3）关于城市问题的响应尺度

人们往往从地理学视角审视社区问题，尝试通过在特定地点的集中行动来解决问题，但有些时候社区只是更大范围城市问题的呈现载体，导致更新行动"治标不治本"。例如，对城中村、棚户区的拆迁改造，结果导致贫困人口和相关问题向其他区域的被动转移；又如追求在单一地块内完全实现更新的资金平衡，导致更新开发常常突破规划控制，以更大范围内的社会效益和环境效益为代价，解危不解困，越拆人越多；针对街区交通堵塞问题，简单地拓宽内部机动车道路，而忽视区域交通梳理，导致越修越堵的恶性循环。

▶ 总结可见，在过去的半个多世纪里，北京城市社区更新呈现出三个阶段的转型特征：从早期单位和个体为主体、聚焦单体住宅和局部拆改建的"住房改善"，到之后地产开发带动大规模危旧房改造、关注住区居住品质提升的"住区改造"，再到当下社会多元参与、强调小规模和渐进式、推动社区整体可持续发展的"社区更新"。这一历程，折射出不同时期背景下城市发展目标、人民生活需求和社区价值认知不断演进的时代印记，它提醒我们既要正视社区更新背后多方主体博弈、理想与现实协调的复杂性，也需全面审视更新活动的作用和影响，探求立足社区、推进城市整体发展的可持续更新路径。

第 5 章　更新背景下的北京城市居住空间转型

5.1 人口聚集效应日益显著，高密特征持续强化

5.2 社会结构总体逐步提升，两极分化趋势凸显

5.3 社会空间碎片化与隔离，邻里关系淡化解体

5.4 场所营销、空间绅士化与被动郊区化

20世纪末期以来的大规模更新浪潮，不仅重塑了北京城的空间格局和风貌，也给城市居住空间带来了巨大的影响。

本章基于社会-空间统计分析数据，探讨北京更新背景下的居住空间转型特征，既体现在人口的空间聚集效应、社会结构与社会空间的分化、邻里关系的淡化，也包括空间的绅士化、被动的郊区化等特殊现象。

5.1
人口聚集效应日益显著，高密特征持续强化

▶ 北京城市人口规模自1980年代以来呈现快速增长态势，特别是1999～2014年15年间，常住人口年均增长60万人。对照1991版和2004版的城市总体规划可见，常住人口规模提前10余年就超出了规划提出的人口上限，如1991版总规提出2010年总人口规模规划控制在1250万人，这一数值提前在1995年被突破（1251万人），2004版总规提出2020年总人口规模规划控制在1800万人，很快又在2009年被突破（1860万人）。至2010年代末期，人口规模增速显著放缓，于2016年达到最高峰值2172.9万人，之后呈现小幅波动。2020年第七次人口普查数据显示，北京全市常住人口2189万人（图5-1）。

在人口总量急速扩张的同时，北京老城人口规模也基本保持同步增长态势，人口向老城区聚集的效应显著。1991版和2004版的总规中都明确提出了老城常住人口向外疏解的目标。前者预期"从1990年的175万人降至2000年的160万人"；后者提出要从2004年的160多万人减少到2020年的110万人，意味着需要向外疏解50万人口，占原有人口的近1/3。但从实际情况看并不乐观。功能核心区的常住人口规模，自1990年至2000年代初期一直维持在240万人左右，经历了几年的断崖式下跌后，从2005年的205万人又缓慢增长到2014年的221万人。之后，人口规模以每年减少7万人的速度保持匀速下降，2019年降至193万人（图5-2）。根据《首都功能核心区控制性详细规划（街区层面）（2018年～2035年）》，到2035年功能核心区人口还将进一步向外疏解，降至170万人。

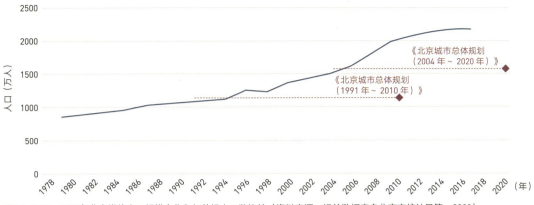

图5-1 1978~2019年北京常住人口规模变化和与总规人口数比较（资料来源：相关数据来自北京市统计局等，2020）

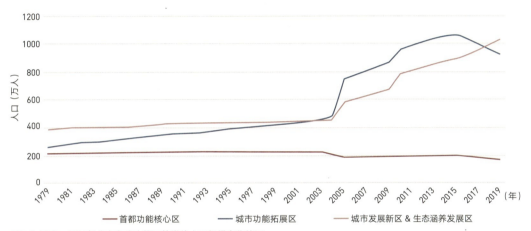

图5-2 1979~2019年北京市分功能区的常住人口规模变化情况
注：2002~2004年统计年鉴中常住人口数据缺失，图中采用户籍人口数
（资料来源：相关数据来自1980~2020年《北京统计年鉴》）

由历次人口普查数据可见，功能核心区的常住人口规模直至近几年才呈现较大幅度的减少，2020年第七次人口普查数据显示为181.5万人，平均人口密度降至2.0万人/平方公里，但仍相当于同期城市功能拓展区（0.7万人/平方公里）的近3倍（图5-3）。进一步而言，随着城市更新进程带来居住用地规模的不断缩减，居住人口密度不降反增，从1991年的5.4万人/平方公里增长到2008年的6.3万人/平方公里（钱笑，2010）。根据《首都功能核心区控制性详细规划（街区层面）（2018年~2035年）》相关数据测算，功能核心区内居住用地上现状常住人口密度仍超过6万人/平方公里。而且人口普查数据显示，功能核心区减少的主要是常住户籍人口，大量涌入的流动人口在很大程度上抵消了减少量。边兰春等（2017）提出，总量式的人口疏解政策和单一化的管理方式下，老城内人口平均密度下降，但局部突出的人口极高密度问题并没有得到解决，"大杂院"现象依然难以消除，人口疏解实现了"统计意义上的人口密度降低"而非"实际住房条件的改善"。

人口向老城聚集的效应更加突出地体现在日间活动方面。长期以来，医疗、教育、文

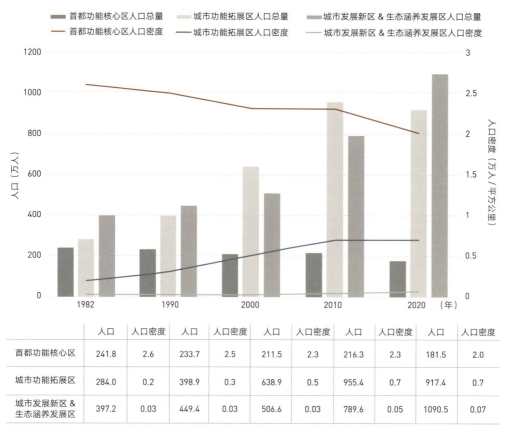

图5-3 基于历次普查数据的北京各功能区人口总量和密度变化（资料来源：相关数据来自北京市第三、第四、第五、第六、第七次人口普查数据）

体等大量优质公共资源在老城高度聚集。即使经过多年的疏解努力，全市三甲医院中仍有超过80%布局在中心城区，功能核心区每千人实有医疗卫生机构床位数13.9张，相当于全市平均水平（5.81张）的2倍有余（北京市卫生健康委员会等，2021）。根据2005～2006年的普查数据，原东、西两城区内有夜间居住人口121万人，而日间就业人口高达341万人（景体华，2009），这还未加上进城开展旅游、购物、就医、就学、办事等活动的人群。数以百万计的日间活动群体涌入老城，带来交通拥堵、公共资源供不应求等一系列问题。笔者团队在老城社区调研中发现，外迁居民中还有不少人仍经常回到原来的街区中，走访老邻居，逛街、看病以及参与社区活动。

老城改造后人口不减反增的原因主要来自以下几个方面：①受近年来土地成本快速上涨和开发商逐利的驱动，改造后建设量大幅提升，带来更多的居住人口。如牛街改造后，除原住居民几乎全部回迁以外，新建商品房住宅估计引入新增居住人口1万人，此外还有大量工作人口（方可，2000）。②用地置换后新增的办公和商务用地吸引更多的日间活动群体涌入老城。③居民外迁难度日益增大，剩下的地块都是难啃的"硬骨头"。以往依赖大规模拆迁和人口外迁平衡老城人口聚集效应的做法已经难以为继，新时期改造规模的大幅缩减使得老城人口压力愈发凸显。

5.2 社会结构总体逐步提升，两极分化趋势凸显

▶ 20世纪末期以来，北京城市产业结构进入快速转型期，传统工业、物流等产业用地向外搬迁，取而代之的是金融、科技等新兴产业的入驻，加上老城改造后大量新建的商品房带来了高学历、高收入居民，推动老城整体社会结构逐步提升。根据相关人口普查和1%抽样调查数据，从受教育程度看，功能核心区内受高等教育人口占6岁及以上人口比重从1990年的14.2%，增长到2005年的30.0%，到2010年加速增长到39.8%，接近拥有大量高校和高科技企业的城市功能拓展区的水平（40.1%）。

从人口年龄结构而言，功能核心区人口老龄化现象严重，劳动力比重低于全市水平。1990~2010年20年间，65岁以上老年人口比重从8.5%迅速上涨到14.6%，意味着步入中度老龄化社会。其原因一方面来自大量外来人口主要向海淀、朝阳等功能拓展区聚集，相对拉低了外围区域的老龄化增速；另一方面则是在功能核心区居民主动腾退外迁中，由于经济能力、搬迁意愿等原因，大量年迈的居民更多选择了留下（图5-4）。

与此同时，社会群体的两极分化趋势也日趋显著。

一方面，随着拆迁成本和地价的飞速上涨，老城内更新改造项目日趋减少，并大多选择了对原有居民进行外迁安置的方式，越来越多的开发项目定位高端、奢华。以紧邻景山公园2014年开盘的某高档公寓楼盘为例，主力户型2居面积280~360平方米，3居459~560平方米，4居702~707平方米，总均价6000万~7000万元/套，当年单套最高售价1.40亿元，客户群直指国际顶级富豪阶层。

另一方面，与之形成鲜明对比的是，大量从事商业服务业等的外来低收入人口仍源源不断地向老城聚集。1994年，住在功能核心区的流动人口有22.9万人，比1988年增加了9.9万人，占流动人口总数比重从17.5%提高到26.17%，从事小商小贩、公共服务、私人服务的流动人口中有80%分布在功能核心区（顾朝林等人，1997）。

1990年到2000年，老城内本地户籍居民人口减少了57.1万人，占比从90%下降到70%~80%；到2010年，相比2000年又减少45.6

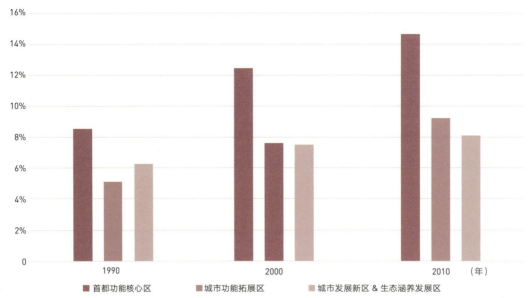

图5-4 1990~2010年北京各功能区65岁及以上老年人口占比（资料来源：相关数据来自第四、第五、第六次北京市人口普查资料）

万人，崇文门外街道和东花市街道本地户籍人口占比不到50%。对比2000年和2010年外来人口受教育水平，功能核心区内高中及以上学历人口比重呈现显著下降趋势，原西城区从71.50%下降到45.30%，原东城区从69.20%降到47.70%（高元等，2017）。

关于大栅栏、什刹海、西四北等历史街区居民的调研数据显示，离退休人员、商业服务业人员、工业运输业生产人员、其他和外来务工人员，以及家庭主妇/下岗待业人员/其他无收入人员在三个地区占比达65%~79%；2013年什刹海地区抽样调查的41家商户中仅有2家雇用本地居民，36位三轮车夫中没有一位是本地居民；2010年南锣鼓巷业态调查显示，152家店铺中仅12家由本地居民经营或雇用本地居民。外来群体和居民之间几乎没有生活交往，前者从事的商业、旅游服务业也主要面向外来游客，甚至对本地生活环境造成负面影响，两者之间的矛盾激化（石炀等，2015）。

总体而言，全市低收入群体向城郊边缘地带聚集的大趋势下，二环内这部分群体的集聚强度也有所增加（谌丽等，2012）。这些群体与购房入住的高收入群体之间形成居住空间的两极分化。

北京多年来致力于疏解低端产业，但仍有大量从事中低端产业的外来人口不断涌入。究其原因，一方面来自高端产业和从业群体对于中下游服务产业的规模化拉动效应，也就是说引入一名公司高管的同时，带来了更多的餐饮、快递、保洁等服务业就业机会；另一方面来自北京及周边地区城乡发展的高度不平衡问题，吸引大量外来人口涌入北京"淘金"。人口普查和统计年鉴数据显示，2010年北京常住外来人口中有近1/4来自河北省（156万人），同年北京城镇居民人均可支配收入（2.9万元）相当于河北农村居民人均纯收入（0.6万元）的4.9倍，两者差距相比十年前进一步扩大。至2020年，两者差距仍有4.6倍，数量值（分别为7.6万元和1.6万元）差距更是大幅增加（图5-5）。

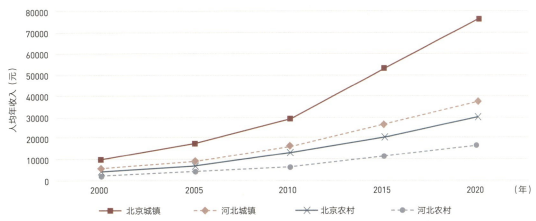

图5-5 北京市和河北省城乡居民人均年收入比较（资料来源：相关数据来自相关年份《中国统计年鉴》）

李强（2004）从"三元社会"结构视角，将中国当代城市中出现的这类外来务工群体称为"第三元群体"。他们数量庞大，作为一类非正式的身份群体仅占有十分有限的城市资源，大部分寄身于那些在老城改造浪潮中遗留下来的剩余空间，进而由于生活环境的限制和公共服务的缺失，导致贫困向下一代的继续传递。

根据2010年第六次人口普查数据，北京城市居民家庭月租房费用500元以下的占64.2%，200元以下的占28.3%。租赁住房（除廉租住房）的家庭中仅有35.6%同时拥有厨房和厕所。功能核心区有23.1%的居民家庭住房建成于1970年以前，半数以上的住房建成于1990年以前（表5-1），老旧住房面临设施老化、建筑失修、能耗严重等问题，亟待修缮改造。一方面是不断高企的住房价格（图5-6），另一方面是可支付租赁住房的恶劣条件，双向挤压着外来群体的生活境况，这不仅包括外来务工群体，还有大量高校毕业生和进京就业、创业群体，而他们中的大部分都是城市产业最核心的推动者，也是未来中产阶层群体的重要来源。

北京市各功能区城市居民家庭住房建成年代构成（户数占比） 表5-1

	1949年以前	1949~1959年	1960~1969年	1970~1979年	1980~1989年	1990~1999年	2000年以后
首都功能核心区	9.2%	8.5%	5.4%	9.9%	19.2%	19.6%	28.3%
城市功能拓展区	0.1%	1.9%	1.7%	4.0%	21.3%	30.0%	41.0%
城市发展新区	0.1%	0.3%	0.4%	3.0%	11.4%	26.9%	57.8%
生态涵养发展区	0.3%	0.8%	1.4%	6.2%	23.3%	37.0%	31.1%

资料来源：彭慧等，2016。

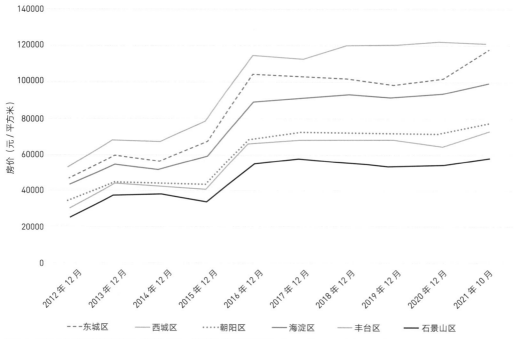

图5-6 北京中心城区房价走势图（资料来源：相关数据来自安居客，https://www.anjuke.com）

在城市更新的驱动下，平房区、老旧小区、城中村等廉价租赁住房的拆迁改造对这些外来群体的居住空间造成挤压，导致居住迁移；另一方面，城市中心区产业结构升级带来就业外迁，导致他们跟随式迁居或更换工作。北京流动人口无论是迁居还是就业变动的比重都接近于户籍人口的3倍（党云晓等，2021）。频繁的居住和就业迁移，进一步加剧了这些外来低收入群体的生活困境。

5.3
社会空间碎片化与隔离，邻里关系淡化解体

▶ 　　碎片化和极化，作为日益加剧的社会隔离与空间隔离相互叠加的产物，成为全球后福特主义城市社会空间的普遍新特征。

　　历史上的老北京城，在人口分布或社会经济方面几乎没有空间上的显著差异。"由于官吏、工商业者、无技术劳工等的低隔离状态，使得北京虽有内外城的行政和商业的对比，并未显示明显的阶

层隔离现象"（章英华，1990）。至清末民初，也只是总体上呈现出上层群体占据中心地带，社会下层聚居于边缘区的社会空间分化模式（王均等，1999；顾萌等，2019）。施坚雅（2000）提出中国"城市生态"模式，认为存在在空间上相对分离的士大夫核心区和商人核心区，共同构成北京城社会空间的双核心结构，白思奇（2006）则进一步将这一时期明确在清朝17～18世纪。

人口普查数据显示，从1980年代至2000年代，北京社会空间结构分异日趋显著，各社会阶层的空间分布也呈现出典型的马赛克状（冯健等，2008；李君甫等，2016）。即，社区内部趋向同质化，社区之间异质性加大。

北京的居住空间分异和西方呈现不同的作用机制，不仅仅体现为个体可支付能力差异在空间的投影，更是政府权力和市场机制双重作用的结果，包括单位制度的延续、住房产权制度的变化、特权阶层的存在，进一步通过门禁小区、封闭大院的空间隔离，将社会空间的区隔予以强化和放大。

尽管北京老城保护力度在不断加强，但经过多年的大规模拆建，大量历史保护街区已经支离破碎，城市景观亦日趋碎片化。在政府和地产商花重金打造的高科技产业园区和现代化商业街之间，穿插着一片片低矮拥挤的平房院落；在前门历史文化街区，全球奢华品牌旗舰店与廉价折扣店不协调地共存着（图5-7）。

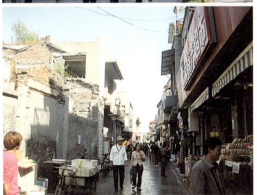

图5-7 2014年前门大街的繁华景象和旁边平房区内的街巷空间形成强烈反差

另一方面，是不同群体对有限空间资源的争夺和由此带来的空间隔离。各种"门禁社区"在胡同内不断涌现，从早期的单元大院到后来的高端商品房小区和豪宅大院，将原本就拥挤不堪的老城空间进一步压缩、肢解得所剩无几。在狭窄的街巷和胡同内部，也可见私家停车位、绿植侵占公共步道的景象（图5-8）。

碎片化的社会空间同时带来产出效益两极分化的问题。传统历史文化街区尽管在解决就业上发挥着重要作用，但长期以

图5-8 私家绿植侵占公共步道

来受制于业态低端、种类单一、分布零散、收益低下等发展困境。以西城区为例，在其重要的几大功能街区中，什刹海、阜景、琉璃厂、天桥、大栅栏5个历史文化特色功能街区在2010年共有法人单位数3124家，资产总额487亿元，收入总额310亿元；而新建的德胜科技园和金融街两个功能街区，与前者总面积接近，三项的数值分别为前者的2倍、350倍、12倍，到2015年，两者差距进一步拉大，分别为5倍、646倍、26倍（表5-2）。差距不仅来自各地区产业形式的不同，更重要的是产业背后支撑群体的分化。在什刹海、天桥等历史文化街区，传统文化遗产面临后继无人的严峻现实：原有居民受教育程度低，老龄化现象严重，缺乏将传统文化和手工技艺进一步推广和市场化的能力；而更多的外来租户主要是低教育水平的服务业从业人员，对于传统文化的传承和发展在学习能力和意愿上都严重不足。社会结构的失衡与传统居住空间的衰败两者相互影响，大量低收入群体住在历史街区，缺乏改善居住环境的能力和动力，与原有居民之间也难以形成改善居住条件的共识，进而造成物质环境的进一步衰败，从而陷入社会-空间双重衰落的恶性循环，将严重阻碍这类社区的可持续发展。

2010年和2015年西城区重要历史文化功能街区与新建功能街区的产业发展对比　　　　表5-2

街区＼产业情况	2010年			2015年		
	法人单位数（个）	资产总额（亿元）	收入（亿元）	法人单位数（个）	资产总额（亿元）	收入（亿元）
什刹海历史文化保护区	1533	222	190	1829	326	247
阜景历史文化街区	276	138	40	887	361	122
琉璃厂艺术品交易中心区	392	51	28	456	40	19
天桥演艺区	518	41	43	747	147	156
大栅栏传统商业区	405	36	10	478	116	23
A. 合计	3124	487	310	4397	989	566
德胜科技园	4980	7168	1252	16505	18362	3828
金融街	807	163320	2333	3563	620992	10764
B. 合计	5787	170488	3586	20068	639354	14592
A/B	1/2	1/350	1/12	1/5	1/646	1/26

资料来源：相关数据来自北京市西城区统计局等，2011，2016。

近年来，老城社区的另一个特征是社会人口构成日趋杂化，传统邻里关系淡化解体。在老城更新的早期阶段，改造后原居民以回迁为主，加上通过购置商品房新入住的，多数因为就业或生活便利的原因选择迁入，他们在当地居住和消费，全面融入社区生活。

而自1990年代之后，随着房价高企，改造回迁的比例越来越低，三类新群体成为迁入老城的主力军：①高端置业者。他们看中的是老城的升值潜力（作为投资品）和"符号消费"的生活方式（作为家庭度假偶尔光顾的第二居所，或宴请宾客的会所），在当地鲜有消费，更毋论地方性的社会交往。②"教育移民"。北京东西城的基础教育长期以来拥有无可比拟的绝对优势，每年大量的学龄儿童家庭为了争取入学资格而涌入老城的住房市场。举一个笔者团队2013年在老城调研的典型案例：三口之家为了让孩子获得西城区一所市重点小学的入学资格，花费180万元购置了一间9平方米的小平房（带入学指标），以每月1500元的价格出租给外来务工者，然后每月花6000元租赁学校旁边的一套两居室，母亲带着孩子住在里面，周末一家人再回到郊区的大房子团聚。据说这类"教育移民"家庭在当地并非少数。③低端服务业群体。老城发达的商业、办公和旅游产业吸纳了大量的服务业人口，他们通常以合租的方式几人甚至几十人租住在大杂院或简易楼房中，每天早出晚归，几乎没有周末或假期。

这三类新居民在日常的社区公共生活中几乎不见身影，与邻里鲜有交往，特别是第一和第三类群体，居委会描述"基本当他们不存在，平时也见不到人，顶多消防安全检查的时候打个招呼"。他们与老城的关系纽带全部围绕住房展开，但又仅限于住房——从交换价值（市场价格和入学资格）到栖身之所，而在此之上的社区交往和情感联系却难觅踪影。曾经高度紧密的老城社会网络如今日益呈现出稀疏化甚至解体的趋势，邻里关系逐渐表面化和浅层化。

国内外大量研究和案例显示，城市社会空间的过度极化和隔离会加剧城市贫困和社会排斥问题，不利于社会的长期稳定发展。就社区内部而言，邻里关系是维系社区存在和发展的关键因素（Hillary，1955），因为如果没有了邻里关系和社会互动，社区就成为没有社会内容的物质空壳。邻里关系也被认为是一种社会和空间的资本，尤其是本地化的社会资本。在当代高度流动化的社会背景下，如何避免和缓解社会空间的极化和隔离，重建社区生活共同体成为社区规划和社区更新中不可忽视的重大挑战。

5.4
场所营销、空间绅士化与被动郊区化

5.4.1 场所营销

▶ 方可（2000）反思北京在20世纪末期大规模的危旧房改造过程中，更多体现出大规模的商业性房地产开发行为的特征，背后的利益驱动来自土地投机。

进入21世纪，在全球化浪潮和城市竞争力角逐的影响下，城市营销、场所营销成为城市更新至关重要的新目标。各级政府致力于推动城市成为一个"伟大的场所"，吸引人们在此居住、工作、游玩和交往。场所营销被视为转变城市形象、扩大竞争优势的重要手段,甚至于以"营造更好的城市以吸引更多的工作岗位"这一逻辑,建构起场所营销是城市经济发展最重要驱动力的图景(Bailey,1989)。

空间环境的转变和提升成为场所营销的重要手段。Short(1999)总结西方城市的场所营销形成了四类竞争图景:①建设标志性或重要建筑,吸引全球重大活动;②宣称"快看,不再有工厂!"打造新型、时尚的后现代场所,关注消费而非生产;③建设"面向商务的城市";④营造"资本化的文化",开发文化资本、历史感和节日包。仅仅数年之后,上述图景目标和营造手段也在北京等城市中心区得到广泛应用。

但很多学者也批判地指出,场所提升策略所营造的图景是碎片化的,并且选择性地挑选城市过去和当下令人愉悦的方面进行放大,而忽视甚至放弃了那些不佳的方面,通过"有意识地利用公众和营销,将特定地理场所中选择出来的图景与目标受众之间建立联系"。由此,人们的预期,而不是现实,成为重要因素。场所营销很多时候成为一种高度投机的冒险行为,"赌博式"地在重要地段、旗舰项目、重大活动付诸高昂的投入,甚至以消耗更大区域的潜在发展机会和成本为代价,而城市整体的场所价值,以及生活和工作的品质,这些有利于吸引人才和企业的关键因素却被忽视了(Gold等,1994;Hall,2006;Tallon,2009)。

5.4.2 空间的绅士化

20世纪初的30年间,北京城是通过"原建置区内的空地、低地、湖泊填平而兴筑建物",以及"大房舍分割以容纳较多家户",而并非大量兴建高楼或向外扩张,来容纳增长的人口(章英华,1990)。

1990年代以来,整个中国进入政府主导下空间生产的大舞台。老城更新成为政府围绕"CBD""文化"等热点概念重塑城市核心区新形象的重要途径。基于城市土地的全民所有以及老城内大量平房质量低下等原因,大规模推倒重建成为政府推进城市更新的普遍手段。它在很大程度上降低了城市改造的成本,创造了全球瞩目的高效率的城市转型,但同时也暴露出不可持续性等问题。

经历20余年的改造历程,老城内的"肥地"已经基本开发完,剩下的地块基本都是拆不动或赢利薄的"硬骨头"。老城风貌保护限制日益严格,拆迁安置成本飞速上涨,绝大部分的拆迁项目不再考虑回迁安置,取而代之以高端奢华的封闭小区以及甚至看不到任何标识的高端消费场所。正如访谈中一位居委会干部所说,"居民能走的都走了,留下来的要么是不愿走的,要么是搬不走的。"另一方面,政府主导、市场运作的模式提高了更新改造的进入门槛,将大量小规模的社会资本以及社区居民排斥在外。

以上问题带来了一种独特的绅士化现象,不同于传统西方绅士化现象中中产阶级迁入并推动环境改善的过程①,这里体现为政府与资本推动下的"空间的绅士化",并寄希望于带

---
① 近年来,绅士化现象也被批判后期与国家和大规模资本的干预和支持相关联。

来社会结构的升级。而事实是，原有的中低收入居民或者被"置换"迁出，其社会和空间区位被进一步边缘化；或者受限于产权等原因，无法加入住房资本的再生产和升值过程，被长久固化在破败的平房区和社会底层。

关于绅士化，Glass（1964）将其描述为"伦敦众多的工人阶级居住区相继被中产阶级入侵"，Smith（1996）指出其代表的是"资本，而非人群，重返城市的运动"，背后的驱动力不是中产阶层，而是内城中房地产价值与潜在土地价值之间的差距（Hamnett，2003）。绅士化作为一个空间升级和社会群体置换的过程，同时包含了人们消费认知和生活方式的选择、资本寻求租金差、物业翻新，以及零售、金融和消费空间的开发等多种活动。自20世纪中期开始，西方学者就对中心城区的绅士化现象进行了深刻的反思和批判，认为其通过人口置换加剧了种族间的不平等，给工人阶级和贫困居民带来毁灭性影响等（Stabrowski，2014）。

但较长一段时期以来，绅士化在国内一些地方却成为老城区升级换代的代言词，甚至带有某种褒义。人们仅看到了绅士化带来的景观提升和人群置换，好似一夜之间曾经的破败和贫困被"一扫而光"，而很多时候的事实却是，既有的贫困问题和贫困群体并未消失，只是被迫"迁移"到了其他地方，但暂时的不可见并不意味着不存在。

西方城市更新经过对过去半个多世纪历程的反思，正逐步将促进广泛而公正的公众参与作为核心议题。以实现平等的发展权为目标，参与不仅仅体现在"知情"和"发声"的层面，更应从根本上赋予居民参与老城更新的权利和能力。大量住在平房区的居民可以说是"抱着金碗要饭吃"：他们的住房只有进入更新程序才拥有可兑现的市场价值；然而能否进入更新程序、何时进入以及如何进入，这些提议和决策过程都难以企及。要改变当前老城更新的困境局面，一个重要的突破口是探索更加灵活多样的住房产权置换、交易、金融化等形式和市场准入机制，以深化住房体制改革保障和推进老城居民的发展权。

5.4.3 被动的郊区化

伴随绅士化的同时，是大量拆迁安置和就业随迁的居民被迫迁移到城郊地区，由此带来特色的"被动式郊区化"现象，区别于西方中产阶级主动外迁的郊区化现象。

随着更新范围从老城平房区逐步向中心城外围地区的城中村、棚户区和老旧小区推进，大量中低收入群体被一步步"挤压"向更边缘的地区，造成长距离通勤流，并且由这些相对弱势群体自行承担更高昂的时间和费用成本。

▶ 不能说上述社会空间问题都是更新造成的，但也确有不可推卸的责任，重要的是应将其作为新时期探讨更新模式转型时不可忽视的挑战。

第6章 新时期社区更新的制度和政策环境

6.1 北京新版城市总体规划
6.2 城市更新行动
6.3 老旧小区改造
6.4 基层治理体制改革
6.5 责任规划师制度创新与实践

2017年党的十九大报告中明确提出我国社会主要矛盾已经转化为人民日益增长的美好生活需要和不平衡不充分的发展之间的矛盾，同年，北京人均GDP超过1.9万美元，城镇化率超87%，这意味着北京城市发展进入重要转型升级阶段。城市发展目标从追求"有没有"转向解决"好不好"，从追求规模化转向精细化和品质化；城市发展模式从规模扩张转向更新提质为主；城市发展路径从集聚资源求增长转向疏解功能谋发展。这些都为社区更新带来全新的制度和政策环境。

本章主要围绕城市规划建设转型、基层社会治理转型，以及北京近年来特色的责任规划师制度创新和实践三方面展开。

6.1
北京新版城市总体规划

▶ 《北京城市总体规划（2016年~2035年）》的出台，为北京迈入新的发展阶段指明了重要转型路径。

首先，在战略定位和发展目标上提出了更高的发展要求。《北京城市总体规划（2004年—2020年）》中的城市性质"是全国的政治中心、文化中心，是世界著名古都和现代国际城市"，目标为"创建以人为本、和谐发展、经济繁荣、社会安定的首善之区"。新版总规提出建设"全国政治中心、文化中心、国际交往中心、科技创新中心"四个中心的定位，以及"建设国际一流的和谐宜居之都"的新发展目标，力求增强首都功能的服务保障能力，提升"四个服务"水平。

其次，将疏解减量、集约优化作为重要原则。坚持以疏解非首都功能为"牛鼻子"，力求在疏解功能中实现更高质量、更可持续的发展，改变了以往聚集资源谋发展的思维定式。新总规中首次提出减量发展，明确了北京全市建设用地总规模、城乡建设用地规模以及平原地区开发强度"三下降"的基本策略。全市常住人口规模到2020年控制在2300万人左右，城六区常住人口"在2014年基础上每年降低2~3个百分点，争取到2020年下降约15个百分点，控制在1085万人左右"，"以后长期稳定在这一水平"。全市建设用地总规模（包括城乡建设用地、特殊用地、对外交通用地及部分水利设施用地）到2020年控制在3720平方公里以内，到2035年控制在3670平方公里左右;城乡建设用地规模由现状2921平方公里减到2020年的2860平方公里左右,到2035年减到2760平方公里左右;平原地区开发强度由现状46%下降到2020年的45%以内,到2035年力争下降到44%。

其三,强化城市治理和规划方式转型。应对新时期规划转型需求,新总规中专门设置两个章节,分别围绕"提高城市治理水平"和"转变规划方式"内容展开。提出构建超大城市治理体系、完善统筹实施机制、完善专家咨询和公众参与长效机制、建立国际一流的和谐宜居之都评价指标体系、建立城市体检评估机制等体制机制创新和保障内容(表6-1)。

为了保障和落实新总规关于疏解提质的战略,《北京市人民政府关于组织开展"疏解整治促提升"专项行动(2017~2020年)的实施意见》(京政发〔2017〕8号)、《建设项目规划使用性质正面和负面清单》等政策文件陆续出台,进一步明确了疏解非首都功能导向下,完善公共服务设施和城市环境和秩序整治等工作重点,优化提升首都核心功能、降低中心城区人口密度、提高和谐宜居水平等工作目标(表6-2)。

这些都为新时期社区更新工作设定了基本原则和政策框架,人口疏解、功能提升、服务完善、环境整治成为根本基调。

2004年版和2016年版北京城市总规目录对比　　　　　　　　　　　　　　　　　　　　　表6-1

北京城市总体规划(2004年~2020年)	北京城市总体规划(2016年~2035年)
第一章　总则	总则
第二章　城市性质、发展目标与策略	第一章　落实首都城市战略定位,明确发展目标、规模和空间布局
第三章　城市规模	
第四章　城市空间布局与城乡协调发展	第二章　有序疏解非首都功能,优化提升首都功能
第五章　新城发展	第三章　科学配置资源要素,实现城市可持续发展
第六章　中心城调整优化	第四章　加强历史文化名城保护,强化首都风范、古都风韵、时代风貌的城市特色
第七章　历史文化名城保护	
第八章　产业发展与布局引导	第五章　提高城市治理水平,让城市更宜居
第九章　社会事业发展及公共服务设施	第六章　加强城乡统筹,实现城乡发展一体化
第十章　生态环境建设与保护	第七章　深入推进京津冀协同发展,建设以首都为核心的世界级城市群
第十一章　资源节约、保护与利用	
第十二章　市政基础设施	第八章　转变规划方式,保障规划实施
第十三章　综合交通体系	附表　建设国际一流的和谐宜居之都评价指标体系
第十四章　城市综合防灾减灾	附图
第十五章　近期发展与建设	
第十六章　规划实施	

表 6-2　"疏解整治促提升"专项行动中的主要任务内容

	拆除	违法建设
1. 拆除违法建设 2. 占道经营、无证无照经营和"开墙打洞"整治 3. 城乡结合部整治改造 4. 中心城区老旧小区综合整治 5. 中心城区重点区域整治提升 6. 疏解一般制造业和"散乱污"企业治理 7. 疏解区域性专业市场 8. 疏解部分公共服务功能 9. 地下空间和群租房整治 10. 棚户区改造、直管公房及"商改住"清理整治	整治	占道经营
		无证无照经营
		"开墙打洞"
		城乡结合部
		中心城区老旧小区
		中心城区重点区域
		地下空间和群租房
		直管公房
		"商改住"
	改造	城乡结合部
		棚户区
	疏解	一般制造业
		区域性专业市场
		部分公共服务功能
	治理	"散乱污"企业

6.2 城市更新行动

▶　近10年来，从中央到地方对于城市更新的认识与推动不断深入，工作范畴从大规模棚户区改造转向老旧小区综合整治，进而到全面实施城市更新行动。实施城市更新行动成为"十四五"时期重要的国家战略（表6-3）。

　　从北京市的政策演进看，在"十三五"规划中，棚户区改造是属于住房保障的内容，提出2020年基本完成中心城棚户区改造，并且没有专门提出老旧小区改造的工作。2015～2019年，北京市棚户区改造共完成约20万户，超出原定16万户的计划规模（表6-4）。

近年来有关棚户区和老旧小区改造的国家决议和政策　　　　　　　　　　　　　　　　　　　　　　　　表 6-3

发布时间		国家决议和政策
2013年	7月	国务院印发《国务院关于加快棚户区改造工作的意见》（国发〔2013〕25号），提出"棚户区改造是重大的民生工程和发展工程，要重点推进资源枯竭型城市及独立工矿棚户区、三线企业集中地区的棚户区改造，稳步实施城中村改造"
2014年	3月	《国家新型城镇化规划（2014-2020年）》明确提出"要按照改造更新与保护修复并重的要求，健全旧城改造机制，优化提升旧城功能，加快城区老工业区搬迁改造"
2015年	6月	《国务院关于进一步做好城镇棚户区和城乡危房改造及配套基础设施建设有关工作的意见》（国发〔2015〕37号）提出制定城镇棚户区和城乡危房改造及配套基础设施建设三年计划，全国改造包括城市危房、城中村在内的各类棚户区住房1800万套
	12月	中央城市工作会议提出要加快城镇棚户区和危房改造，有序推进老旧住宅小区综合整治，力争到2020年基本完成现有城镇棚户区、城中村和危房改造
2017年	5月	国务院常务会议决定，2018~2020年再改造各类棚户区1500万套任务
2019年	6月	国务院常务会议部署推进城镇老旧小区改造，部署开展试点探索
	7月	中共中央政治局会议提出实施城镇老旧小区改造等补短板工程
	9月	《中央财政城镇保障性安居工程专项资金管理办法》首次将老旧小区改造纳入专项资金支持范围
	12月	中央经济工作会议首次强调了"城市更新"概念，提出"要加大城市困难群众住房保障工作，加强城市更新和存量住房改造提升，做好城镇老旧小区改造，大力发展租赁住房"
2020年	7月	国务院办公厅印发《关于全面推进城镇老旧小区改造工作的指导意见》（国办发〔2020〕23号），提出到"十四五"期末，力争基本完成2000年底前建成的需改造城镇老旧小区改造任务
	10月	《中共中央关于制定国民经济和社会发展第十四个五年规划和二〇三五年远景目标的建议》中明确提出实施城市更新行动，加强城镇老旧小区改造和社区建设。城市更新首次出现在国民经济和社会发展五年规划中
	12月	住房和城乡建设部召开全国住房和城乡建设工作会议，部署2021年的八大重点任务，提出要全力实施城市更新行动，推动城市高质量发展
		中央经济工作会议提出实施城市更新行动，推进城镇老旧小区改造
2021年	3月	《中华人民共和国国民经济和社会发展第十四个五年规划和2035年远景目标纲要》，提出要加快转变城市发展方式，实施城市更新行动，推动城市空间结构优化和品质提升。加快推进城市更新，改造提升老旧小区、老旧厂房、老旧街区和城中村等存量片区功能，推进老旧楼宇改造
	8月	住房和城乡建设部发布《关于在实施城市更新行动中防止大拆大建问题的通知》（建科〔2021〕63号），提出要转变城市开发建设方式，坚持"留改拆"并举、以保留利用提升为主，严管大拆大建，加强修缮改造，注重提升功能，增强城市活力
	11月	住房和城乡建设部办公厅发布《关于开展第一批城市更新试点工作的通知》（建办科函〔2021〕443号），决定在北京等21个城市（区）开展第一批城市更新试点工作，形成可复制、可推广的经验做法

资料来源：笔者根据相关政策文件整理绘制。

2015～2025年北京市棚户区改造规模统计　　　　　　　　　　　　　　　　　　　　　　　　表6-4

年份	计划完成（万户）	实际完成（万户）
2015	5.74	6.07
2016	3.50	3.9
2017	3.60	4.95
2018	2.36	3.43
2019	1.15	1.63
2020	0.87	—
2021～2025	3	—

资料来源：相关数据来自2015年至2020年北京市政府工作报告，以及：北京明年底前完成15万户棚户区改造 建集中安置区［EB/OL］.（2016-02-12）［2021-10-21］. http://m.cnr.cn/news/20160212/t20160212_521366674.html；王志. 北京市住房和城乡建设委员会：2017年全年实现棚户区改造4.95万户［EB/OL］.（2018-06-19）［2021-10-21］. http://k.sina.com.cn/article_3164957712_bca56c1002000dqbx.html?sudaref=www.baidu.com&display=0&retcode=0；北京市人民政府办公厅关于印发《北京市2020年棚户区改造和环境整治任务》的通知（京政办发［2020］11号）［EB/OL］.（2020-03-30）［2021-10-21］. http://www.beijing.gov.cn/zhengce/zhengcefagui/202003/t20200330_1749074.html；中共北京市委办公厅 北京市人民政府办公厅关于印发《北京市城市更新行动计划（2021—2025年）》的通知［EB/OL］.（2021-08-31）［2021-10-21］. http://www.beijing.gov.cn/zhengce/zhengcefagui/202108/t20210831_2480185.html。

2020年发布的北京市"十四五"规划提出，要"实施城市更新行动"，"持续推进老旧小区、危旧楼房、棚户区改造"。纵深推进、大力实施减量发展背景下的城市更新行动，已成为"十四五"时期全市的重点工作之一。更新工作主要包括以下四方面的举措[①]：

（1）坚持规划引领，统筹构建城市更新工作体系。以推动增量发展向存量更新转变为目标，组织编制城市更新专项规划；以推动局部试点更新向区域整体更新转变为目标，以控规编制中的规划街区为基本更新单元，以存量建筑为主要更新对象，组织编制存量更新街区控规，以更新街区单元集成更新政策和更新项目。有力有序建立"规划加策划、策划转行动、行动推项目"的城市更新实施框架。

（2）突出需求导向，有效发挥城市更新各方主体作用。依托街道社区治理主体、充分发挥责任规划师作用，并适当借助社会组织力量，开展多元主体协商。强化社区居民、产权单位在城市更新中的主体作用，建立"众智+众筹"社区公众参与平台；坚持强化街区范围内产权权利人和市场投资人在城市更新中的主体地位，建立多元协商工作机制。

（3）强化政策推动，扎实推进重点领域深化改革。深入制定减量背景下的城市更新激励政策，统筹研究规划、土地、金融、财税、建设、经营、管理等方面的配套支持政策及配套标准规范，加快推出适用于北京实际的城市更新"1+N"系列文件。

（4）加强制度保障，加快推进城市更新项目落地。聚焦现有存量更新中的痛点难点，加强存量更新利用和利益分配机制的整体性制度重构。重点打通存量更新实施路径，重塑存量更新审批流程，并落实放管服要求，推动市级权力下放到区级；重点建立城市更新推动保障机制，进一步完善责任规划师制度、责任建筑师负责制度，建立多部门联手的更新

---

① 北京市规划和自然资源委员会. 回顾"十三五"，展望"十四五"：大力推进城市更新，促进首都高质量发展［EB/OL］.（2021-01-29）［2021-10-21］. https://baijiahao.baidu.com/s?id=1690222030695858266&wfr=spider&for=pc。

项目跟踪协调机制。

2021年6月,《北京市人民政府关于实施城市更新行动的指导意见》(京政发〔2021〕10号）发布,其中界定城市更新"主要是指对城市建成区（规划基本实现地区）城市空间形态和城市功能的持续完善和优化调整",并特别指出"是小规模、渐进式、可持续的更新"。从强化规划引领的角度,一是圈层引导:功能核心区以保护更新为主,中心城区以减量提质更新为主,城市副中心和平原地区的新城结合城市更新承接中心城区功能疏解,生态涵养区结合城市更新适度承接与绿色生态发展相适应的城市功能;二是街区引导:以街区为单元实施城市更新,聚焦老旧小区、老旧平房区、老工业区、老商业区、老旧楼宇以及重要大街两侧一定纵深区域。并特别提出规划、土地和资金等方面的配套支持政策,如在符合要求和规范的前提下,更新新增的建筑规模不计入街区管控总规模,可在商业、商务办公建筑内安排文、体、教、医、福利等功能,更新项目可享受按原用途、原权利类型使用土地的不超过5年的过渡期政策,经营性服务设施的经营权可让渡给相关专业机构,市级财政对老旧小区改造、危旧楼房改建、功能核心区式退租和修缮等更新项目给予支持,等。

同年8月,《北京市城市更新行动计划（2021～2025年）》正式发布,提出"实施城市更新行动,聚焦城市建成区存量空间资源提质增效,不搞大拆大建,除城镇棚户区改造外,原则上不包括房屋征收、土地征收、土地储备、房地产一级开发等项目"。明确了六大类城市更新主要项目,包括功能核心区平房（院落）申请式退租和保护性修缮、恢复性修建,以及老旧小区改造、危旧楼房改建和简易楼腾退改造、老旧楼宇与传统商圈改造升级、低效产业园区"腾笼换鸟"和老旧厂房更新改造、城镇棚户区改造；并提出了四个方面的主要实施路径,包括以街区为单元统筹城市更新、以轨道交通站城融合方式推进城市更新、以重点项目建设带动城市更新、有序推进单项更新改造项目。社区类的更新任务主要包括如下几方面。

(1) 功能核心区的平房（院落）：持续推进平房（院落）申请式退租,实施保护性修缮和恢复性修建,建立平房区物业管理机制,等。

(2) 老旧小区改造：采用自上而下下达任务和自下而上申报项目相结合的方式,按照基础类、完善类和提升类进行改造,将老旧小区纳入社区治理范畴,通过改造同步健全小区长效管理机制,积极探索老旧小区改造多方共担筹资模式,鼓励利用空闲地、拆违腾退用地及地下空间等建设便民服务设施,等。

(3) 危旧楼房改建和简易楼腾退改造：对符合规划要求的危旧楼房,允许通过翻建、改建或适当扩建方式进行改造,具备条件的适当增加建筑规模,配齐厨卫设施,合理利用地下空间、腾退空间和闲置空间补建配套设施,对不符合规划要求、位于重点地区和历史文化街区内的简易楼,鼓励居民腾退外迁,等。

(4) 城镇棚户区改造：加快推进城镇棚户区改造,实现在途项目逐步销账,严控改造范围、标准和成本,新启动一批群众改造意愿强烈的城镇棚户区改造项目等。

除了上述内容，更新工作中还有很大一部分与公共空间整治相关。为了更好地提升公共空间品质，加强城市精细化设计和管理水平，自2017年以来，北京市城市管理委员会、规划和自然资源委员会等部门陆续颁布了《核心区背街小巷环境整治提升设计管理导则》《北京市牌匾标识设置管理规范》《北京市无障碍系统化设计导则》《北京街道更新治理城市设计导则》《北京城市色彩城市设计导则》《北京滨水空间城市设计导则》《北京第五立面和景观眺望系统城市设计导则》等系列文件，从环境整治提升、街道更新治理、城市设计等角度提出相关治理要点和设计建议。

另一方面，结合"疏解整治促提升"工作的推进和深化，为了实现群众身边公共环境的改善和提升，打造环境优美、文明有序的街巷胡同，一系列专项行动先后展开，如自2017年开展了"百街千巷"环境整治促提升工作、"疏解整治促提升"专项行动（2017～2020年）和"首都核心区背街小巷环境整治提升三年（2017～2019年）行动"，后者提出"十无一创建"的整治提升标准，即无私搭乱建、无开墙打洞、无乱停车、无乱占道、无乱搭架空线、无外立面破损、无违规广告牌匾、无道路破损、无违规经营、无堆物堆料，创建文明街巷；2018年《关于在全市推行街巷长制的指导意见》推动在全市所有街道全面推行街巷长制度，实现"小巷管家"全覆盖；2020年，启动了新一轮"背街小巷环境精细化整治提升三年行动计划"，整治范围覆盖全市16个区。

从实施成效看，大量曾经破败、杂乱、无序的街巷空间环境品质得到了有序提升，但同时也暴露出三方面的主要问题和挑战：一是"运动式"阶段性整治行动之后，如何形成可持续更新和长效维护管理机制；二是反思"一刀切"的整治措施，如何在秩序与美感、人性关怀和生活气息之间寻求协调与平衡；三是没有法定强制力的导则在更新实践中的约束力和实施效力有限，如何强化其与更新管理的衔接，更好地发挥对于高品质公共空间的建设指引作用。

6.3
老旧小区改造

▶ 由上文可见，老旧小区改造将成为北京"十四五"时期乃至后面较长一段时期城市和社区更新的重要内容。根据《北京市城市更新行动计划（2021～2025年）》，到2025年，力争完成全市2000年底前建成需改造的1.6亿平方米老旧小区改造任务，重点推进本市500

万平方米抗震节能综合改造任务、3100万平方米节能改造任务及群众改造意愿强烈的改造项目，配合做好6000万平方米中央单位在京老旧小区改造任务。如果按人均住房建筑面积30平方米估算[①]，将涉及500多万居民，接近全市总人口的1/4，实际情况可能高于此比例。

6.3.1 北京老旧小区基础情况

基于北京全市住宅交易大数据、小区基本信息和配套设施等信息，建立住宅小区社会—空间分布模型[②]，得到北京市城六区内老旧小区（建成于2000年及之前）主要特征如下。

从规模而言，共有老旧小区2007个，房屋总数158.6万套，分别占既有小区总量的61.4%和56.9%。从中位数水平而言，单个老旧小区有住户533户，按户均2.5人计算约1300人，相比于新建小区（2000年后建成）规模更小，户数更少（新建小区748户）。

从分布而言，老旧小区主要分布在二环和四环之间，以北部地区居多。城六区中，拥有老旧小区规模和占比最高的三个区分别是海淀、西城、朝阳。海淀区拥有最多的老旧小区数量（521个），占城六区老旧小区总数的26.0%，其次为西城区（421个，20.9%）和朝阳区（375个，18.7%）。从房屋数量而言，朝阳区最多，共47.4万套，占城六区老旧小区总数的29.9%，其次为海淀区（37.4万套，23.6%）和丰台区（29.2万套，18.4%）。西城区的老旧小区在本区内所有小区占比最高，小区个数占76.4%，房屋套数占67.1%（表6-5）。

北京市城六区老旧小区分布情况　　　　　　　　　　　　　　　　　　　　表6-5

城区	老旧小区数量			老旧小区建筑规模		
	总数（个）	在城六区老旧小区中占比	在本区既有小区中占比	小区房屋数量（万套）	在城六区老旧小区中占比	在本区既有小区中占比
东城区	323	16.1%	69.2%	13.1	8.2%	53.2%
西城区	421	20.9%	76.4%	21.6	13.6%	67.1%
朝阳区	375	18.7%	45.9%	47.4	29.9%	48.9%
海淀区	521	26.0%	65.6%	37.4	23.6%	65.8%
丰台区	282	14.1%	53.8%	29.2	18.4%	55.3%
石景山区	85	4.2%	65.3%	9.9	6.3%	63.6%
总计	2007			158.6		

资料来源：相关数据来自清华大学建筑学院可持续住区研究中心"城市老旧小区有机更新研究"课题成果。

从建设年代而言，绝大部分（81%）的老旧小区建设于20世纪80～90年代，至今已有近40年。1980年代期间建成的老旧小区901个，房屋71万套，占所有老旧小区的44.9%和44.8%；1990年代期间建成的老旧小区722个，房屋54.7万套，占36.0%和34.5%。

从小区类型而言，老旧小区中有明确物业管理的共1257个，仅占老旧小区总量的

[①] 根据《北京统计年鉴2019》，2018年北京城镇居民人均住房建筑面积33平方米，考虑老旧小区单户住房面积普遍偏小，故文中做适当缩减，按人均30平方米估算。
[②] 此部分数据来自清华大学建筑学院可持续住区研究中心"城市老旧小区有机更新研究"课题成果。住宅交易数据主要来自北京链家二手房交易平台。考虑老旧小区主要集中地区特征，故数据和模型范围选取北京市城六区内。

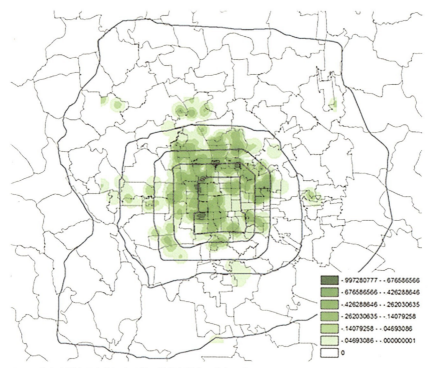

图6-1 北京市城六区内老旧小区使用价值低估情况分布示意图
注：研究基于住宅小区交易价格和区位、配套设施等空间数据，应用Hedonic特征价格模型估算住宅租金的理论值，以实际值相对理论值的偏离程度（相对值）反映住宅使用价值被低估的情况。
资料来源：相关数据来自清华大学建筑学院可持续住区研究中心"城市老旧小区有机更新研究"课题成果。

62.6%。老旧小区物业费中位数1.2元/（平方米·月），不到新建小区[2.4元/（平方米·月）]的一半，显示老旧小区物业覆盖率和服务水平均显著低下。东城区和西城区的老旧小区的物业覆盖率最低，分别为40.6%和50.8%。

总而言之，北京市老旧小区数量大，分布广，占据城市核心地段并享有便利的城市生活服务可达性，但呈现出物质环境与社会环境"双重衰败"的显著表征。对比老旧小区与新建小区房屋租售比的空间分布数据可见，大部分老旧小区的房屋价值相对被严重低估，并高度聚集在二环到四环之间，成为北京城市更新中至关重要的社会与空间"双重提升"机遇带（图6-1）。大量老年人口沉淀居留于此，一定程度上导致城市居住空间错配和长距离通勤压力。由此，考虑老旧小区改造问题，不能局限于一个个独立的改造性项目就事论事，而需要站在城市统筹发展的高度，将其视为北京城市社会空间结构优化和土地价值提升的城市性重大战略议题。

6.3.2 老旧小区改造的问题和困境

总结老旧小区改造中面临的诸多困难，可以分解到以下三个不同层次来认知（图6-2）。
老旧小区目前主要面临八类问题：①建筑性能退化，外观衰败；②基础设施质量差，

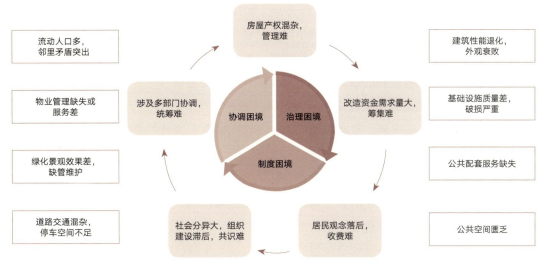

图6-2 老旧小区改造的三层次困境

破损严重;③公共配套服务缺失;④公共空间匮乏;⑤道路交通混杂,停车空间不足;⑥绿化景观效果差,缺乏维护;⑦流动人口多,邻里矛盾突出;⑧物业管理缺失或服务差。

由此带来老旧小区改造的五大难题:①房屋产权混杂,管理难;②改造资金需求量大,筹集难;③居民观念落后,收费难;④社会分异大,组织建设滞后,共识难;⑤涉及多部门协调,统筹难。

上述难题的症结来自三大困境:①治理困境:传统全能型、封闭式、垂直决策的政府管理模式,难以应对人口杂化、空间碎片化、高流动性的治理对象;②制度困境:长期以来面向空间拓展和新建的开发导向型制度规范,难以应对指向利益协调、价值挖潜的社会空间更新;③协调困境:常规碎片化、工程性的改造整治措施,难以应对充满综合性、复杂性、不确定性的改造任务(刘佳燕等,2020)。

6.3.3 北京老旧小区改造的政策演进

2012年,北京市颁布《北京市老旧小区综合整治工作实施意见》(京政发〔2012〕3号),对1990年(含)以前建成的、建设标准不高、设施设备落后、功能配套不全、没有建立长效管理机制的老旧小区(含单栋住宅楼),实施了以抗震节能为主、环境治理为辅的综合整治。北京市住房和城乡建设委员会的数据显示,"十二五"期间,全市共完成6562万平方米市属老旧小区综合整治(其中完成楼栋抗震节能改造共5529万平方米),共涉及小区1678个,楼栋1.37万栋,惠及81.9万户,城镇居民比重约达1/7(陆茜,2017)。

2017年,北京市发布了《老旧小区综合整治工作方案(2017~2020年)》,启动了新一轮老旧小区综合整治工作。在试点小区项目实施经验基础上,提出采用"菜单式"改造形式,并将老旧小区综合整治实施范围进行了扩大。

2018年3月,《老旧小区综合整治工作方案(2018~2020年)》(京政办发〔2018〕6号)正式下发,成为指导后面三年全市老旧小区综合整治工作的主要政策依据和行动指南。根据这一文件,整治范围扩大到1990年以前建成、尚未完成抗震节能改造的小区,1990年以后建成、住宅楼房性能或节能效果未达到民用建筑节能标准50%的小区,以及经鉴定部分住宅楼房已成为危房且没有责任单位承担改造工作的小区。此外,"十二五"期间已完成抗震节能改造,但基础设施、基本功能仍存在不足,或物业管理不完善的小区也被纳入其中。整治内容主要面向"六治七补三规范",即:治危房、治违法建设、治开墙打洞、治群租、治地下空间违规使用、治乱搭架空线,补抗震节能、补市政基础设施、补居民上下楼设施、补停车设施、补社区综合服务设施、补小区治理体系、补小区信息化应用能力,规范小区自治管理、规范物业管理、规范地下空间利用。具体整治内容采用菜单式,分为基础类和自选类。基础类是必须改造整治的内容,自选类是在已实施基础类改造整治的前提下,根据居民意愿确定的改造内容(表6-6)。文件从组织实施和实施保障的角度,提出了建立老旧小区综合整治联席会议制度并由市政府分管副市长担任召集人,组织街道办事处(乡镇政府)建立健全政府主导、居民自治、社会力量协同的小区治理体系,编制各区和全市年度整治计划,加强规划统筹,建立健全老旧小区数据库等多项支撑措施。

2018年6月,《关于建立我市实施综合改造老旧小区物业管理长效机制的指导意见》(京建发〔2018〕255号)发布,为落实综合整治工作方案,对实施综合改造的老旧小区建立物业管理长效机制工作,从组织实施的角度提出了指导意见。

2020年5月,北京市规划和自然资源委员会等多部门联合发布《北京市老旧小区综合整治工作手册》(京建发〔2020〕100号)。手册主要围绕综合整治工作的实施准备和手续办理两方面内容,系统明确了各环节的政策依据、标准规范、程序指引;重点突出居民需求牵引、民意主导的地位作用,强化了物业先行、长效运行的服务保障机制;并适度合理简化了手续办理流程、精简了审核要件、缩短了办理时限,有助于提高项目审核审批效率,加速推动综合整治实施进程。

2021年5月,《2021年北京市老旧小区综合整治工作方案》出台。其中提出了本年度工作目标:全市列入老旧小区综合整治计划确保实现400个小区、建筑面积1500万平方米;力争实现600个小区、建筑面积2300万平方米。全市老旧小区综合整治新开工确保实现300个小区、建筑面积1100万平方米;力争实现400个小区、建筑面积1500万平方米。全市老旧小区综合整治新完工确保实现100个小区、建筑面积400万平方米;力争实现150个小区、建筑面积600万平方米。

同年6月,北京市规划和自然资源委员会等多部门联合发布《关于老旧小区更新改造工作的意见》(京规自发〔2021〕120号),针对老旧小区内老旧住宅楼加装电梯、利用现状房屋和小区公共空间补充社区综合服务设施或其他配套设施、增加停车设施等更新改造项目提出实施办法和工作流程。

北京市老旧小区改造整治菜单   表6-6

范围	类别	改造整治内容
楼本体	基础类	拆除违法建设
		整治开墙打洞
		清理群租
		地下空间治理
		对经鉴定不满足抗震设防要求的楼房同时进行抗震加固和节能改造
		对性能或节能效果未达到民用建筑节能标准50%的楼房进行节能改造
		根据实际情况,对楼内水、电、气、热、通信、防水等设施设备进行改造
		进行空调规整、楼体外面线缆规整
		对楼体进行清洗粉刷
		拆除楼体各层窗户外现有护栏,对一层加装隐形防护栏
		光纤入户改造
		完善无障碍设施
	自选类	多层住宅楼房增设电梯等上下楼设施
		楼体抗震加固增加阳台
		多层住宅楼房平改坡
		屋顶美化
		太阳能应用
小区公共区域	基础类	拆除违法建设
		进行地桩地锁专项整治和清理废弃汽车与自行车
		绿化补建
		修补破损道路
		完善公共照明
		更新补建信报箱
		完善安防、消防设施
		根据实际情况进行水、电、气、热、通信、光纤入户等线路管网和设施设备改造,架空线规范梳理及入地
		维修完善垃圾分类投放收集站
		增设再生资源收集站点
		有条件的大型居住小区增建公厕
		无障碍设施和适老性改造
	自选类	增建养老服务设施和社区综合服务设施
		补建停车位及电动汽车充电设备
		完善小区信息基础设施和技术装备
完善小区治理	基础类	完善小区治理体系
		实施规范化物业管理

资料来源：北京市人民政府办公厅关于印发《老旧小区综合整治工作方案（2018～2020年）》的通知。

8月，北京市住房和城乡建设委员会等部门发布《北京市"十四五"时期老旧小区改造规划》（京建发〔2021〕275号）和《北京市老旧小区综合整治标准与技术导则》，提出了"十四五"时期北京市老旧小区改造的规划目标、原则和重点任务，以及基本规定和技术导则。其中，界定老旧小区指建成年代较早、建设标准较低、基础设施老化、配套设施不完善、未建立长效管理机制的住宅小区（含单栋住宅楼），并明确老旧小区建成年代较早是指2000年底以前建成。综合整治活动主要分为基础类、完善类和提升类三类改造内容。其中，明确指出了"居民有改造需求"既包含居民愿意改造整治，也包含居民承担改造义务，包括配合拆除违法建设、治理开墙打洞、缴纳物业费、补建续筹专项维修资金等治理工作，配合抗震加固、节能改造、楼内上下水改造等改造工作，由此强化了居民在综合整治工作中的权责对等。规划提出到"十四五"期末，力争基本完成全市需改造老旧小区的改造任务，以及重点推进功能核心区老旧小区改造，建立物业管理长效机制等目标。

6.3.4 老旧小区改造的政策工具分析

很长一段时期以来，关于老旧小区改造的相关研究绝大部分都聚焦于建设工程技术领域，如基础设施改造、电梯加装技术、公共空间优化等内容，不少基于实践案例的研究往往在最后提出亟需加强对利益协调和政策供给问题的关注，但总体而言，关于政策工具的针对性深入研究的成果相对很少。实践显示，技术因素之外，很多时候社会性和政策性因素甚至成为决定老旧小区改造项目能否顺利推进的关键。

笔者团队通过系统收集和梳理，建立了我国老旧小区改造政策数据库①，汇总得到892项政策工具（其中中央级155项、部委级214项、北京市级523项），进而通过文本编码和统计分析，基于"干预点—工具类型—干预环节"分析框架（图6-3），从政策工具角度对我国老旧小区改造政策体系的演进历程和构成特征进行分析，主要结论如下（冉奥博等，2021）。

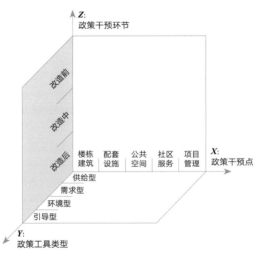

图6-3 关于老旧小区改造的政策工具分析框架（资料来源：冉奥博等，2021）

从政策干预点而言，大量相关政策主要侧重于物质空间改造，"项目管理"也主要围绕工程施工，有关"社区服务"的政策最少，并主要集中在老旧小区成立物业或者准物业等公共服务提供，对居民参与、社区自治涉及很少；中央和部委政策侧重"项目管理"和"配套设施"，北京市政策则侧重"公共空间"与"配套设施"；干预重点长期以"楼栋建筑"改造为主，近年向"配套设施"转移。

从政策工具类型而言，总体以"环境型"和"引导型"政策为主，"需求型"和"供给型"政策偏少；中央级政策集中于"引导型"，北京市政策侧重"环境型"和"引导型"；

---

① 利用北大法宝数据库，检索时间截至2020年9月15日。

政策类型从早期以"环境型"和"引导型"为主转向趋于多元化。

从政策干预环节而言，三个层级的政策都高度集中于"改造中"环节；近年来"改造前"环节的政策比重有所提升，"改造后"的仍然占比极低。

总结可见，目前我国老旧小区改造政策体系存在以下主要问题，亟待改进：

（1）相关政策文件分散，缺乏有机整合。近900条政策工具高度分散于多个部门、领域的政策文件，缺乏对接整合，从中央到北京关于老旧小区改造的综合性政策缺位。

（2）政策干预点相对单一，重物质空间，社会性和整体性关注不足。政策主要集中在围绕楼栋建筑和配套设施的物质性更新，整体空间环境涉及较少，对城市社会空间结构优化的战略性和整体性指导更少。社会更新主要关注物业问题，自组织、民主协商涉及少。项目管理主要关注安全建设，对社区服务和全局性考虑不足。

（3）政策类型偏重约束性和宏观引导，激励机制不足。特别在北京市层面，集中于实施指令性和规范限制性为主的政策供给，制约了老旧小区改造中增益空间的拓展，不利于吸引市场和社会力量加入。

（4）政策干预环节聚焦改造中，对改造前、后考虑不足。实践表明，老旧小区改造之前的产权明晰、责权利界定、协商机制建设以及改造后的运营机制和项目评估等工作成为保证改造项目顺利进行、改造效益持续化的重要内容，亟待政策保障。

6.4
基层治理体制改革

▶ 总体而言，我国基层治理体制改革历程经历了从1980年代单位制解体后强调以"社区服务"承接溢出的保障功能，到1990年代街居制向社区制转型背景下为了加强基层政权建设、改革城市基层管理体制而提出"社区建设"，再到2010年代逐步转向以推进社区治理体系和治理能力现代化为主题的"社区治理"（表6-7）。

2012年，党的十八大报告指出："在城乡社区治理、基层公共事务和公益事业中实行群众自我管理、自我服务、自我教育、自我监督，是人民依法直接行使民主权利的重要方式。"第一次将城乡社区治理的基本思想和理念写入重要文献中。

我国社区建设不同时期的主要特征　　　　　　　　　　　　　　　　　　　　　　　　表 6-7

时期＼特征	社区建设主体	社区空间形式	社区服务特点	社区内部关系	城市建设理念
计划经济时期	政府	单位大院，孤岛式	宏观均质化，微观差异化	内部依附关系，外部各自独立封闭	政治建设 经济建设
社区建设时期	政府+市场	商品房小区，封闭式	社会化、产业化、制度化	内部同质化、外部分异化	文化建设
社会治理时期	市场+政府+社会	多元化社区，混合式	专业化、精细化、民生导向	重新构建社会共同体联系	社会建设 生态文明建设

2013年，党的十八届三中全会首次提出"推进国家治理体系和治理能力现代化"，指出要"加强党委领导，发挥政府主导作用，鼓励和支持社会各方面参与，实现政府治理和社会自我调节、居民自治良性互动"。2015年，党的十八届五中全会提出要"推进社会治理精细化，构建全民共建共享的社会治理格局"，由此不仅明确了全体民众是社会治理的主体，同时还强调了社会治理的成果也应让全体民众共享。

2017年，中共中央、国务院颁布了《关于加强和完善城乡社区治理的意见》，这是我国有关城乡社区的工作领域中第一个由党中央和国务院联合发布的纲领性文件，文件明确指出，城乡社区是社会治理的基本单元，并提出了我国城乡社区治理的总体要求，规定了完善社区治理体系、提升社区治理能力、补齐社区治理短板等方面的内容。同年10月，党的十九大报告强调了"党委领导、政府负责、社会协同、公众参与、法治保障"的"五位一体"思路，以及"提高社会治理社会化、法治化、智能化、专业化水平"。居民参与和共治协商成为构建新型社会治理体制、完善城乡社区治理的新落脚点。

应对中央关于社区治理的重大战略部署，北京近年来积极推动基层治理体制改革。2018年11月，中央全面深化改革委员会第五次会议审议通过了《"街乡吹哨、部门报到"——北京市推进党建引领基层治理体制机制创新的探索》，认为北京市委以"街乡吹哨、部门报到"改革为抓手，积极探索党建引领基层治理体制机制创新，聚焦办好群众家门口事，打通抓落实"最后一公里"，形成了行之有效的做法。"街乡吹哨、部门报到"机制，源自平谷区金海湖镇一次"倒逼"式的整改。针对当地非法掘金和砂石盗采等问题，平谷区通过将执法主导权下放到乡镇，探索了基层问题靠基层解决的创新路径。2017年9月，北京市委常委会决定，将平谷区的经验做法总结提升为"街乡吹哨、部门报到"，并作为2018年全市"1号改革课题"，向16个区选点推广。2018年1月，十二届北京市委全面深化改革领导小组第六次会议审议通过《关于党建引领街乡管理体制机制创新实现"街乡吹哨、部门报到"的实施方案》，明确了加强党对街乡工作的领导、推进街道管理体制改革、完善基层考核评价制度、推行"街巷长"机制等14项重要举措。"街乡吹哨、部门报到"改革在北京全市街道乡镇全面推行，有效打通了城市基层治理的"最后一公里"。

为进一步加强和改进街道工作，构建具有首都特色的超大城市治理体系，北京市于2019年2月正式发布《北京市委市政府关于加强新时代街道工作的意见》。这是北京首个专门面向街道工作的纲领性文件，突出体现了坚持党建引领、坚持民有所呼我有所应、坚持问题导向、坚持系统谋划四个特点。文件中明确了街道的职能定位为：代表区委区政府对辖区党的建设、公共服务、城市管理、社会治理等行使综合管理职能，全面负责辖区地区性、社会性、群众性工作的统筹协调；制定了以首善标准建设"文明""活力""宜居""平安"四个街道的工作目标；重点从六个方面提出了加强街道工作的主要任务，包括30条具体改革措施。如要着力提升街道统筹协调能力、服务能力、管理能力和动员能力"四个能力"建设；要向街道重点下放"六权"，包括辖区设施规划编制、建设和验收参与权，全市性、全区性涉及本街道辖区范围内重大事项和重大决策的建议权，职能部门综合执法指挥调度权，职能部门派出机构工作情况考核评价和人事任免建议权，多部门协同解决的综合性事项统筹协调和考核督办权，下沉资金、人员的统筹管理和自主支配权。

2020年，《北京市街道办事处条例》（以下简称《条例》）正式实施，以立法形式将北京在党建引领、街乡吹哨、部门报到和接诉即办等领域的改革创新经验纳入法治轨道，解决街道办事处职责不清、权责不匹配、统筹协调能力不足等突出问题。《条例》规定了街道办事处行使的7项职权和应当依法履行的7项职责（表6-8）。其中，创新地赋予了街道以前没有的行政执法和组织协调等职能，加强了街道办事处的统合性平台作用，以及汇聚力量高效、精准解决基层问题的能力。

《北京市街道办事处条例》规定街道办事处的职权和职责　　　　　　　　　　表6-8

7项职权	• 参与辖区有关设施的规划编制、建设和验收
	• 对涉及辖区的全市性、全区性重大事项和重大决策提出意见和建议
	• 指挥调度区人民政府工作部门开展联合执法
	• 统一领导、指挥调度区人民政府工作部门派出机构，对其工作考核和人事任免提出意见和建议
	• 对涉及多个部门协同解决的综合性事项进行统筹协调和考核督办
	• 统筹管理和安排下沉人员、资金
	• 统筹协管员日常管理
7项职责	• 组织实施辖区与居民生活密切相关的公共服务工作，落实卫生健康、养老助残、社会救助、住房保障、就业创业、文化教育、体育事业和法律服务等领域的相关法律法规和政策
	• 组织实施辖区环境保护、秩序治理、街区更新、物业管理监督、应急管理等城市管理工作，营造辖区良好发展环境
	• 组织实施辖区平安建设工作，预防、排查、化解矛盾纠纷，维护社会和谐稳定
	• 组织动员辖区单位和各类社会组织参与基层治理工作，统筹辖区资源，实现共建共治共享
	• 推进社区发展建设，指导居民委员会工作，支持和促进居民依法自治，完善社区服务功能，提升社区治理水平
	• 做好国防教育和兵役等工作
	• 法律、法规、规章及市、区人民政府作出的决定、命令规定的其他职责

资料来源：笔者根据《北京市街道办事处条例》整理。

6.5
责任规划师制度创新与实践[①]

6.5.1 北京基层空间治理的挑战

北京作为国家首都、特大城市,一方面,围绕新总规提出的"建设国际一流的和谐宜居之都"发展目标和"四个中心"城市定位,需要协调好"都与城、舍与得、疏解与提升"的关系;另一方面,特大城市不仅体现为巨量人口、资源高度聚集的空间形态,其复杂、动态和多样化的特征更带来发展机遇、矛盾和风险的倍数级提升,全面考验着城市治理水平。如复杂化和跨域性的城市问题提升了跨域治理、系统治理的难度,多样化和高流动性的治理对象加剧了需求分异和社会空间发展的不平衡现象,多元分化和矛盾碎片化的治理主体提升了跨层级、部门与主体间的协作成本,基层政府繁重的管理工作与有限的资源和职权配置之间高度失衡,等等。上述挑战在基层空间治理中更是集中显露,"回归基层"成为新时期城市空间治理的关键命题。

推进基层空间治理的发展,需要将其纳入我国基层治理体制改革的总体进程中,尤其亟须突破"做大基层投入"或是"把项目做小做精"的简单化认知,系统探索从制度到行动的整合路径。

6.5.2 社区规划的模式递进:从活动组织到制度引领

为应对社区微更新和基层社会治理创新的需求,2010年代以来,社区规划活动在我国各地迅速发展,呈现出了多学科参与、多领域开花的盛况(刘佳燕,2019)。区别于传统聚焦物质空间的住区规划,社区规划以系统和发展的视角关注社区的人文、经济、环境、服务和治理等多维度的互动和协同发展,强调社区作为生活共同体和精神家园,力求通过各方主体共谋共建共享,实现社区的全面可持续发展。

[①] 本节部分内容参考:刘佳燕. 北京基层空间治理的创新实践——责任规划师制度与社区规划行动策略[J]. 国际城市规划,2021(06):41-48。

2018年以来，我国社区规划呈现出"模式递进"的发展态势，即从以基层探索性支持、跨界团队推动、单个项目为特征的"活动组织模式"，转向通过社区规划师制度创新推动系统、全域的社区规划行动的"制度引领模式"。以北京、上海、成都、武汉等特大城市为代表，地方政府大力推进社区规划师相关制度建设，培育和扶持专业团队，建立扎根地方的长效工作机制，全面推进社区规划实践活动。例如，北京全市开展责任规划师工作；上海杨浦区搭建社区规划师与街道结对平台，嘉定区以社区为主体培育"愿景社区规划师"团队；武汉武昌区和汉江区依托"三微"改造，组建规划师、居民和社区组织的"众创组"；成都成华区创设"导师团（区级）—规划师（街道）—众创组（社区）"三级社区规划师队伍。

全面推进社区规划师制度建设成为当前我国社区规划发展的一大特色。这其中，北京的责任规划师工作从制度建设和行动规模上都具有相当的前沿性和代表性。

6.5.3 北京责任规划师制度建设

《北京城市总体规划（2016年～2035年）》首次提出建立责任规划师制度，旨在贯彻落实城市规划工作向基层下沉。为了聚焦群众最关心的事情，打通规划落地的"最后一公里"，北京市委市政府积极开展"区域化党建""街巷吹哨、部门报到""接诉即办"和网格化管理等一系列基层治理体制机制创新工作。2019年《关于加强新时代街道工作的意见》发布，指出"街道是城市管理和社会治理的基础"，"在超大城市基层治理体系中发挥着不可替代的中枢作用"。同年施行的《北京市城乡规划条例》再次提出推行责任规划师制度，推进公众参与；《北京市街道办事处条例》通过明确街道办事处的七项职权和七项职责，贯彻落实治理重心下移。上述政策文件和行动为推进向基层放权赋能奠定了制度基础，进而引发基层空间治理创新的需求，包括亟须一类专业技术团队，作为联结政府、市场和社会的纽带，推动基层治理与城市更新的可持续整合发展。

北京责任规划师制度实践始于2017年东城区结合"百街千巷"环境整治提升的工作探索。2018年，西城区和海淀区结合街区整治工作，将责任规划师引入街道。

2018年，北京市规划和自然资源委员会先后出台了《关于推进北京市核心区责任规划师工作的指导意见（试行）》《关于推进北京市乡村责任规划师工作的指导意见（试行）》。意见明确了责任规划师的责任和权利：作为责任街区落实保护、修复、更新规划的技术责任主体，提供全过程、陪伴式的专业技术服务，承担参与规划编制、参与项目审查、指导规划实施、跟踪规划落实、参与实施评估、培育公众参与、推进社区营造等主要职责。其中，将责任规划师制度纳入规划审批程序，这在国内的相关实践中尚属首次。此外，开创性地设置了责任规划师与主管部门双向互评机制，以及有关表彰奖励和行业监管等履职责任内容。自此，责任规划师制度在全市范围得到全面推行。

2019年，北京市规划和自然资源委员会颁布了《北京市责任规划师制度实施办法（试行）》。其中明确界定责任规划师是"区政府组织选聘，为责任范围内的规划、建设、管理提供专业指导和技术服务的独立第三方人员",其责任范围"以街道、镇(乡)、片区或村庄为单元",主要工作内容包括"指导责任范围内城乡规划的实施",以及"推进责任范围内公众参与城乡规划的编制、实施和监督"两大方面(图6-4)。市规划和自然资源委员会还牵头成立了"责任规划师工作专班",汇集跨界专家,开展责任规划师工作机制研究。北京城市规划学会组建了街区治理与责任规划师工作专委会,为多元主体与跨学科专家搭建对话和探索平台。

图6-4 北京责任规划师职责示意图(资料来源:笔者根据《北京市责任规划师制度实施办法(试行)》整理绘制)

2020年,《北京市责任规划师工作指南(试行)》(以下简称《工作指南》)和《北京市责任规划师工作考核办法(试行)》颁布,进一步明确和细化了各参与方的职能定位以及责任规划师的工作内容、重点、目标、流程、考核办法等。各区根据自身定位和发展诉求,具体制定并颁布了工作细则。

截至2020年11月底,全市已有15个城区和经济技术开发区发布了责任规划师工作方案并完成聘任工作,签约了301个责任规划师团队,覆盖了全市318个街镇和片区,责任规划师覆盖率达95%以上。责任规划师团队围绕各自的责任片区开展了丰富多样的实践工作。

北京责任规划师工作开展力度大,覆盖面广,制度建设全面,在全国乃至全球均属前沿;更重要的是,为破解特大城市基层空间治理困境提供了有益的探索。

从结构视角看,通过在全市层面建立责任规划师制度,强化了整体治理的特色:以"两级政府、三级联动"落实制度实施,依托工作专班、专委会、轮值度等搭建市、区层级制度型平台,推进了跨级、跨部门协作;明确责任规划师岗位,将专业力量引入基层,通过制度化授权,使其高度嵌入基层规划和治理体系,实现服务的连续性和持续性;以财政资金保障团队服务,打破传统资金投入聚焦工程项目的单一路径,支持团队长期扎根地方并提供品质化服务。

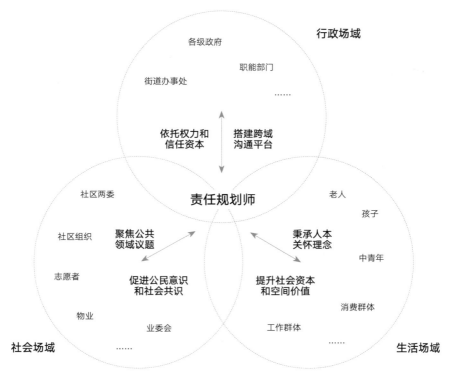

图6-5 北京责任规划师在基层三大场域的行动策略

从行动视角看，责任规划师团队因地制宜地采取灵活多样的行动策略，在基层的行政、社会和生活三大场域中，充分发挥能动性和行动力来实现制度目标，并在自上而下的发展战略、工具理性的专业术语与真实而多元的社会需求之间促进对接与融合：依托来自行政场域的权力资本和信任资本，搭建跨域沟通平台；聚焦社会场域中社区公共领域的发展议题，增强公民意识和增进社会共识；在生活场域中秉持人本关怀理念，提升社区社会资本和空间价值（图6-5）。

6.5.4 整体治理：责任规划师介入基层空间治理的创新路径

纵观北京、上海、成都、武汉等地的社区规划师制度实践，均具有政府主导制度化、政策支持系统化和嵌入形式多元化等共同的特征，北京还特别呈现出较为显著的"整体治理"的色彩。

整体治理指基于公众需求，以协调、整合和责任作为治理策略，强调治理层级、治理功能和公私部门之间的整合，并重视以制度化、专业化的治理方式进行科学治理（Perri 等，2002）。

北京的责任规划师制度可视为以整体性治理机制推进基层空间治理创新的重要实践路径（图6-6），并体现出以下主要特征。

图6-6 面向基层空间治理创新的北京责任规划师制度实践

（1）以满足公众需求为核心价值诉求

根据《北京市责任规划师制度实施办法（试行）》，责任规划师负责"推进责任范围内公众参与城乡规划的编制、实施和监督"，并以"具有较强的社会责任感，了解城市历史文化，愿意扎根基层，热心公益服务"为必备条件。

（2）发挥政府的核心主导作用

通过"两级政府、三级联动"落实制度实施：市政府颁布纲领性文件，区政府具体执行和组建工作团队，街镇作为行政主管和具体工作对接部门。政府不仅是跨界整合的发起者，更是策划者、参与者和主导者。依托"市级统筹—区级管理—街镇对接"的运作机制，责任规划师团队得以嵌入式的工作形式，深度参与控规编制、城市体检、街区更新、和重大项目方案审查等工作，以较好地应对特大城市政府多级治理的困境。在市级层面，专委会和工作专班提供专业支持和技术指导，如组建"街区治理和责任规划师交流群"，举办培训课程和工作交流会；在区级层面，区政府相关部门授权和提供资源支持，统筹管理具体工作，如西城区组建"西师联盟"，采取轮值主席制，交流经验，并由专门渠道及时向市、区反映突出问题，海淀区围绕京张铁路遗址、清河的生态修复和环境提升等跨域行动，组织沿线各街镇责任规划师团队共同推进工作；在街镇层面，责任单元与责任规划师团队对接具体工作。

（3）跨界整合多元主体和资源

这既指政府内部跨层级、跨职能、跨部门的整合，也包括对社会和市场主体的整合。工作专班从市级层面统筹协调总体工作，专委会搭建多专业、跨行业的人才智库，规划和自然资源委员会各区分局协助责任规划师团队与相关处室、委办局和街镇之间进行对接，实现公共资源与社会资源的全面动员和整合。

（4）以制度化、专业化力量推进基层空间治理

针对基层规划建设专业力量不足、技术与实践对接不畅等制度性障碍，通过资格认定、精英吸纳、资源支持和项目化运作等方式，组建责任规划师团队作为第三方专业技术力量，并通过系列制度文件规范和保障其具体工作。各区结合自身特色和发展定位，形成各具特色的责任规划师团队架构和主要职能。如海淀区结合高校和科研机构众多的特点，为每个街镇配置由专职责任规划师、高校合伙人和项目规划师组成的"1+1+N"街镇责任规划师团队；朝阳区结合国际化发展战略，为特定街区增配外籍责任规划师团队，实现国际视野与本土发展的结合；密云区组建生态责任规划师团队，重点推进城乡统筹、促进山水林田湖草全要素发展以及生态空间品质的提升。

▶ 接下来的第7～第9章将分享近年来北京代表性的社区更新实践案例，其中大部分都离不开责任规划师团队的在地探索和辛勤付出。

第 7 章　老城历史街区的保护与复兴

7.1　大栅栏地区：设计介入与跨界复兴
7.2　东四南地区：参与式保护与更新

在各类北京城市地区中，老城历史街区具有文化遗产丰富、社会关注度高、历史遗留问题多、利益相关方复杂等突出特点，其社区更新的迫切性和复杂性远胜于一般街区。进入21世纪以来，北京确立了老城整体保护与复兴的基本战略，更新模式逐步从以往大规模拆迁转向小规模渐进式，更重要的是，如何将风貌保护、文化传承、品质提升与社区活化相结合，成为新挑战。

本章选取了大栅栏和东四南两个地区的更新案例，展示出依托设计介入和跨界平台，推动历史街区空间更新、文化复兴与治理创新相整合的特色路径。

7.1 大栅栏地区：设计介入与跨界复兴①

7.1.1 地段概况

▶ 大栅栏地区，包含大栅栏及东琉璃厂两片历史文化街区，位于天安门广场西南侧，占地约1平方公里，是离天安门最近、遗存遗迹最丰富、保护最完整的历史文化街区之一。其中，大栅栏历史文化街区被列入2015年公布的第一批中国历史文化街区名单。

大栅栏拥有丰富的建筑风貌和文化历史，历经600余年的历史沉淀，特殊的地理区位使其在改革和改造浪潮中仍较好地保留了传统的城市肌理和历史原真性，同时也面临诸多困境，包括建筑和设施质量迅速衰败、人口高度拥挤和生活水平低下、公共设施短缺、区域风貌不断恶化、传统商业和手艺人在全球化和快餐式旅游业的冲击下遭遇生存危机等。保护、整治与复兴面临着种种难题，复杂严格的历史风貌保护控制下，难以找到合适的更新改造路径，或是成规模地进行产业引入。面对地区风貌保护、民生改善、文化传承和社区提升等多个目标，以及历史街区中极其复杂的利益网络，在很长一段时间内未能找到有效、可持续的协调发展路径。这也使得社区在保护和发展过程中缺乏主动性，当地本已落后的社会与经济条件持续恶化。

---
① 本节部分内容参考：贾蓉. 北京大栅栏更新计划——历史街区的跨界复兴与社区建设[M]//刘佳燕，王天夫. 社区规划的社会实践——参与式城市更新及社区再造. 北京：中国建筑工业出版社，2019.

《北京城市总体规划（2016年～2035年）》在"加强老城整体保护"章节中，明确提出"保护北京特有的胡同-四合院传统建筑形态，老城内不再拆除胡同四合院"，大栅栏地区作为"具有突出历史和文化价值的重点地段"被划入13片文化精华区范围，需要"强化文化展示与传承。进一步挖掘有文化底蕴、有活力的历史场所，重新唤起对老北京的文化记忆，保持历史文化街区的生活延续性。"在此背景下，在大栅栏地区亟需探索一种能有效整合风貌保护、文化复兴与社区更新的新模式。

7.1.2 大栅栏更新计划的提出

针对大栅栏地区的复杂现状和更新提升的迫切需求，一条通过跨界链接，实现目标协同的创新路径慢慢浮现。

大栅栏更新计划于2010年正式启动，是在北京市文化历史保护区政策指导和西城区政府支持下，北京大栅栏投资有限责任公司作为地区保护更新的实施主体，创新实践政府主导、市场化运作的基于微循环改造的老城有机更新计划。经过11年的探索与实践，更新计划尝试通过基础设施建设、空间腾退、环境改造、平台搭建、社区共建等系列工作，针对历史文化街区特色，以"共生街区"为发展理念，由点、面、线逐层推进，为地方居民与社区发展营造良好的生活与经商环境。

7.1.2.1 实施路径："节点 + 网络"的微循环有机更新

改变以往大规模更新改造中成片搬迁、完全重建的刚性方式，转为区域统筹、微循环有机更新的柔性方式。将整个大栅栏地区视为互相关联的社会、文化与空间网络，依循其传统街巷、院落格局和社会空间特质，选取其中关键性节点进行更新改造，产生网络效应，进而连簇成片。依托"节点+网络"的方式，使得更新更加灵活、更具弹性。更重要的是，将单一主体实施全部区域改造的被动方式，转为在地居民商家合作共建、社会资源共同参与的主动方式，有助于继续维系已传承数百年、高度混合的历史街区社会空间风貌，并使其从内而外焕发活力，复兴繁荣景象（图7-1）。

7.1.2.2 运作模式：构建多方参与的大栅栏跨界中心

为了更好地协调整合社会各方力量，共同参与历史文化街区的保护更新工作，大栅栏更新计划在启动之初就搭建了一个开放的工作平台——大栅栏跨界中心（Dashilar Platform），作为政府与市场、社会的对接平台。通过与城市规划师、建筑师、艺术家、设计师以及商家合作，探索并实践政府引导、市场运作、多级主体、共同参与的历史文化街区有机更新的新模式，推动跨学科、跨行业、多元参与的融合发展。

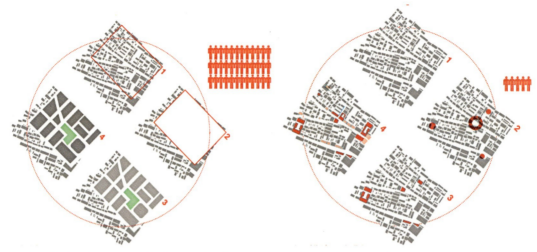

图7-1 大规模更新改造（左）与有机更新（右）模式对比示意（资料来源：www.dashilar.org）

7.1.2.3 更新实践：三个阶段

大栅栏更新计划尝试打破传统上刚性目标指向的常规做法，探索多元群体共同参与和地方社区内生发展互动推进的协作式更新形式，体现为一种有机的规划实践。总体而言，更新计划包括三个阶段：

第一阶段：试点阶段。在系统规划的基础上，政府发出一个明确的启动更新与投资的信号，给在地居民、商家和其他社会主体以信心。初期阶段的重点是探索创新，开展试点实践和发挥引领示范。具体工作包括：一是从改善民生角度，对院落进行自愿腾退和引导提升工作，向外疏解部分有意愿的居民，在改善居住条件的同时释放出部分发展空间；二是开展基础设施等公共环境改善工程，提升硬件基础；三是通过小范围试点，对建筑改造方式、业态类型和引入路径等进行实践探索，作为后期的示范引领；四是同步搭建软件平台，形成开放的跨界中心平台，为后期各类社会资源的进入提供支撑。

第二阶段：社区共建。从上一阶段节点植入的视角，逐渐转向更为系统的社区建设思维，希望通过改变社区关系网络，吸引和动员在地居民共同参与保护更新工作。在前期试点示范的基础上，形成社区居民及商家协作的样板，并奠定一定的市场发展基础，进而通过在地参与，形成社区共建的目标和共识，根据不同居民及商家的特点和需求，弹性灵活地展开社区建设。

第三阶段：全面发展。在前两阶段工作基础上，政府的角色转向聚焦于监督、服务和治理职能，完善空间规划、产业发展等方面的政策制定，优化多元参与和社区共建的支持平台，推动社区的全面持续发展。

7.1.3 杨梅竹斜街保护修缮项目的试点实践

杨梅竹斜街保护修缮项目是大栅栏更新计划的试点实践，也是2010年北京市发展改革委员会确定的探索创新老城改造新模式的四个试点项目之一。

杨梅竹斜街保护修缮试点项目位于大栅栏西街斜街保护带北侧，是大栅栏商业街与琉璃厂东街的贯通线，北起耀武胡同，南至大栅栏西街，西起延寿街、桐梓胡同，东至杨威胡同、煤市街，占地面积近9公顷。现状腾退涉及460个门牌，1711户、3861人，单位70个，总建筑面积7.6万平方米。地段内商居混合的现状特点，相比于一般成熟商业街区而言，对更新的挑战更大，探索也更具有示范意义。

试点项目以"系统思考、整体规划、划小单位、分步实施、动态调整、统筹推进"为基本原则，以"小范围、渐进式、分片分类推进"为实施策略，按照"政府引导、市场运作、公众参与"的运作模式，探索城市"软性生长、有机更新"的改造模式，以"节点引入、簇状辐射、适度引导、自然生长"的产业发展路径进行保护性修缮，以满足核心区古都风貌保护、人口疏解、产业提升、设施建设、民生保障及生态建设等要求。项目结合街区内丰富多元的历史文化和功能资源，定位打造以设计和独立文化传播以及生活方式新业态为主题的文化街区。

从项目实施角度，主要体现为以下三方面成效：

一是居住院落的自愿腾退和合作改造。对保留院落中有意愿迁出的居民采取平等自愿、协议腾退、货币补偿及定向房安置的方式，进行人口疏解和空间腾退。2011~2013年完成腾退居民614户，约占腾退总户数的35%，总建筑面积1.2万平方米，疏解人口约1500人。人口疏解和房屋腾退位居全市老城保护试点项目的前列，居民居住条件得到一定程度的改善。对于不愿意搬离的提供平移置换与两权分离、引导提升等多种合作方式，与产权人共同进行合作改造，实现环境改善及业态提升。

二是基础设施改造与环境景观优化。2012年对杨梅竹斜街进行市政基础设施改造及道路建设工作。在尊重现状胡同肌理的基础上，采用渐进式改造和因地制宜的特殊处理技术，如保留原有上水及方沟进行雨污水管网改造，引入新技术使杨梅竹成为同类宽度胡同中最先引入燃气的项目，实现了街区整体设施水平的提升。同时开展胡同两侧的立面修缮和环境景观改造。通过拆除违建和不合规牌匾，在立面修缮、路面铺装、植物种植、街道家具的改造设计中创意性地融入地方历史人文要素，传统胡同风貌和肌理逐步得以显现，环境品质得以提升，并植入了新的创意人文活力。

三是分类分级开展建筑改造。杨梅竹斜街上不同时期混合并置、形态丰富的建筑风貌是其一大特色。结合建筑历史文化特色及房屋腾退情况，对建筑立面制定分类改造策略，包括按照原汁原味保护、按照历史风貌修缮以及基于风貌协调的适度改造等。实施中注重与居民进行意见征询，一对一沟通设计方案并签署协议。根据建筑物的使用性质、腾退和产权情况、主体质量、对街道的影响程度等多种因素进行综合评估，确定三类差异化的分级改造策略：对重点历史风貌建筑采取原汁原味保护修缮；对重点风貌节点采取原真性适度改造；对其他不具备保护价值的普通建筑采取标准化设计指导下的弹性实施。

7.1.4 设计介入与跨界复兴

大栅栏地区保护更新的另一个特点是通过设计介入，助力跨界复兴。设计所呈现出的独特视角为老城区的活化提供了更多可能。通过城市策展与大栅栏更新计划的顶层设计相结合，跨界活化软性生长的路径与社区建设的有机更新相结合，形成系统规划之下不断迭代实践的持续提升路径。

7.1.4.1 节点活化与辐射带动

在大栅栏地区，采取了划小更新单位的做法，选择灵活的、体量较小的节点资产进行激活，使其在更广泛的领域内产生辐射效果。而如何选择、剖析、培育、对接、植入活跃的文化节点，则成为重要挑战。特别需要找到这样一类群体，他们能够存活于老旧街区中，尊重老城及建筑的过去和现状，与当地社区及文化生态保持紧密联系，不依赖于已成熟商业区的人流而能够独立存在，有"看家本领"吸引目标客户群体，并能辐射带动和活化周边的业态。

在深入剖析大栅栏地区丰富的历史文化特征、特有的胡同肌理和城市风貌的基础上，参考世界各地类似地区的发展规律和经验，项目团队分析提炼出了符合上述要求的文化节点及产业类型，并推导总结出节点发展中应优先扶持和构建的具有丰富文化特征与辐射性的"关键性节点"及其"附属性节点"，形成"CPCP"文化节点簇模式。这类文化业态具有区别一般商业的独特文化属性，植根于城市老区（place），拥有不依赖商圈的产品、服务及市场运作机能（program）、消费群体（client）和独特文化内涵（culture）。基于CPCP属性分析和综合评估，尽可能客观地评价和发现对区域最有利的产业和活动，使得有限的节点资源载体获得最大价值提升的业态归属。

另一方面的考虑是如何使新入驻的业态更好地融入，并且助力当地历史文化及社区生态。对于新入驻的商业，强调做到"四个应"：应作为"最佳实践案例"，提供借鉴样板和机遇视角，而非产生刺激性竞争；应能为周边住户提供可负担的服务，激励已有商户做出改变和实验性探索；应能在更新初期引领新文化、激活老街区、吸引活跃消费群体，而不必过度追求盈利能力和商业化；应能从不同的文化创意元素的解构中，建构起业态关联与集聚网络，依托与周边同类功能节点之间的网络迭代效应，释放文化创意产业的附加值。

7.1.4.2 文化共融与本地再生

在历史街区的复兴中，相比于文化创意产业的引入，如何实现产业与本地的互动，进而推动当地文化的再生是更大的难题，但同时也是形塑当地文化特性与核心竞争力，并实现可持续发展的关键所在。

因此，在大栅栏地区，设计介入和跨界复兴重在系统考虑如何引入创意和设计群体，推动其与本地商业进行合作，挖掘本地文化资源、寻找本地能人，以及创新构建当地文化生态，并关注以下几个合作方向：

（1）文化认知：围绕非物质文化遗产或者本地草根手工艺，通过讲故事、图片影像记录，或组织工作坊、社区活动等方式开展合作。

（2）店铺升级：通过对现状店铺的深入调研，对其视觉及空间形象的重新定位，以及结合地区旅游和商业发展的业态升级提出建议。

（3）手艺新生：设计师与手艺人经过沟通、互相学习和理解，结合传统手工技艺，引入新的设计理念与研发，或改变包装与产品外观设计、使用新材料，甚至研发符合当代生活方式的新产品、改善手工技艺流程，使得传统手工艺重新回归大众生活。

（4）老字号复兴：面向大栅栏丰富的老字号资源，进行品牌再开发或融入新设计，或基于历史空间视角深入挖掘品牌故事，更加多元拓展发展路径。

经过数年的努力，在大栅栏涌现出不少设计介入的优秀案例，包括周迅"无声英雄–物"的生活记忆讲述、虚拟增强现实杨梅竹文化探访与历史漫步之旅、扑克牌上的文艺复兴–木版年画再设计、小蚂蚁袖珍人皮影再生、一个人的剧场在地提升、Wireworks–铁艺功能手艺再改造、施家胡同"银号一条街"体验展、施家胡同21号前生今世——三聚源银号展、百年老字号成果展等。这些项目不仅使传统文化得以提升，散发出新的活力，也在一定程度上帮助本地人改善了生计，通过新老文化及新老社区群体的和谐共融，构建形成新的社区生产关系，形成老城独特魅力的文化再生和复兴力量。

7.1.4.3 城市策展与顶层设计

自2011年起，大栅栏与北京国际设计周展开了密切合作，11年来，"大栅栏新街景"以规模大、参与多、影响力广、国际化程度高成为历年北京国际设计周最受欢迎的核心分会场之一。通过邀请中外优秀的设计和艺术创意项目进驻大栅栏，将设计之旅、领航员试点项目、主题展览等内容以设计集群、工作坊、论坛、临时店、市集、艺术装置等形式有机地编织到胡同和院落空间之中，通过空间改造、社区生态建设及环境提升、地方手工艺探索及各门类艺术设计，持续加深大栅栏保护更新的对话和体验，部分参与群体之后也正式入驻街区，成为活化街区繁荣复兴的新生力量。由此，在老街区与新设计的融合碰撞中，以设计的新视角解决老城规划建筑、服务设施及公共环境难题；以设计的新思维解构当地历史人文独特魅力；以设计的新力量集结艺术、文化、创意、建筑、时尚、媒体、游客、居民等多方力量；以设计的新体验吸引公众参与，共同推动街区更新活化。

如果说早期大栅栏新街景的活动更多是对设计更新老街区的探索与尝试，随着设计介入的逐步深化，后期的展览与活动更加注重让新设计在更多方面真正融入社区与在地居民的生活。如2013年启动的大栅栏领航员项目，作为大栅栏更新计划的长期项目，也是"大栅栏新街景"的重点板块，尝试通过设计征集的方式，用创造性思维和设计解决街区更新中的系列公众难题，形成实践试点和示范效应，带动地方社区发生直接积极的改变（图7-2）。

另一个现实的问题是，北京国际设计周期间的活力如何得以有效持续？如何将设计的力量与项目实施推进有效结合？大栅栏跨界中心在策展的过程中，每年活动的主题都是结合大栅栏更新计划所处的发展阶段而提出。同时，每年所有的展览都围绕当年大栅栏更新计划的主展而展开，外围展览在统一的策展下进行征选，受大栅栏直接命题的展览占到每年总数量的一半以上，且都是基于长期的项目成果，而非短暂的几天活动，体现出很强的顶层设计理念。如2016年的大栅栏设计社区以"共建、共享、共生——开放式街区的自信与未来"为主题，120多项活动中，大栅栏更新计划主题之下的活动占比近60%，尝试为实践过程中遇到的复杂问题提供思考和探索，从建筑与环境的有机更新深入到社会结构与人口的有机更新，建立共建、共享、共生的机制，培育基于本地的、内生发展的、可持续的生命力——这也是历史街区发展自信的重要路径。

2021年设计周以"新声–大栅栏"为主题，围绕"百年新声""文化新声""科技新声""品牌新声"四个内容开展，采用新创意、智慧化、新理念的文化主张与创新社区形态结合的形式，通过线上与线下胡同漫游的形式串联文化探访路线，将游玩打卡与

图7-2 2014大栅栏新街景掠影

多维度体验社区历史相结合，内容中穿插新老字号快闪店、老北京风味特色小吃等，围绕历史文化街区保护与更新模式探索、街区空间改造与智慧更新、文化挖掘与传承、设计跨界、创意品牌发声等不同视角展开。

7.1.5 微更新与社区建设

在大栅栏更新计划的创新实践过程中，采取划小单位试点的微更新方式，进而通过社区建设将设计介入的活力转化为街区的内生发展力量，为老街区的跨界复兴提供源源不断的动力。

7.1.5.1 大栅栏领航员项目的微更新

大栅栏领航员试点计划属于长期项目，是大栅栏更新计划中试点模式起航的重要组成部分，北京国际设计周"大栅栏新街景"设计之旅的重要板块，也是链接短期活动与长期实践、设计创新与社区参与的关键纽带。

每年"大栅栏领航员计划"以向国内外公开征集的方式，选取待实施和破题的突出难题，包括杂院改造、公共环境提升、文化保护与创新、社区营造与共建等内容，向设计师、建筑师等跨界群体发问，公开征集针对老城中疑难杂症的解决方案，论证并精选优秀案例进行试点实施，形成示范样板，通过试点激活，形成跨界融合的多元参与和实施示范样板，进而吸引更多群体参与社区共建。

不同于一般的设计竞赛，大栅栏领航员项目有几个独特的出发点：一是以每年大栅栏更新计划所处阶段遇到的难题为出发点，进行选题与征集；二是所有征集项目均为真实项目，且落实到具体房屋或文化项目；三是所有项目必须要有实操的可能性；四是必须开展项目相关群体的意见征询；五是项目可根据每年实施情况不断更新迭代，提升完善；六是保持发布—征集—深化方案—遴选—展览—实施的全过程节奏，保障持续深化的微更新探索实践。

2013年领航员项目启动，建筑设计板块以"杂院里的一间房"为题进行征集。当年征得"内盒院"项目，考虑在隔壁未搬离居民共用墙、通用脊的情况下，通过在四合院平房区插入预制功能模块建造系统，以及在建筑中植入绿色新材料应用系统，巧妙地在零散院落内解决卫生间、保温、隔音、潮湿等民生问题。项目展览后获得广泛好评，于2014年实施完成"内盒院"1.0版本，作为大栅栏跨界中心的办公室；2015年完善迭代形成2.0版本，并帮助两户居民完成改造。"内盒院"先后获得Architizer A+Awards"低成本造价"评委奖及"小型住宅"最受欢迎奖、红点奖、世界建筑节WAF"New & Old"类建筑奖等多项国际大奖。

2014年，领航员项目提出了建筑空间改造、公共设施与标识改造、与本地手工艺及文化试点合作3个设计命题，针对在空间小、居住密度高、基础设施不完整等条件下更新居住环境的设计挑战，涌现出各具特色的探索项目，如以针灸式改造将微型图书馆和艺术馆置入典型大杂院的"微杂院"，利用带有生活设施的房屋可滑动立面将更多空间归还给胡同的"谦虚旅社"，使用灵活装配、延伸和拆解的独立单元创新胡同空间利用的"可移动的家"等。其中，"微杂院——社区儿童公共教育中心项目"作为明星项目脱颖而出，从2014年展览、2015年初步实施，到2016年完成项目一期实践并实现初步利用，2016年获得"阿卡汗"建筑设计大奖。

领航员项目的探索不限于建筑环境与公共空间，同样也深入到当地文化再生与社区建设层面。例如在手工艺方面，孵化出老字号骇客马拉松、虚拟增强现实杨梅竹文化探访与历史漫步之旅、扑克牌上的文艺复兴 - 木版年画再设计、小蚂蚁袖珍人皮影再生、Wireworks-铁艺宫灯手艺再改造等优秀项目，探索将文化创意新生、传统文化的活化传承与街区产业升级和民生改善相整合。

7.1.5.2 社区建设的有机更新与小微实践迭代

2017年大栅栏设计周以"老城复兴的中国之道"为主题，大栅栏更新计划则以"大栅栏再领航——杨梅安筑"为主题，从处理"都"与"城"关系的角度，解读与呈现城市更新推进老城复兴的中国之道，探讨如何继续推进杨梅竹试点项目实施等问题。这一年的创新探讨，改变了以往单一试点的方式，通过大栅栏更新计划升级作为整体模式的再领航，以杨梅竹纵深深化的延寿寺街社区民生项目为整体领航员试点，系统征集建筑与建成环境优化、生活性服务业提升、公共设施与本地文化再生、理想胡同社区的未来畅想等内容，而社区建设作为主线贯穿其中，探索步入新阶段后，如何建立新机制，推动各方参与社区建设并保障实施落地，增强公众的参与感和获得感等新问题。

当年，杨梅竹主展空间同时作为大栅栏社区公共中心，集中呈现"安住、安驻、安筑"三个主题展览：①"安住"主要面向大栅栏地区居民，在胡同环境改善的同时，推动社区文化再生，提升生活质量，以更好地服务不断增长的多样化社群，让街区更加有内生活力和丰富性；②"安驻"注重让商户、社会组织等相关经营者、建设者在街区安心驻留，如通过发布大栅栏共生空间小程序平台，推动各界合作方对于社区共生空间的共建共享；③"安筑"解决的是老城软硬件环境如何协同构筑，以及胡同中不同利益主体如何构建跨界共生的生态网络等问题。

7.1.5.3 社区共建空间与共生街区

随着越来越多的院落空间被腾退和置换出来，以及更多文化、设计机构和社会组织的引入，两者结合在大栅栏中碰撞出多个活力空间，这些空间采用社会化运营、社区共建的方式，聚点连片，逐步形成社区共建空间网络，形成更为广泛的辐射带动效应。

以大栅栏施家胡同21号院整体改造项目为例。施家胡同作为老北京"第一条有柏油马路的胡同"，一度聚集有20余所银号，被誉为"曾经的北京金融街"。施家胡同21号院，曾是"三聚源"银号的旧址，占地约250平方米，总建筑面积约240平方米，由清华同衡规划设计研究院负责"设计+运营"的改造实践。2018年，曾经的大杂院摇身一变，成为"大家客厅"向居民们开放（图7-3）。"大家客厅"定位社区共建平台，通过定期举办论坛、专家讲座和学术讨论会，引入社区规划专家学者、设计师、艺术家来此交流互动，同时挖掘在地的企业家、手工艺人等，组织手工艺课堂、艺术展览、口述历史、社区共建等活动。在保留地区历史文化遗产的基础上，与在地老字号、技艺传承人、社区居民等形成互动和共建，承古育今，实现地区文化传承、老字号品牌激活与居民幸福感提升的同步推进。

又如茶儿胡同，作为共生街区纵深院落改造示范胡同，融合了和谐宜居、建筑共生、文化共享、公共空间、绿色更新、微社区等探索与实践，成为展现大栅栏保护更新从试点示范到街区生态聚落的一个代表性缩影。本书第9章中对于茶儿胡同12号院的绿色微更新案例有详尽介绍。

基于节点院落的社区共建空间和共生街区为社区建设提供了丰富的触媒和载体；同

图7-3 施家胡同21号院 改造前后对比（资料来源：宋晔皓工作室、清华同衡规划设计研究院建筑分院设计二所提供）

时，应对社区不断提高的生活水平和发展需求，绿色生态、科技智慧、人文艺术等新的主题被陆续引入，让古老的街区风貌与新型生活方式产生多元的碰撞，激发社区内外力量的共同关注和参与。如百度"爱老驿站"依托人工智能产品，探索如何更好地为社区养老和居家养老提供全时支撑；绿色环保"双头"自行车、新式厨具、智能健康监测设备等科技产品的体验推广活动，同时也尝试搭建发掘社区内微创达人和微创科技的平台；"绿色出行日"、社区花园营造等活动发动人们共同寻找和共建美丽街道、魅力院落，创建绿色街区，践行绿色生活方式。

7.1.6 特色总结

大栅栏地区在北京众多历史文化街区中，不可避免地处于最耀眼、最敏感也最富争议的地位，其区位之核心、历史之悠久、社会之复合、文化之多元等特质给保护更新工作带来了复杂挑战。近年来，政府、市场、社会等多方主体在此地区开展了大量的实践，本节尝试从大栅栏更新计划这项主题工作切入，记录和探讨政府主导下，依托设计介入和跨界平台整合多方力量，推动历史街区有机更新和文化复兴的一种特色路径。

总结其工作特点主要包括以下几个方面：

（1）探索基于共益共生的微更新模式。区别于以往集中拆迁的方式，通过自愿腾退和改造的形式，增强产权人的主体意识和参与者身份，增进街区更新实施主体和居民之间的共建关系。在此基础上，探索多方主体共益共生的实现机制，包括从共生院到共生街区的模式升级，从建筑共生到文化共生的整合联动，从院落、胡同到街区的共生环境营造，从试点探索走向社区共建。

（2）强化政府公共保障和平台建设职能。避免政府在街区更新中的大包大揽做法，明确有所为有所不为，核心是做好两方面工作：一是强化其公共服务和公共环境提升的保障职能。例如在更新启动阶段，着力完善市政管网、公共服务设施建设和临街建筑立面改造，明确风貌保护修缮的做法和边界，不仅传递了政府投入改造的信心和行动，而且促进了与社区居民、商户的目标与行动共识。二是搭建跨界合作平台。在前期资金投入和行动示范的基础上，成立大栅栏跨界中心，为吸引、整合市场和社会力量提供开放支持平台。

（3）聚力试点实施项目，形成示范效应。依托"领航员计划"等主题行动，激发社会力量探索小微的社会创新项目，以破解保护更新中的实际难题为切入口，支持项目实践落地，形成示范和辐射带动效应，推动外来的设计和实施力量与本地居民、商户在共同的愿景目标之下协同共创，进而由点及面，发挥网络扩散作用。

（4）聚焦创新设计介入，提升文化软实力。针对大栅栏地区丰富的人文优势资源，通过联合规划、建筑、设计、艺术、历史、文化等多元领域的跨界力量，依托创新设计，一方面能以高度的灵活性尽可能减小对传统风貌和既有空间肌理的冲击；另一方面，借助新文化、新内容的植入，引入活力群体，能有效推动空间运营效能，提升地区文化实力。

不足与挑战也同时存在。如何实现主体投入从活动策展走向更加实质的街区提升，从艺术家短期入住到长期扎根，从文化复兴走向全面的社会–空间复兴，从社会力量参与空间改造和活动组织到实现可持续的运营模式，从空间激活到资产升值，仍有待进一步探索。

7.2
东四南地区：参与式保护与更新

7.2.1 地段概况与项目源起

▶ 东四南历史文化街区作为北京市第三批历史文化街区之一，位于东城区朝阳门街道办事处辖区内。街区北至前栳棒胡同，南至干面胡同，东至朝阳门内小街，西至东四南大街，占地约44公顷。街区内仍较完整地保留着元代以来的历史街巷和院落格局，充满了浓厚的人文气息和居住氛围，较高的户籍人口比重和大量在此居住数十年的老住户，也孕育了较稳定的社会环境和深厚的邻里情感。

2011年，北京市城市规划设计研究院（以下简称北规院）受北京市规划委员会东城分局委托编制《东四南历史文化街区保护规划》，为街区保护更新工作的开展提供指引。规划中明确提出，街区短期内无大规模拆迁腾退计划。这意味着，面对街区内大量平房大杂院所存在的房屋质量差、市政设施落后、居住拥挤等问题，只能依靠小规模的渐进式更新和基层政府的日常治理得以逐步改进。

规划编制完成后，街道邀请北规院长期跟踪街区建设与发展，共同尝试以基层政府为平台，自下而上地推动保护规划实施，实现东四南历史文化街区风貌完整保存的同时，将其建设成为老北京文化的精神家园和活态博物馆。

2013年，基于前期在史家胡同开展的"社区工作坊"等一系列公众参与活动，史家胡同24号院被改造为胡同博物馆，并对外开放。史家胡同博物馆作为北京第一个植根于社区的胡同文化博物馆，定位"文化的展示厅、居民的会客厅、社区的议事厅"，广受社会关注和居民喜爱。

保护规划的编制和史家胡同博物馆的建立为公众参与街区规划积累了较好的群众基础和政府支持。在此基础上，规划师、政府、居民和社会人士开始积极探讨如何建立良性循环，推动居民和社会共同助力街区保护更新。

总体而言，东四南历史文化街区的实践探索体现为街区保护更新与社会治理创新的有机整合，主要工作包括实施公共环境改善、激发社区商业活力、社区营造推动文化复兴、建立可持续更新机制四部分内容。

7.2.2 实施公共环境改善

以公共性和半公共性的胡同、院落公共环境为切入点，紧密围绕风貌保护和民生改善两大要点，发动社会多方力量，共同解决街区内的实际问题。主要开展了院落公共空间品质提升、胡同微花园营造、东四南大街整治提升等工作。

7.2.2.1 院落公共空间品质提升

院落空间是北京老城历史文化街区物质环境重要且最具特色的组成部分，而今大量大杂院中却充斥着违章加建、杂物堆放、地面破损、排水不畅、蚊虫滋生等诸多问题。为解决居民实际需求，在地社会组织史家胡同风貌保护协会（以下简称协会）通过搭建平台，策划了"咱们的院子——院落公共空间品质提升"项目，以改善院落公共空间环境为核心工作，推动落实保护规划中关于风貌保护、民生改善等相关要求；同时，采取全过程参与式设计的方式，培育居民自治机制，促进居民主动讨论公共事务，形成自我维护的良性循环，与居民共同找回院子里的好生活。

经过社区推荐、设计师现场踏勘等途径，以"一胡同一院落"的原则，筛选出开展首批试点项目的8个院落①。根据院落保护价值和现状情况，可以分为"雪中送炭"和"锦上添花"两种主要类型。

"雪中送炭"类包括前椅棒胡同4号、本司胡同48号、礼士胡同125号、内务部街34号、演乐胡同83号和灯草胡同66号共6个院落，为典型大杂院，院落空间杂乱拥挤、破损严重，居民改造呼声强烈。由专业设计机构对院落公共空间进行改造设计，解决有限空间内的合理利用、夜间照明、无障碍出行、排水、晾衣等民生问题；另外，以协会为平台，采取街道专款、社区公益金、朝阳门社区基金会资助相结合的方式，多方筹集资金，为项目实施汇聚资源。

"锦上添花"类包括史家胡同5号院和45号院，为保护状况较好的有价值院落。改造方式以公共环境美化、公共建筑（如垂花门）修缮、院落空间优化利用为主，旨在营造更好的院落整体形象，保护并提升其风貌价值。

为保证改造方案符合风貌保护要求和居民生活需求，以协会为平台召集中央美术学院、北京工业大学、北规院弘都规划建筑设计研究院有限公司等6家专业设计团队，以协会志愿者身份分别负责对口院落的参与式改造设计。同时，协会牵头制定包括前期踏勘、参与式设计、实施准备、施工、总结收尾及长期维护等环节在内的工作流程，并在试点项目实施过程中，提供技术支持，搭建对接政府、社会、居民的沟通协作平台，积极推动项目顺利开展（图7-4）。

2020年，朝阳区全区推广试点经验，围绕"美丽院落"项目，进一步推动完善实施路径，并探索通过引入先进技术，解决院落中居民"急盼愁难"的重要民生问题。朝阳门街道立足先行基础，针对居民如厕难的急迫诉求，在朝阳门内南小街205号院开展了"厕所革命"的试点改造。项目结合拆违腾退空间，向院内引入污水净化槽技术，配合污水管线升级改造，提供了安装户厕的条件，解决了杂院内十余户居民的生活难题。同步解决的还有院内自行车乱停乱放、无交往休憩空间、杂物堆积等问题。通过采取居民茶话会等形式，开展后续维护管理的居民自治议事活动，相关方就净化槽维护使用费用公摊、公共环境与设备设施维修维护等问题达成共识，并以"小院公约"形式明确职责。目前，设备已投入使用，得到全院居民的认可和好评，成为北京市首个居民杂院实现厕所入户的成功案例。

空间更新的同时，积极探索可持续的公共环境自治路径，推动其长效维护机制的建立。具体策略包括制定小院公约、选举小院管家以及设立公共维护基金等。例如，院落公共维护基金由居民出资30%、协会筹资70%，用于院落公共空间内各类设施的日常修缮，为更新改造成果的维护保养提供资金支持，居民之间也形成日常维护的分工，建立起良好的自治秩序。这也在一定程度上体现出受益者付费的共治原则，有助于激发居民对院落生活环境的主体意识（图7-5）。

---

① 8个试点项目中，1个因故中途退出，其余7个已全部完工。

图7-4 院落改造实施前后效果对比（资料来源：北规院提供）

图7-5 朝阳门实践的参与式设计工作流程（资料来源：北规院提供）

第 7 章 老城历史街区的保护与复兴

7.2.2.2 胡同微花园营造

2015年以来，结合胡同拆违、封墙堵洞等工作的推进，以"留白增绿"为目标，朝阳门街道联合北规院、央美建院十七工作室，以居民参与式设计的方式打造"胡同微花园"，探索以低成本、可复制的方式推动胡同内小微绿色空间的营造。专业团队提供物料支持和技术辅导，引导居民通过旧物改造制作绿色盆栽等艺术装置，或是将闲置空间改造为微花园，挖掘并激发他们对于绿色种植、生活情趣的热情，同步推进居民能力培育和自治组织孵化，为社区绿色空间的可持续更新与维护提供保障。

伴随试点项目的成功开展，面对更多居民对于微花园改造的学习兴趣，2021年，朝阳门街道发起了"微花园2.0"项目，以"1+N+∞"为工作路线，通过打造1个微花园示范中心、辐射带动落地N个高品质微花园落地样板，激发更多公众参与的热情，打造"处处都有微花园"的绿色街区。项目延续居民共建的方式，通过挖掘和培育社区种植达人，向更多人传播生活美学和园艺知识，自下而上地发起微花园建设与公共空间美化（图7-6）。

项目启动以来，重点开展了微花园示范中心建设、居民志愿小队组建、微花园工作坊组织三方面工作。

一是以社区党群服务中心为基地，党建引领，专家和百姓携手，共建微花园示范中心。结合居民诉求与美学营造理念，设定了3类主题花园："疗愈微花园"运用植物和景观装置调动五感，让人们在生理上和心理上得到充分的调整与放松；"可食微花园"中种植既可以食用又具有观赏价值的植物，通过有机种植的方式，丰富城市物种多样性，传播健康饮食的理念；"胡同生活微花园"利用生活旧物打造富有生活气息的小场景，展示胡同中的微花园生活美学。居民亲自参与方案设计与植物种植，微花园示范中心真正成为社区居民"家门口的大花园"。

二是党员先行，组建志愿小队，培力社区自组织。依托社区与居民力量，自发组成了

图7-6 社区微花园营造前后效果对比（资料来源：朝阳门街道、责任规划师团队提供）

图7-7 微花园设计工作坊与志愿者小组开展日常维护工作（资料来源：朝阳门街道责任规划师团队、中央美术学院十七工作室提供）

"新鲜微花园志愿小队"并制定了工作章程，培育居民自管意识与工作模式。邀请相关专家亲自指导种植工作，为社区自组织赋能。志愿小队每周定期开展植物养护工作，组织园艺劳动，喷洒自制的橘皮水、烟蒂水控制害虫，使用酵素水和堆肥作为肥料，利用自然生态的方式进行种植（图7-7）。

三是持续推进，策划组织设计工作坊，孵化落地试点项目。项目团队在朝阳门街道辖区内结合社区及居民诉求，陆续开展微花园工作坊活动，充分收集居民意见并引导广泛参与，2021年落地9个微花园样板项目。

7.2.2.3 东四南大街整治提升

自2018年起，东城区持续开展崇雍大街综合整治提升工作。东四南大街是历史商街崇雍大街上的一段，是一处承载了丰富的历史底蕴、时代变迁、产业更迭和百姓生活的城市场所。

2020年，结合崇雍大街更新改造项目的持续推进，东四南大街环境整治提升工作启动。为实现传统生活体验区和商业文创区的规划定位，朝阳门街道联合责任规划师团队（北规院和北京工业大学）主动与设计单位（中国城市规划设计研究院）对接工作思路，基于老照片对比分析与现场踏勘，筛选具有保护价值的历史建（构）筑物，明晰保护要素，并分类提出规划设计与实施改造的专业建议，为后续方案确定提供了切实可用的参考依据。

在环境整治提升工作实施后，朝阳门街道委托史家胡同风貌保护协会开展"星星计划——东四南大街橱窗提升"项目，邀请商户共商"东四南大街商户守则"，招募志愿者与商户携手参与橱窗设计并编制《橱窗提升指导手册》，号召商户持续维护、自我提升，通过共建共治共享"点亮"大街。

"一头一尾"的工作与以物质空间更新改造为主的项目实施有效衔接，不仅塑造了"京韵、大市"的城市风貌，更从专业技术联手、历史要素展现、形象品质提升等细节之处回应了城市精细化、高质量发展的要求（图7-8）。

图7-8 东四南大街商铺橱窗提升实施效果（资料来源：北规院提供）

7.2.3 激发社区商业活力

7.2.3.1 菜市场的升级改造

以菜市场为代表的社区公共服务设施是影响胡同生活品质的重要载体，如何在市场环境提升的基础上，推动生活与艺术的融合，营造生活美学的新场景，成为街区菜市场升级改造的特色落脚点。

朝内南小街菜市场建于2000年，当时属于市政府"退路进厅"折子工程，南竹竿早市的大部分商户被引进了市场。随着时间推移，由于经营模式和环境的局限，南小街菜市场也不可避免变得陈旧而杂乱。

2017年，东城区商委和朝阳门街道历时半年多，对这个传统菜市场进行了升级改造。通过对空间、色彩、陈列等多维度的再设计，近2000平方米的菜市场内，不但琳琅销售居民日常所需的蔬菜水果、柴米油盐，还被打造成了一个将生活融入艺术的空间，硬件设施、视觉系统、服务功能、环境品质和管理水平等方面都得到了综合性提升。

改造完成后，菜市场中举办了生活美学展览，全面展示改造成果并举办临时性活动，不仅为居民提供了充满文艺味儿的交往空间，也激活了菜市场的活力，促进了菜市场的良好运转，探索出一套以社区营造为基本途径的老菜市场系统激活策略（图7-9）。

图7-9 朝内南小街菜市场升级改造后的场景［资料来源：伦天洪（左上、右下）和北规院（其他照片）提供］

图7-10 朝阳门南小街店铺软性提升（资料来源：北规院提供）

7.2.3.2 商街店铺的软性提升

以2020年北京国际设计周为契机，朝阳门街道办事处和北规院联合发起了"社区商业与街区活力"研究课题，孵化推出"南小街UP&UP！！！"朝阳门南小街店铺软性提升项目，通过招募设计师志愿者与朝阳门南小街多位社区商家结成设计小组，对店面设计进行"轻量化"的软性提升，共同探讨如何通过社区小商业提升街区品质和活力（图7-10）。

7.2.4 社区营造推动文化复兴

规划师配合街道、社区，通过开展一系列的社区营造活动，带领居民挖掘共同记忆、塑造家园愿景、建立公民意识，力求逐步培育居民自组织能力，激发历史文化街区的内在活力。主要工作如下。

（1）共商共议社区公约

结合胡同茶馆等轻松灵活的交流活动，规划师运用公众参与技术，和居民共同追忆老北京胡同中的生活记忆，开放式探讨现状问题和解决办法，通过多次讨论逐步形成共识，多方征求意见后最终成文。由此，制定形成一系列的社区公约、小巷公约、院落公约，通过签约仪式和在公共场所正式张贴，凝聚社区共识，彰显社区精神，以此增进居民的归属感和公民意识，并以公约为依据形成相互监督的行为准则，建立起共同家园意识。同时，通过活动有效挖掘并培养居民中的积极分子，使其在公约制定、撰写环节中发挥主导作用，成为未来建设社区的有生力量。

（2）整理胡同口述史

组织高校师生、社会组织等团队，走入社区，开展口述史收集工作。通过和居民面对面访谈，借助老照片等工具，记录日常点滴生活，整理共同记忆；举办地区历史影像展览和"胡同故事会""老照片工作坊"等活动，发动居民共同参与讨论、分享生活记忆；最终编制形成《东四南口述史》系列手册。这些宝贵的口述记忆让老照片中的故事更加丰富，也提供更多挖掘区域发展变迁历程和历史文化价值的实证。通过口述史的记录整理工作，帮助居民追忆曾经的场所记忆，挖掘社区内部的情感联系，强化邻里作为共同家园的生活者和守护者的意识，并在后续的空间风貌修复和整治改造中，逐步恢复部分历史生活场景，让共同记忆得以延续留存。

(3) 传播营造理念和成果

为进一步传播自下而上的街区更新理念，自2014年至2021年连续七年结合北京国际设计周活动，围绕社区更新议题举办各类展示、研讨等主题活动。采取多方合作、共同参与的策展形式，全面展示协会工作成果，让当地居民了解街区内规划实施与社区营造活动的最新动态；同时借助设计周平台，组织社区营造研讨和丰富的艺术文化活动，面向社会宣传东四南地区参与式的保护更新模式，吸引更多有志于此的社会资源和力量投入其中（图7-11）。

2021年5月到8月举办朝阳门街区更新季，以"让附近显现"为主题，包括4大板块、14个项目，采用公共展览、调研分享、活动事件和论坛沙龙等方式，分别从保护更新、文化复兴、民生改善、机制创新等方面汇集各界人士分享经验与交流讨论。

(4) 驻地共建胡同博物馆

史家胡同博物馆定位"文化展示厅、社区议事厅和居民会客厅"，于2013年10月正式对公众开放。设有7个常设展厅、1个临展厅和1个多功能厅，常设展展示北京胡同和史家胡同的历史文化内容，临时展厅和多功能厅灵活用于各类展览和活动。

自2017年3月起，朝阳门街道办事处邀请北规院共同参与运营史家胡同博物馆。北规院团队在5年间，建立并完善了志愿者讲解队伍，定时为广大观众提供讲解服务；举办了丰富多彩的规划公众参与和社区培育的项目，包括回家串门儿、胡同声音、对话童年、漫游记等贴近街区的展览，以及名城青苗、史家讲坛、国学传统教育等活动；持续孵化创新

图7-11 史家胡同博物馆的国际设计周现场（资料来源：北规院提供）

图7-12 史家胡同博物馆内丰富多样的社区活动和展览（资料来源：北规院提供）

项目，建设责任规划师的实践基地，使其成为东四南活态博物馆保护的落脚点和核心枢纽（图7-12）。

经过几年的合作探索，以史家胡同博物馆为基地，专业团队与驻地单位共建共治的社区博物馆运营模式已初步孵化成形。史家胡同博物馆已成为老北京、静胡同的探访体验地，在国内外享有很高的知名度，在北京旅游网推出的"2018您最喜爱的博物馆"评选活动中获得第一名，在"2020首届北京网红打卡地推荐"评选中入选文化艺术类网红打卡地榜单推荐。

7.2.5 建立可持续更新机制

7.2.5.1 史家胡同风貌保护协会的建立与培育

2014年，朝阳门街道办事处与北规院共同推动成立了社会组织"史家胡同风貌保护协会"，以此为平台，整合居民、产权单位、政府、专家、志愿者等各方社会力量共同参与街区建设。其中，北规院规划师以志愿者身份参与，前期参与协会从筹备到建立的全过程，后期担任协会顾问和责任规划师，以此实现长期跟踪和积极介入街区更新和社会治理工作。

7.2.5.2 责任规划师的先行实践探索

2017年，北规院、北京工业大学与东城区朝阳门街道办事处签署了三方战略合作协议，建立规划师实践基地和教学实践基地，开启了长期扎根陪伴服务的工作模式。

参照东四南历史文化街区工作经验，东城区2017年结合"百街千巷"工作率先建立责任规划师制度，北规院、北京工业大学组建双领衔团队，成为朝阳门街道责任规划师，为街道提供设计实施跟踪审查、公众参与、社区营造等方面的技术支持。该实践为后来北京市责任规划师制度的全面推行提供了重要的经验借鉴与实施范本。

7.2.5.3 治理创新平台的孵化与成长

伴随一系列更新改造和社区营造活动的开展，如何使其置入基层政府的空间治理平台和能力建设，成为后一阶段更新工作的重要落脚点。

2018年，"东四南文化精华区治理创新平台"建立，面向街道开展全域综合协调服务，是街道层面协商议事、汇集资源、孵化项目的协作平台。同时，为职能部门、在地机构、社区提供技术支持、资源对接、项目孵化、宣传推广，为风貌保护、民生改善、文化传承、社区营造以及资源汇聚等工作的开展提供保障（图7-13）。

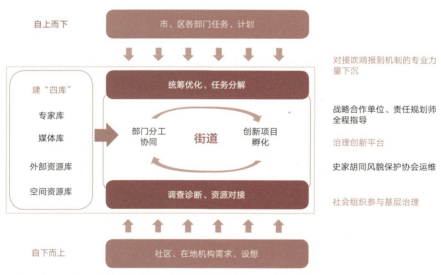

图7-13 东四南文化精华区治理创新平台组织架构（资料来源：北规院提供）

2021年，为进一步加强朝阳门街区治理能力建设，提升创新工作水平，街道联合责任规划师团队，在既有创新平台的基础上，以"崇文争先、齐化创新"为理念，升级建立"朝阳门街道治理创新平台"。以治理为主线、以创新为促动，深入推进"参与式工作法"，在街区更新、控规落地、空间活化、文化精华区建设、营商环境提升五大板块精准发力，吸引合作资源，发动在地力量（图7-14）。

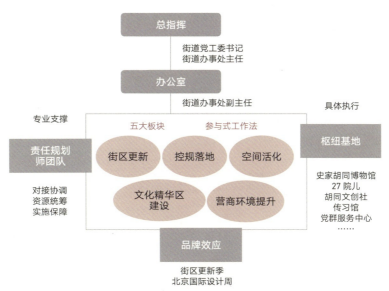

图7-14 朝阳门街道治理创新平台组织架构（资料来源：北规院提供）

7.2.6 特色总结

东四南历史文化街区的参与式更新工作，应对保护与更新的双重目标，探索了物质空间更新与社会治理创新有机结合的历史文化街区保护更新实践路径，实现街区风貌与民生改善的同时，凝聚起内生的社区人文精神与自治力量。实践成果先后获得中国人居环境范例奖（两次）、迪拜国际人居环境范例奖等奖项，"胡同微花园"项目获2020年国际园林建筑师联合会（IFLA）社区景观更新与公共健康类别卓越奖，同时在社会各界获得广泛的积极评价。

根据北规院责任规划师团队的总结，东四南地区的更新历程呈现出以下三个阶段的推进特征：

第一个阶段为"运动战"。聚焦居民最迫切需要解决的棘手问题，以民生项目形式凝聚各方力量，搭建参与平台，发挥规划师的专业力量和衔接作用，探索空间规划与社会规划的整合路径。

第二个阶段是"阵地战"。借助史家胡同博物馆运营等契机，规划师扎根街区，协助基层政府、社区与居民共同搭建治理平台，推动更新动力从外来到内生，工作内容从做项目到建机制，以在地力量为核心，建构从体验场所、发现问题、汇集资源、形成策略到解决实施的全周期治理路径。

目前进入"持久战"阶段。依托责任规划师制度，进一步完善多方参与的制度保障，构建可持续更新治理平台的生态运营系统，推进街区风貌保护、空间更新与社区治理的全面融合。

总结东四南地区社区更新的主要特色，包括以下几个方面：

（1）创新实践一种不依赖大规模资金投入、自上而下与自下而上相结合的街区自主更新模式

坚持以基层政府为主体，整合相关部门支持，强化其基层善治的运筹能力；依托史家胡同风貌保护协会、北规院等第三方力量，整合协调各方资源，协助建构多方参与的治理协作平台；拓展公众参与渠道，培育社区内生力量；将街区保护规划实施与社区营造相结合，以风貌保护为切入点，实现民生改善和社会治理的同步推进。

（2）以规划为平台整合多方资源，构建名城保护更新的协作网络

以北规院为主体的责任规划师团队，充分发挥街区空间更新和社会治理衔接的重要纽带作用，汇集热心名城保护更新的社会力量，并在长期合作中沉淀在地共建的合作伙伴。目前，不仅建立起涵盖规划、建筑、人类学、社会学、传媒等多专业的志愿者队伍，更逐步与北京工业大学、中央美术学院等高校和多家社会组织建立起长期伙伴关系，形成扎根社区、在地服务的文化机构联合体，陪伴街区共同成长。按照其设想，将致力于从专业人士主导的规划编制与实施，转向规划师引导、社区参与的规划实施模式，最终实现由社区主导、规划师协助的共建模式。

（3）强化居民在街区保护更新中的主体意识和社会责任

通过展览、对话、研讨、设计工作坊等系列活动，发动居民以不同形式参与到街区保护更新中；依托参与式设计和人文教育活动的带动，逐步引导居民主动认识自己的社区，参与社区事务决策，规范自身行为；重点发掘和培育一批有能力、有热情的居民领袖，作为社区自治组织的带头人。居民的理解和参与不仅是历史文化街区特色风貌呈现与邻里和睦的基础，更是其可持续保护与更新的动力来源。

（4）积极总结路径，孵化组织，推广实践

北规院团队在以东四南历史文化街区为试点的实践中积累了大量工作经验和社会资源，在此基础上，致力探索搭建更高层级的平台，推进可持续的城市更新实践。例如，将大量经验总结与资源网络进一步推广到北京责任规划师制度和团队的建设中；成立"北京市社区营造中心"，围绕城市更新和社区营造领域，汇集专家和团队资源，为更多地区提供专业化的社区营造在地服务；推动设立中社社区培育基金，为孵化社会力量搭建参与平台，推进北京城乡空间品质、人文环境和社会治理水平的提升。

第 8 章 混合型居住街区的有机更新

8.1 新清河实验：参与式社区规划与社区治理

8.2 学院路街道：园校企联动的街区更新

8.3 劲松北社区：党建引领、企业推动的老旧小区改造

北京的二环至五环之间矗立着大量的混合型居住街区，它们可能没有老城历史街区那么重要和受关注的地位，但近年来迅速步入人口杂化、建筑功能退化、设施管线老化、物业运维滞后而亟待更新提升的阶段，又由于其多元复杂的产权和住房类型、相对更高的容积率而难以通过简单的拆除重建予以解决，亟需探索多方主体参与、协同推动街区有机更新的新路径。

本章选取三个典型案例，分别展示清河街道的参与式社区规划、学院路街道园校企联动的街区更新以及劲松北社区企业推动的老旧小区改造。

8.1
新清河实验：参与式社区规划与社区治理[①]

8.1.1 地段概况

▶　　清河街道位于北京市海淀区，东西侧分别紧邻京藏高速和京新高速，北五环从街道南部穿过，北接昌平区，占地面积约9.37平方公里，下辖29个社区，常住人口约14.7万人，其中外来人口约6.2万人（2020年），属于典型的城郊型地带。清河地区高度浓缩了北京城市过去百年来社会空间急剧变迁的历程，是一个普通但又极富代表性的转型过程中的城市邻里型社会空间。

首先，这里展现了北京非典型的历史地区面临的发展与文脉传承的冲突。清河地区拥有约2000年的悠久历史文化积淀，由于地处京北交通大道的咽喉，曾是北京地区集陆路、水路、铁路、航路于一地的古镇，素有"京北第一门户"之称。这里目前尚存的有汉代古城遗址、作为明代皇帝谒陵和出塞要道的广济桥、建于清朝的清真寺、1906年我国第一条自主设计和建筑的铁路京张铁路清河火车站，而1907年的陆军第一中学堂、建于1908年北京最早的毛纺工厂（清河薄利制呢厂）以及后来盛极一时的三大毛纺厂区、1920年的航空工厂和飞机场都已无处寻觅，取而代之以新建商品房小区和办公楼。历史遗

[①] 本节部分内容参考：刘佳燕. 基于场所营造的社区规划：北京"新清河实验"的实践探索[J]. 上海城市规划，2021b（05）：1-8.

迹零星散布，缺乏有效保护和利用。这些物质和非物质的文化遗产绝大部分已远离当代生活。

其次，这里记录了过去20年北京以"空间城镇化"为典型表征的快速城镇化历程。自21世纪以来，随着北京快速城镇化建设浪潮逐步向外扩散，清河地区迅速从传统乡村集镇转型成为现代化都市区，周边的高速公路和五环路带来了便捷的区域交通区位，所在的海淀区全部被划入中关村科学城，吸引大批中高端房地产项目和高新技术企业（如清华同衡规划设计研究院、小米公司）入住，高层商务楼宇、新型购物中心拔地而起。

最后，这里集聚了类型多样、混合交错的居住空间。居住是清河地区的最主要用地类型，既有单位、企业改制后留下的单位大院宿舍区，尚未拆迁的城中村，也有高端别墅、新型商品房、部队大院、保障性住房、回迁房小区等十余种的居住邻里类型，布局错落交错，空间形态和环境品质分异巨大，带来原国有工厂离退休员工、高新技术产业就业群体、高校教职员工、军人及家属、老城区安置居民和农民等高度异质化的社会群体在此共同居住生活（图8-1）。

图8-1 清河街道社区类型分布示意图

8.1.2 项目背景与定位

8.1.2.1 "新清河实验"

在清河地区曾经发生了中国社会学史上一场重要的社会实验,史称"清河实验"。1928年,在老一代著名社会学家杨开道、许仕廉等人的带领下,燕京大学师生在当时的清河镇围绕提升农业生产、改善医疗卫生、教育水平等方面展开一系列乡村建设实验,到1937年因战争缘故中止。

2014年至今,清华大学社会学、城乡规划等学科的师生在清河地区开展聚焦基层社会治理创新的"新清河实验"。目标在于探索政府治理和社会自我调节、居民自治之间良性互动的方式。在实践过程中,强调参与式社区规划与社区协商治理、民生服务保障等工作协同推进,实现街区的全面提升。

本节主要介绍"新清河实验"中笔者团队牵头开展的参与式社区规划工作。强调依托跨学科力量,通过空间规划与社区治理的整合实施路径,提升社区环境品质,促进公众参与,激发社区活力,实现空间微更新与社区复兴相结合的可持续社区更新。

8.1.2.2 主要问题剖析

基于广泛的社会空间调研,总结清河地区的主要问题包括以下几个方面:

一是社会空间分异显著,邻里关系趋向松散,社区活力衰退和自组织能力有限。伴随住房市场化发展和单位制解体,大量外来人口涌入带来"人口倒挂",人口快速流动使传统的熟人社会日渐瓦解,曾经的单位大院日渐杂化,高端商品房与城中村、破败老旧小区相邻而立,社区内部的社区整合和动员能力有限。

二是区域交通不畅,停车混乱,慢行交通环境差。地区内部大量断头路,共享单车停放混乱,机动车停车位严重不足,大量违章占道停车堵塞交通,甚至小区内因停车位争夺引发邻里纠纷。

三是公共空间严重不足,环境品质低下,老旧小区活动空间短缺且缺乏有效维护。碎片化分散的封闭大院和门禁小区的挤压下,城市公共开放空间极度缺乏,景观环境品质差。清河水系沿岸大量用地处于荒弃状态,活动空间和服务设施不足,可达性和体验性差。老旧小区长期缺乏有效的物业管理,内部绿地空间衰败严重,引发私人圈地甚至邻里冲突,居民下楼无处可去、无处交流。

四是公共服务设施短缺,服务品质偏低,地方特色逐渐消亡。文化体育类设施尤为不足,特别面向中青年和创新群体的高品质休闲类服务设施和活动空间极度缺乏。文物古迹保护和展示不足,本地特色的老街、清河、毛纺工艺等历史环境要素和人文记忆几近消亡。

总结清河地区的核心问题体现为"公共领域的发展滞后":一方面是物质层面的公共空间品质低下。传统单位主体退出,市场主体画地为牢,加上基层规划建设管理的滞后,导致服务设施配套不足和公共空间品质低下，难以满足人们不断提升的生活需求，更不用说日益涌入的中青年和新兴产业就业人群。另一方面是社会层面的公共领域发展滞后。"人的城镇化"滞后于"空间的城镇化"，市民意识缺乏，邻里关系淡漠，社会生活缺乏活力。两者相互影响，导致社区场所在社会与空间层面的双重衰退。

8.1.2.3 规划路径和目标

由此，确定清河社区规划的主要路径包括（图8-2）：

①以社区为纽带，强化社会与个体、家庭之间的紧密连结；

②从公共领域入手，聚焦物质性公共空间和社会性公共事务，激发市民意识；

③依托参与式规划，通过场所营造与社区赋能，增进地方认同感和归属感。

最终，旨在营造幸福、包容，以及社会、经济和生态可持续发展的社区共同体。

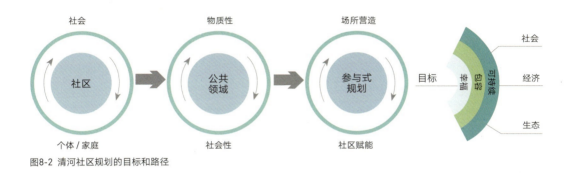

图8-2 清河社区规划的目标和路径

8.1.3 第一阶段：试点社区的实践探索

2015~2017年，通过选取试点社区开展参与式社区规划，探索通过专业支持、社区参与的方式，围绕公共空间，形成公共议题，提升社区场所品质和归属感，同时激发基层活力。主要工作内容如下。

8.1.3.1 优化基层治理架构，聚焦社区民生事务

调研发现，社区居委会作为自治组织的作用有限，居民对社区事务有参与意愿，却缺乏有效的参与渠道。因此，前期的一项重要工作就是完善并强化基层议事协商机制和平台的建设，具体工作包括：①建立社区议事委员制度，在社区居民中选举议事委员，作为居委会的有益补充；②搭建基层协商议事平台，组织各社区制定会议规则、议事公约，定期举行社区党组织、居委会（含议事委员）和物业等多方参与的联席会议。由此，居民参与社区事务的情绪高涨，议出了很多亟待解决的重要民生议题，其中很大一部分和社区公共空间有关，既暴露出当地空间环境品质亟待提升的窘迫现状，也反映出公共空间凝聚社区关注、激发社区参与的重要磁石效应与溢出效应。

8.1.3.2 挖掘培育社区资产，强化社区赋能

基于"资产为本"的理念，团队扎根地方，全面调研当地的空间、社会、产业、生态等各方面资源，绘制清河地区特色地图和各社区资产地图。尤其注重社区社会资本的挖掘和培育，具体工作包括：①面向街道、居委会和居民开展系列讲座和互动工作坊，普及参与理念和方法，形成共建家园的共识；②举办"社区LOGO征集""建筑师体验工作坊"等活动，选拔社区能人，提升居民在美学、设计、文学等方面的水平，在共同设计中培育协作精神和设计能力；③组建社区学堂，促进邻里互助学习，推动兴趣团队转向公益组织，孵化培育在地社会组织。

8.1.3.3 社区参与微空间改造，推动综合品质提升

针对居民诉求最集中的公共空间品质提升需求，通过参与式社区规划，开展一系列微空间改造行动：①引入清华大学学生志愿者团队，与居民共同创作和开展住宅楼宇立面美化，将生活场景和生动故事留在身边。②通过居民访谈、参与式设计工作坊、联席会议、公众咨询等持续性的公众参与环节，与社区共同设计，将荒弃绿地改造成休闲活动广场，引导居民拟定文明公约，并组建志愿者维护队伍。③采用"微公益创投+微空间美化+微治理"方式，从楼门、楼道的微空间美化入手，发动居民以楼栋或楼门为单位，自行完成从改造方案的提出、设计到实施的全过程。项目团队负责活动设计和提供技术支持，街道办事处、辖区机构和物业管理公司提供资金、物料支持。楼门空间焕然一新，各具特色，在公共资金"杠杆作用"撬动下居民筹资修缮楼门，不仅增进了邻里交往与互动，还增强了社区居民的公共意识，大家积极制定并张贴楼门公约，形成了可持续的公共空间维护管理机制。④借助问卷、座谈会、扎针地图等线上线下调研，更大范围内征求居民和工作群体关于社区公共空间的问题和提案，围绕共享单车乱停放等突出问题，联合交通部门、街道办事处、社区、辖区企业、社会组织等研讨解决方案（图8-3）。

图8-3 社区参与微空间改造的各类活动

8.1.4 第二阶段：街道层面的制度创新与实践推广

上一阶段的工作在试点社区取得了较为显著的成果，可以说初步探索出了一条通过参与式规划提升社区场所品质、增进邻里互动与归属感的有效路径，对其他社区形成了良好的示范和带动效应。但同时也暴露出局限性，即工作主要集中在试点社区内部，侧重于楼院和小区层级。尽管存在团队人力有限的客观原因，以及从微单元入手的治理逻辑考量，但社区规划作为政府和社会资源的投放引导，背后不可忽视的是公共性和公正性问题。此外，团队调研发现，从提升地域福祉和增进社会联结的角度，小区围墙之外、街区层面的公共空间和服务设施的作用更为显著。

由此，给后续工作提出了新的要求：一是如何从街区统筹的角度让规划效益辐射至更多的社区；二是如何吸引和动员更广泛的专业性和社会性力量参与。这意味着，社区规划中的场所营造不仅涉及技术策略，还需反思和打破既有行政、地域、制度等体系的局限，特别针对当前基层规划建设中的"制度天花板"约束，进行战略和机制创新（刘佳燕，2020）。

因此，2018年至今，新阶段的工作重点聚焦在街道层面的制度创新，从街区统筹的角度推动社区规划在更多社区的推广和规范化。主要工作内容如下。

8.1.4.1 编制街区更新规划，完善体检评估机制

针对基层建设项目小、碎、散的问题，编制"清河街区更新规划"，基于大量社会-空间调查、意见征询和协商会议，形成清河街道全域未来更新发展的总体思路，统领各社区规划建设，以"一张蓝图+定期体检+动态更新的项目库+行动方案"保障规划落地实施。

针对基层社会—空间数据短缺的现状，建立社区体检指标体系，涵盖生态宜居、健康舒适、安全韧性、交通便捷、风貌特色、整洁有序、和谐包容、创新活力共8个维度、21个二级指标，基于基层政务、社区调研、街景地图、影像图、POI等多源数据，对清河全域所有社区进行体检评估，协助各社区明确定位和特色，快速识别短板和风险，为规划的动态更新提供支撑。

规划编制的过程，也是多方主体逐步对地区发展建设共识、培育归属感的过程。通过梳理历史资料，绘制"清河历史资源地图""清河沿岸生物栖息地图"等，整理清河毛纺厂口述史，收集展示当地老物件和非物质文化遗产，推动辖区多家企业与清河街道、社区签订战略合作协议，捐资共同抗疫等。

8.1.4.2 创建社区规划师制度，培育在地跨学科团队

针对基层规划建设中的制度性约束，包括专业人才短缺、资金投入重工程轻设计、建设项目碎片化，导致难以吸引高水平的团队和成果等问题，为清河街道量身定制社区

规划师制度，实现从"为工程买单"到"为智力买单"，从"按次服务"到"扎根陪伴"的转变。

采取街道搭台、机构共建、专业培力、社区协作的方式，组建清河街道社区规划师团队。通过公开招募和选拔，每个社区配备一支"1+1+N"的团队：1名规划设计师，来自清华同衡规划设计研究院（也是清河辖区内企业）；1名社会工作者，来自北京市海淀区社区提升与社会工作发展中心（"新清河实验"在清河街道孵化的枢纽型社会组织）；以及N名社区规划员，包括有能力、有意愿的社区居民和外部志愿者。设计师和社工大部分也是清河地区居民，对规划自己的家园充满热情和动力；社区规划员经过培育和支持，未来将成为社区规划最主要的生力军。

另一方面，响应北京市责任规划师制度建设，海淀区每个街道配备"1+1+N"（1名街镇规划师、1名高校合伙人、N个设计师团队）的责任规划师团队。笔者有幸同时担任清河街道高校合伙人、"新清河实验"社区规划组负责人和社区规划师团队牵头人，也为更好地推动"责任规划师-社区规划师"的双师协作创造了条件。

清河街道的双师协作机制，为多方主体参与地方发展提供了多层次的协商平台：在社区层面，社区规划师扎根对口社区，了解需求，推动协商共治和社区赋能，协助社区制定社区发展规划，并转化为实施项目；在街道层面，责任规划师推动上位规划与地方发展的对接协调，统筹发展思路、整合地方资源、提供技术指导，并带领各社区规划师团队面向街区事务和社区重大事项协同工作。此外，通过政府专项资金支持责任规划师和社区规划师工作，实现建设工程费用与在地智力服务经费的剥离，为高水平专业团队持续服务基层提供了长效稳定的资金保障（图8-4）。

从"为工程买单"到"为智力买单"，从"按次服务"到"扎根陪伴"
图8-4 清河街道"责任规划师-社区规划师"协作机制

8.1.4.3 规范社区规划工作流程，推动特色项目落地实施

协助清河街道编制《清河街道社区规划师制度试行办法》《社区规划师工作指引》《社区议事协商工作指南》等文件，明确社区规划师成员招募、工作内容、薪酬来源、考评退出等管理机制，规范社区规划、议事协商的工作流程和技术方法，为社区规划的有效开展提供保障。

在社区规划师团队的共同推动下，5个社区分别完成了社区资产及需求调查与评估报告、社区发展规划与近期行动计划，一系列各具特色的社区规划项目落地实施。

在美和园社区，引入社会组织和志愿者团队，发动社区居民共同设计和建造，将废弃公共绿地改造为社区花园，并协助社区制定了维护公约和组建居民自管团队。

在毛纺南社区，通过发动议事委员，广泛征集意见，对中心广场功能和空间进行了整

图8-5 参与式社区规划和营造活动（上）和清河生活馆内景（下）

体改造提升，将其打造成全龄友好的活力空间。

在智学苑社区，联合社区居民和小学师生，通过营造工作坊、"社区里的自然教育课"等活动，将空地共同建设成共植农园，并作为小学的生态教室。

毛纺北社区是原毛纺厂退休老职工宿舍区，60岁以上人口占比超20%，被列入北京市第一批老旧小区综合整治试点名单。课题组协助社区搭建议事协商平台，选举议事委员和监督委员，围绕改造相关事项，组织多次居民意向调研和座谈会，成功推动其成为全市最早实现加装电梯、新建立体停车设施、增建养老驿站三大民生项目的小区。20余个楼栋单元已经加装了电梯；通过拆除违建，建造了一栋4层的机械式停车库，由社会资本投入建设，居民付费使用；将一栋商业建筑改造为社区综合体，团队负责从前期策划、功能设计、内外装改造设计到运营策划，通过打通原有室内隔断，营造开放共享空间，集成社区服务、党群活动、社区养老、图书阅览、四点半课堂、文化展陈、便民商业、社会组织孵化、社区花园等功能，实现公共服务、公益服务和市场服务的整合，力求打造辐射清河南部地区、功能复合的邻里生活中心（图8-5）。

8.1.5 特色总结

总结"新清河实验"中的参与式社区规划工作，已扎根在清河街道持续开展了7年多，相关实践成果获得"2021国际城市与区域规划师学会（ISOCARP）卓越规划奖""2020国际风景园林师联合会（IFLA）亚非中东地区风景园林奖""2020-2023年北京市绿色生态示范区（街乡更新类）""2021北京市优秀工程勘察设计奖"等奖项。

ISOCARP奖项评审委员会如是评价项目成果："高校多学科团队探索了基层社区发展、赋能和参与式规划方法，研究了整合空间规划与社区复兴的可行路径，实现社区可持续性和宜居性的提升：一种创新性的社会–空间互生产机制"。

总结其工作特色主要体现在以下几个方面：

（1）坚持街道和社区为主体，建立长期合作伙伴关系

始终坚持充分发挥街道和社区的主体作用。通过系列工作坊和培训课程，核心任务是加强社区主体意识培育和主体能力建设，并与地方形成发展共识。既非"过度干预"，不是一厢情愿地把主观意愿强加或灌输给地方，又非"远而望之"，只评不做而难以触及发展中的关键症结，而是通过双向合作机制，实现团队的理论思辨、技术专长、制度创新与基层工作实践的有效结合。

强化自身的第三方团队定位，全面发挥提供理论和技术支持、挖掘和整合辖区各类资源、搭建合作平台、协助监督考核等方面的作用，推动多方主体共同参与街区的建设与发展。如协助街道孵化在地枢纽型社会组织，发动辖区企业共同助力社区规划师团队建设。

采取长期专家陪伴式工作方式。不同于传统常用的项目制工作方法，强调与街道和社区结成长期合作伙伴关系，双方之间建立起平等、协作、信任机制，为街道明确战略发展方向、优化项目的承续性、推进街区发展的可持续性提供有效支撑。

（2）强调因地制宜和过程参与，多渠道推进社区有序参与

在社区规划和更新的全过程，从需求调研、意见征集、功能策划、方案设计，到改造实施、后期运维等各个阶段，因地、因时制宜采取多种多样的社区参与形式，包括通过问卷、访谈、座谈会、工作坊、参与式设计、方案征集、投票、扎针地图、协同建造等，吸纳社区相关利益主体积极参与。注重过程设计，通过多样化的参与时间、地点和形式设计，保障参与群体的多元化和代表性。

因地制宜发动和组织社区参与力量。针对清河地区大量单位社区的特点，充分挖掘和释放"后单位制红利"，利用其长期紧密的社会熟人关系网络，发动原工会委员、楼门长等社区能人，并纳入"1+1+N"社区规划师的队伍培养；针对新建商品房社区、企业园区等中青年群体集中的特点，则通过社区花园、自然课堂等绿色、儿童友好主题，吸引人们走出家门和办公室，基于共同的兴趣爱好建立联系，参与社区公共事务。

注重社区参与的长效机制设计。通过设立联席会议制度、议事委员制度、社区规划师制度等，将社区更新的议题生成、方案形成、实施推进等内容全面整合纳入基层议事协商和空间治理的制度建设范畴，保障更新的持续性和连续性。

（3）开展场所营造，以社会–空间互动机制推动社区全面提升

针对清河地区大量老旧小区社会–空间双重衰败的问题，强调社会治理和空间改造协同推进、双向促进。通过畅通协商机制、激发社区参与、强化主体意识，为社区空间更新注

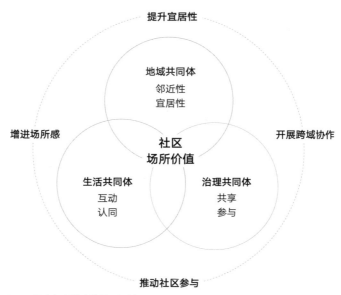

图8-6 面向场所营造的社区规划

入在地参与的力量；另一方面，通过聚焦社区空间提升，引出公共议题，激发全龄参与，在参与改造的过程中培育场所感、归属感和市民意识，进而为空间改造后的长期维护提供持续参与的力量。

将场所营造作为重要的行动策略。通过聚焦公共领域，以共商共建共享的在地协作，提升场所的整体品质，增进人与人、人与地方之间的情感联系和认同感，优化多方主体持续营造共同家园的治理网络，从而全面提升社区作为地域共同体、生活共同体和治理共同体的整体场所价值（图8-6）。

（4）创新社区规划师制度，跨学科团队扎根社区陪伴工作

团队工作的一个重要阶段性转型，体现为从单一团队在试点社区开展社区规划活动，转向通过社区规划师制度创新，建构社会力量参与平台，吸引多方团队扎根社区，为基层空间治理提供长期专业支持。

结合北京责任规划师工作，建立"责任规划师–社区规划师"的双师协作机制。前者强调在街镇层面的专业把关和统筹协调；后者注重扎根社区，对接居民需求和开展培力赋能。两者之间通过成员交叉、定期工作会议等协作方式，实现自上而下的资源投放、统筹协调与自下而上的需求表达、特色发展之间的良好对接。

以完善的制度，保障社区规划师团队扎根和持续助力地方发展。一是构建跨学科团队，成员拥有城市规划、建筑学、景观学、社会学、社会工作等多学科甚至跨学科背景；二是强调培育在地力量，"1+1+N"团队中前两者来自清河辖区的企业和枢纽型社会组织，社区规划员来自社区居民；三是通过制度创新保障经费支持，街道以专项经费支持团队建设，实现从传统的"为工程付费"转向"为智力付费"，为高品质团队长期扎根基层、提升基层规划建设的统筹性和连续性提供支撑。

8.2
学院路街道：园校企联动的街区更新

8.2.1 地段概况

学院路街道位于海淀区东部，辖区东至京藏高速公路，与朝阳区接壤，西至京包线铁路和地铁13号线，南至北四环中路，北至学院路科技园，与清河街道接界。地铁15号线横贯东西，小月河连接南北，区域整体呈金字塔形。

学院路街道总面积8.49平方千米，下辖30个社区，常住人口约23万人。辖区内高校院所云集，文化氛围浓郁，集聚了北京科技大学、北京林业大学、北京语言大学、中国地质大学等10所高等院校；来自中国科学院、工业和信息化部、机械工业部、自然资源部等11家国家级科研院所，18家上市挂牌企业，3000多家法人单位常驻于此；有74名院士、100多个国家和地区的8000多名外籍人士在此学习、工作和生活。作为中关村国家自主创新示范区的核心区和科技创新中心核心区的重要区域，是北京市及海淀区科技、文化、教育、央企和居住人口最密集的地区之一。

8.2.2 更新问题界定

学院路街道作为一个建成区超过90%的高度城市化地区，人口密度达2.7万人/平方公里，近40%的面积被"大院"占据，超过55%的道路有围墙。大学、科研院所、商业区、办公园区等各类大院密集分布，使得学院路的街区具有了更为丰富的内涵，同时也造成了较大的街区尺度，生活氛围和步行体验不佳，引发了一系列问题。

2018年起，清华同衡规划设计研究院接受学院路街道的委托，开展了一系列的问卷调查与前期研究。调研显示，尽管近八成受访者都认为学院路最突出的气质就是"学府气息"，但最希望其提升的品质却是"生活气息"；超过九成的人休闲方式是散步，但半数的人认为"家门口没地方散步"，希望有小花园之类的休闲活动场地；中年人是对现状最不满意的人群，七成人平时"没空休息"，近六成人认为"逛周边商场时买不到东西",五成人提出"找不到菜市场"。语义分析显示,居民认为最需要解决的问题主要有违法建设、停车场改造、电梯加装、道路整理、老旧社区脏乱差和绿化不足等。

问卷调查结合实地调研的结果显示,尽管控制性详细规划中已经对学校、医疗卫生设施、一刻钟便民服务设施等公共服务设施都有了较为齐全的规定,但仍不能满足居民的全部需求。面对居民日新月异的切实问题,还需要规划师俯下身子、沉入街区,去了解居民真正的需求。

由此,明确了学院路街道更新工作的主要任务,是以街区为单元,在空间上由过去的街巷覆盖到整个街区单元,在任务上由单纯的环境整治向社会、文化、经济和城市治理等多维度拓展,通过精细化提升城市品质,形成有效联动,激发内在活力,共同推动城市复兴。

8.2.3 更新策略:街区更新"4+1"工作法

清华同衡规划设计研究院作为学院路街道的责任规划师团队,与街道办事处共同探索以街区规划为抓手、吸引各方力量共同参与、促进社会治理创新的街区更新路径。针对新时期基层空间治理的复杂问题,形成街区更新"4+1"工作法,并发布《城市更新与街区治理系列手册》,为基层更新规划工作提供操作指引。

街区更新"4+1"工作法包含街区画像、街区评估、街区更新战略规划、规划实施构成的"4步工作法",以及活动型工具、数据型工具、组织型工具、机制型工具、对话型工具组成的"1套社会创新工具"。

8.2.3.1 4步工作法

"4步工作法"强调以人为中心,以精细化为标准,以问题为导向,以统筹为思维,以实施为目标,帮助街区更新实践者更系统地了解街区,更客观地看待问题,更全局地把握发展,更有的放矢地参与实施。

第1步为"街区画像"。从人口、空间、文化等多维度对街区进行画像,全方位、精细化、深入立体地展现街区的全貌。通过对基础情况调查摸底,为下一步的精细化提升和治理打下坚实基础,也可以作为街道对接年度体检工作的平台。主要包含人口画像、空间画像和文化画像三个维度的主要内容,形成《街区画像》和《空间资源清单》手册(图8-7)。

第2步为"街区评估"。认真调查分析街区发展真问题和短板,判断与上位目标的差距,了解不同群体诉求,通过深入体检和客观评估,寻找街区更新方向。通过大数据研判、实地调研、访谈、调查问卷等多元评估手段,从人与空间的关系、矛盾、需求、差异等方面进行体检评估。主要包含找差距、明诉求、判问题三个步骤,形成《街区体检》和《地区单位需求清单》手册。

第3步为"街区更新规划"。作为对整个地区一段时间内更新工作的顶层设计和统筹

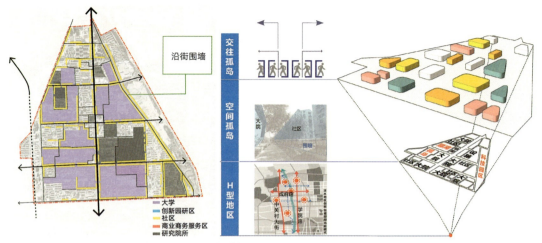

图8-7 学院路街道开放性分析（左）与空间特色分析（右）（资料来源：清华同衡规划设计研究院、学院路街道责任规划师团队提供）

安排，通过制定长期发展目标、针对性更新策略和实施项目库，帮助街道更新工作在整体统筹下有的放矢。主要工作内容包括制定街区更新发展目标、拟定针对性更新策略、搭建实施项目库三部分，形成《街区更新战略规划》手册。规划中明确"街区-社区-校区-园区"四区融合的更新目标，构建向上对接上位规划的区域更新结构和向下指导街区更新的街区更新结构，制定指导街区更新的三种更新模式（院内共生更新、相邻地区共享更新和区域联盟更新），以及整合1年、3年、5年行动计划形成项目库，纳入街道"为民办实事清单"。

第4步为"规划实施"。引导相关各方参与街区更新的全过程，促使存量空间资源与需求升级在功能与品质上的匹配，让空间真正与人发生关系，增加城市的温度，提升城市更新的可持续性。主要工作内容包括调动多方力量、盘活存量空间资源、改善空间品质等。如在石油大院街区，遵循党建引领、资源共享、文明共建、共谋发展的原则，拟定了《石油大院共治共享公约》，打造新老建筑共生、职工居民共生、各类文化共生的"共生大院"，营造健康有机的街区生态。

8.2.3.2 社会创新工具箱

社会创新是由社会成员广泛参与、公开透明、自下而上、分权决策的创新范式。其本质是一种创新的组织范式，是创新的人员和活动新型组织形式。"社会创新工具箱"指通过街区更新实践者的共同探索，不断总结出能够帮助更多人参与街区更新的创新方法。工具箱具体包含以下五类主要工具。

（1）活动型工具：是凝聚共识、传播地区愿景、公众参与的方式。将文化作为街区治理工具，吸引更多个体与社会力量参与街区更新过程，搭建多元参与的平台，培育街区核心价值和集体认同。主要包括"学院路城事设计节"与"北京国际设计周"海淀分会场等公众活动形式。前者自2018年至2020年，历次设计节活动搭建起一个沟通平台，吸引了规划、社会学、品牌营销等30余位各方专家、350余名在校学生、150余名居民、N家商户共同参与，一起探讨学院路街道的街区更新。后者通过结合北京国际设计周海淀分会场，建立了"学院路规划设计馆"，同时多次举办论坛活动和规划宣讲，内容聚焦街区更新的各个方面，聚集各方专家、居民、外国友人等共同探讨城市问题的创新解决方案。

（2）数据型工具：运用大数据和系统性思维整合分析零散数据，寻找相互关系，模拟街区场景，精细化管理街区数据信息，同时对接城市网格化管理。学院路责任规划师团队研发街区更新数据平台，从街区画像、街区评估、宜居生活三个板块对街区整体情况进行数据管理和直观展示，给予政府管理者和规划师判断问题的客观依据，并引入互动地图模块，实时反馈居民实际需求。

（3）组织型工具：在城市精细化治理的背景下，将价值观相近、目标相同的主体统筹、协调起来，形成更大合力，协同解决街区更新规划中的复杂问题。在学院路的实践中，这类工具主要包括"五道口街区规划与城市更新设计联盟"，以及"泛学院路街区规划与城市更新设计联盟"。前者包含市规划和自然资源委员会海淀分局、东升镇、中关村街道、清华园街道与学院路街道，以多部门协同、各街道合作为初衷，通过信息共享、协商合作的工作方法，对五道口的交通、业态、公共空间、绿化等诸多方面进行针对性改造升级，致力于将五道口地区打造成为国际化氛围浓厚的海淀区标志性区域之一。后者由市规划和自然资源委员会海淀分局统筹，联合北太平庄街道、花园路街道、清河街道与学院路街道，共同打造集优质教育、高精尖科研与科技创新为一体的产、学、研综合走廊，共同推动地区发展。

（4）机制型工具：通过调动地区社会资源、动员人民力量、打破行政壁垒，让各界力量成为参与街区更新规划与社会治理的"生力军"，切实解决基层"看得见的管不了、管得了的看不见"的问题。学院路街道通过地区党建工作协调委员会逐步完善了"两层级、多平台"的区域化党建模式。街道党工委充分发挥总揽全局、协调各方的作用，与地区大单位、科研院所、非公企业及各社区党组织一道，以党建工作为引领，区域联动，规划先行，首创了"党建引领，四区联动"的学院路发展模式，即街区、校区、园区、社区融合互动，通过一系列治理举措，改善地区环境，提高城市品质，初步形成"一体双向三维多平台"，以党建为引领搭建地区柔性关系网络，进而推动新型城市形态构建。

（5）对话型工具：坦诚对话是促进居民参与街区更新、建立社会信任的基础。通过多元的会议方式，提升沟通效率，激发更多思考，实现有效对话。学院路以"世界咖啡"与"开放空间"的会议技术作为对话性工具。前者如2019年5月"点靓学院路"主题论坛期间，通过邀请各位中外专家和居民，围绕"我们未来的学院路及行动"主题，采用"世界咖啡"会议形式，通过分组动手、动脑达成共同的治理愿景和行动理念。后者如"2019学院路城事设计节"系列活动之"老外说学院路——畅想成府路"期间，采用"开放空间"会议技术,邀请中外学生和居民一起畅想成府路,绘制自己心中的成府路改造方案,共同构建居民满意的美丽街区。

8.2.4 学院路"城事设计节"

学院路街道办事处联合清华同衡规划设计研究院规划师团队和城市营销团队共同策划和主办,发动辖区内众多高校、社区、园区、单位协办,通过2018~2020年连续三届"学院路城事设计节"系列活动的展开,按照发现、共享、创建的工作推进,建立街区规划共建共治平台,吸引各界力量共同参与街区更新与提升(图8-8)。

2018年第一届"城事设计节"以"发现学院路"(Together We Found)为主题,旨在通过政府、责任规划师、地区资源、社会力量多方的共建、共治、共享,用设计和创意"点靓"学院路,激发地区资源聚集和互动,使人人都有机会参与地区建设,为地区规划建言献策,努力做共享开放的践行者。活动包括"发现学院路""研究学院路""设计学院路""热爱学院路"四个阶段,以学院路街道辖区为范围,从街区更新、城市家具、街道认知地图等多个角度,面向社会征集创意提案和设计方案,得到辖区居民、高校和中小学师生、设计机构等的积极参与,吸引各方力量共同参与街区更新。获奖项目二里庄斜街墙绘项目在2019年施工完成,期间结合街区"小小设计师"活动,还吸引了石油附小二里庄校区同学们的共同参与,将原本整治后单调乏味的大白墙,变成了充满色彩与活力的街道空间(图8-9)。

2019年第二届"城事设计节"的主题为"共想学院路"(Together We Design),强调以最终实现"共享"为目标,在共同思考、共同分享的基础上,实现"街区更新、社区营造、品牌再造"的目标。通过社会共绘"学院路街道地图"和"我的理想街区",征集市民对街区的愿景展望,发现"居民自治""加强管理""环境整治"三个词成为出现频率最高的词汇;与知乎合作,在线上开设"街区、园区、校区、社区,你最想住哪一区?"专题

图8-8 2018~2020年学院路"城事设计节"(资料来源:清华同衡规划设计研究院提供)

图8-9 更新后的二里庄斜街

栏目,吸引超百万用户关注,并收到众多精彩的评论及回答;举办"老外说学院路——畅想成府路"活动,吸引来自辖区内4所大学、10个国家的20余名外国友人参与,共同探讨国际化视角下成府路改造提升方案;组织"点靓学院路"主题论坛和工作坊、"开放空间盐沙龙"等活动,推动专家学者、责任规划师、社区工作人员、高校学生、居民代表共同交流社区营造与治理思路,并形成社区垃圾分类、社区花园、儿童友好社区、如何介绍学院路、街区口袋花园等未来街区更新的重点议题。

2020年第三届"城事设计节"的主题为"创健学院路"(Together We Build)。从"共健社区花园""一起垃圾分类""高校社团进社区"和"共创学院路"4个方向展开各类活动,响应疫情下人们对大健康的关注和期望,同时结合北京市深入推进的生活垃圾分类工作,力图推进文明风尚养成、城市精细化治理探索和新型城市形态理解。社会参与方更加多元,包括海淀区委宣传部、北京市规划和自然资源委员会海淀分局、海淀区城市管理委员会、学院路街道办事处、海淀区文明志愿者协会、清华同衡规划设计研究院城市更新研究所和营销研究所等7家联合主办单位,以及25家协办单位。陆续举办"社区花园创健沙龙""我的城市我的事"街道人才培养计划,以及多场线上系列沙龙等活动(图8-10)。

图8-10 "城事设计节"活动现场（资料来源：清华同衡规划设计研究院提供）

8.2.5 石油共生大院

石油共生大院位于学院路20号石油大院内，地处学院路街道较核心的位置。大院始建于1953年，原为"八大学院"之一的"北京石油学院"所在地，也是我国石油行业的重要研发聚集地，集教学、科研、办公、居住于一体。

大院经历半个多世纪的变迁更替，形成现在土地使用、建筑空间、人员构成等高度混合、产权关系复杂的状态，2000多平方米建设空间里就有6家产权主体，而建筑年久失修、公共服务缺失、安全隐患严重、混杂业态扎堆、环境秩序混乱、人员结构复杂、社区归属感差等问题，也导致居民不愿意到此活动，缺乏共商机制。这些问题也是典型的"后大院时代"的真实写照。

2018年，主要是查找问题与资源，进行社区画像和评估，以谋求共识。从西北角平房的脏乱差治理开始，联合责任规划师、社区营造师、社会组织、媒体、专家、居民等，共同开启石油共生大院的更新和复兴之路。责任规划师团队通过街区层面的体检，明确地区真实需求和问题，并通过大数据研判、实地调研、访谈、调查问卷等方法综合评判问题，最终形成完整的街区评估报告，为后期达成共识打下了较好基础。

2019年是工作重点，通过获得权力主体支持，取得各方对于问题、解决方案、方案实施的共识。以党建工作协调委员会作为机制型工具，在"党建引领""四区联动""多元参与、协同共治"的理念指导下，与相关权属单位、商户、居民不断沟通思路，磋商研讨，通过坦诚对话建立信任感，激活了石油大院内部单位与单位之间、职工与居民之间的关系网络，最终达成建设"石油共生大院"的共识。经过各方努力，基于各方主体的发展诉求，形成共生大院"六区一站"的功能模块，包含文化空间、党建空间、美食空间、便民空间、亲子空间、健康空间以及社区工作站。

2020年是建设和运营阶段，开始拆违腾退，整治和清理空间。先后拆除了500多平方米违章建筑，消除了安全隐患，为后期优化提升提供可能。拆除了围墙，共生大院向社会开放，成为15分钟社区生活圈的重要服务节点。同时深耕细化石油大院的建设方案，以自然生长和谐共生作为设计的核心理念，凸显了大院的原生文化特质。在尊重石油大院原有风貌和文脉的基础上，利用既有建筑进行更新，注入新功能、新元素，并通过复合式的利用方法，实现社区园区居民职工大院与市井文化的和谐共生。多元参与的共建方式也为后期建设注入活力。为推动各单位深度合作，维系长效运行机制，共生大院积极倡导"政府+单位+社会+居民"四方共建，并采取了"院委会+督导组+顾问团+社会组织+志愿者"五方共管的模式。还组织大院单位签订了《大院文明公约》，建立了组织共建机制、议事决策机制、信息共享机制等一系列工作机制，从而为共生大院赋予了新动能和新活力（图8-11）。

未来，共生大院的更新设计中将进一步挖掘周边高素质人才需求，融入慢行空间、咖啡馆、便利店、科技创新服务等多种内容，结合成府路国际人才大道、五道口地区国际人才社区试点建设，打造5~15分钟生活–创新–学习圈，发挥科技创新交流和文化氛围营造的带头作用，持续提高城市空间及服务品质，形成具有海淀特色的共享生态。

图8-11 学院路石油共生大院更新前后对比（资料来源：清华同衡规划设计研究院提供）

8.2.6 特色总结

学院路街道依托街区更新"4+1"工作法和"城事设计节"等系列活动，在街道层面搭建社区更新工作平台，通过"街区更新提品质、共治平台凝共识、社区营造促治理"三位一体的方式，构建地区良性互动的社会治理创新生态系统，在弥补公共服务短板、提升城市空间品质、提高城市管理效率和促进社会治理创新等方面做出了积极尝试（图8-12）。

总结学院路街道街区更新工作的特色主要体现在以下方面：

（1）突出规划引领，整合区域资源融入街道工作

按照海淀区要求，组建"1+1+N"街镇责任规划师团队，搭建综合协同规划平台，全方位系统化融入街道工作。针对大院壁垒、协作失灵的治理困境，通过深入立体的街区画像和细致全面的街区评估，开展系统的空间摸底与城市体检，梳理地区需求与发展短板，

图8-12 学院路街道"三位一体"社区更新工作平台（资料来源：清华同衡规划设计研究院、学院路街道责任规划师团队提供）

形成街区更新规划系列手册；协同街道进行城市品牌规划，提出"科创之源，学府智城"的总体定位和打造党建引领"街区、校区、园区、社区"四区融合的城市新形态的目标；与周边街镇联合成立"五道口街区规划与城市更新设计联盟""泛学院路街区规划与城市更新设计联盟"，探索跨区域街区更新模式；落实全市街道工作会议精神，探索以街区为单元的城市更新治理模式。

（2）丰富参与平台，发动多方协作激发社会活力

倡导多方参与规划，搭建平台畅通渠道，举办分区规划系列宣讲、公众咨询等丰富活动。与街道一起打造由130位高校院所专家组成的学院路发展智库，成为地区规划发展的智囊团，整合各方资源共同"点靓"学院路；连续三年以"发现学院路""共想学院路""创健学院路"为主题，举办"学院路城事设计节"，内容涵盖环境改造、园林绿化、文化提升、城市家具、便民服务等多个维度，已打造成为调动地区高校院所和社会各方面规划设计力量广泛参与城市规划建设和治理的知名品牌，并吸引了大量社区工作者和居民的积极参与。与市规划和自然资源委员会海淀分局一道，开展了国际设计周海淀分会场活动，建设的京张铁路遗址公园五道口启动区正式开放，举办了海师·海诗"约会五道口"城市更新荟，集中展示街区规划和城市更新成果，期间举办了规划论坛等二十余场丰富多彩的活动，吸引近10万人参观。

（3）聚焦街区更新，强调落地实施优化民生服务

按照精治共治法治要求，坚持问题导向，对接群众需求，针对城市功能短板开展街区更新，精细化提升城市品质。街道会同辖区内外专业高校，将"城事设计节"与教学实践、课题研究等结合起来，落地实施二里庄斜街、成府路环境提升等项目，推出《学院路街道手绘地图》等成果；在第一届"城事设计节"获奖作品的基础上，继续优化方案推进落地实施，形成"焕新五道口"街区更新项目库，分阶段、分步骤实施整治提升措施。其中，二里庄斜街墙绘、五道口嘉园小区东南门增设人行通道等项目已建设完成并投入使用，获得居民的诸多好评；激活消极空间，在规划整理的基础上建设16处口袋公园，增加绿化面

积5000多平方米，将荒废近10年的马家沟地块改造提升为逸成体育公园，利用低效空间建设石油共生大院；规划提升背街小巷颜值与内涵，实施城市针灸，进行微更新，以点带面提高公共空间品质，如对小月河沿岸环境进行设计，推进城市生态修复，以多重手段提升居民的满意度和幸福感。

（4）联动社区治理，通过社区营造实现生态重塑

将街区规划向社区延伸，推动街区更新与社区营造的双向联动。以复杂的老旧小区二里庄为试点，开展"社区营造工作坊"，完善社区单位、物业、专家、社会组织等多方参与治理结构，引进社会组织，孵化培育社区社会组织30多个，制定《社区营造三年行动计划》，共建"美团社区实验室"，打造党群服务中心和新时代文明实践中心；与石油大院内七家单位达成发展共识，召开"吹哨报到"恳谈会，签订《石油大院共治共享公约》，拆违治脏治乱，促进互相开放空间和活动资源，腾退2000多平方米作为公共空间，建设新老建筑共生、职工居民共生、各类文化共生的"共生大院"。

8.3
劲松北社区：党建引领、企业推动的老旧小区改造

8.3.1 地段概况

▶ 劲松小区位于朝阳区东三环劲松桥西侧，距离北京CBD仅2公里。小区始建于1978年，是改革开放后北京市第一批成建制住宅区，包含劲松一区至八区共8个区域（图8-13）。总占地面积104公顷，建筑面积78.6万平方米，居民总户数约1.5万，总人口数约3.8万。总体而言，作为典型的老旧小区代表，这里居民的老龄化程度和流动性都较高，老年住户占比39.6%（其中独居老人比重达52%），出租率37%，二手房年换手率3%。

"十二五"期间，劲松小区已经完成抗震节能改造，但基础设施、物业管理和社区服务等方面仍存在不足，有待在老旧小区综合整治工作中进一步改善提升。

劲松北社区（辖劲松小区的一、二区）被列入2019年老旧小区综合整治项目，作为劲松综合整治项目的先行试点示范区。社区总

面积0.26平方公里，总户数约3600户，户籍居民约9500人，其中60岁以上老年人占比近37%。

8.3.2 主要问题界定

愿景集团在劲松北社区的前期调研显示，社区内的主要矛盾集中在基础设施陈旧、生活服务不足、人际关系疏离等方面，尤其围绕公

图8-13 劲松小区区位和构成（资料来源：愿景集团提供）

共环境品质、楼梯和设施质量、停车等问题，是各年龄段群体不满意度都高度集中的地方，并以老年群体的不满情绪最为严重（表8-1）。这一点在其他老旧小区中也是较为普遍的现象——老年人作为对小区依赖性最强、环境敏感程度最高的人群，对公共环境和服务设施等相关问题的反应通常最为突出。

劲松北社区居民调研反映各群体的不满之处   表 8-1

不满之处	合计 2380人	青年 590人	中年 1010人	老年 780人
公共环境差	43%	41%	42%	68%
楼体和基础设施老旧、破败	40%	39%	43%	67%
停车问题	29%	19%	35%	42%
缺乏公共空间	18%	19%	17%	29%
上下楼不便	14%	15%	14%	24%
商业配套不足	12%	8%	14%	22%
社区服务不足	8%	3%	12%	12%
安全没有保障	7%	10%	5%	12%

资料来源：愿景集团提供。

除此之外，劲松小区长期以来都没有建立专门的物业管理制度。小区内房屋权属复杂（8成以上为未收取物业费的房改房，还有直管公房和收取物业费的商品房各占近1成），企事业单位物业管理移交不畅，加上部分居民尚未形成对物业交费的习惯和共识，物业公司一直进驻困难。较长时期以来，都是由劲松街道提供保洁等基本服务，服务人手和专业性相对有限，只能做到兜底，导致公共空间环境和服务品质整体较差。

2018年以来，劲松街道积极探索建立党建引领老旧小区有机更新长效机制和共治平台，引入以愿景集团为主体的社会力量，探索党建引领、企业推动下的多维度、全要素老旧小区更新模式。针对调研中发现的问题，劲松北社区更新改造的主要内容包含引入物业的社会性改造和公共空间的物质性改造。

8.3.3 引入物业的社会性改造

引入物业的社会性改造是劲松北社区更新的关键环节，也是物质改造得以顺利推进和长效维护的前提和基础。

2019年3月，劲松街道、劲松北社区居委会、房管所和愿景集团就物业方案对居民进行宣讲，并召开协调会议；同时成立确权工作小组，启动物业确权工作。通过张贴物业企业选聘公告，召开多场居民议事会、楼门长宣传贯彻会，全面摸底居民意向。同年5月，实现了入户表决双过半，诚智慧中物业（愿景集团下属物业公司）顺利进驻劲松北社区。

老旧小区物业与社区服务工作由街道办事处的托底服务，转向了以市场化运营为主的四方面服务，包括住户服务、工程服务、保安服务和保洁服务，并力求在服务内容和服务品质上实现全方位提升。如客户服务方面，为每个楼栋专门配备客服管家；工程服务方面，以往设施维修问题需要居民自行判断或多头咨询街道、房管等部门，转为所有问题直接对接物业；保安和保洁服务方面，设立专人专岗，并通过人脸识别、智能垃圾分类等进行技术赋能。

8.3.4 公共空间的物质改造

劲松北社区的物质性改造以公共空间为核心，重点聚焦在以下六个方面：

（1）夯实公共安全，打造平安社区

实施消防安全基础工程，畅通消防通道，改造消防隐患护栏，规范电动车充电，清除楼道堆置物，开展社区消防培训；科学布设治安岗亭、应急救援站、"雪亮工程"视频系统等基础设施；实施架空线入地，重点把控水、电、气、热等公共安全关键要素，建立严格的日常管理制度和应急管理预案；合理配置物业管理"专职管家"，建立有机融合的日常治安防控队伍及常态化治安巡控机制，配合落实网格化服务管理。

（2）实施精细管理，打造有序社区

加强社区功能性改造，合理设置社区人、车出入通道，总体实现社区人车出入相对分离；规划完善社区人、车交通动线，改造相关设施，打通交通微循环；建成社区停车管理系统，通过重置社区内车位、建设立体停车设施、整合社区外停车资源等方式最大化停车位数量，完善社区居民常停车辆、临停车辆、外来车辆区分管理制度；系统改造自行车停放设施，有针对性地满足电动自行车停放、充电等需求。

（3）着眼民生需求，打造宜居社区

改造社区公园，实现集园林绿化、体育健身、休闲交流、文化宣传等多功能于一体；完善社区绿化景观建设，因地制宜打造更多身边"小景观"，营造社区"大景致"；合理规划、引入早餐店、菜市场、修补站、老字号、便利店等便民服务业态；系统改造现有自行车棚，除满足停车需求外提供更多便民服务。

（4）聚焦适老改造，打造敬老社区

完善社区公共场所、楼门入口、楼道等场所无障碍设施，结合实际加装电梯；建设社区老年食堂，按现有政策对不同年龄和身体状况老人落实优惠待遇；物业服务建立孤寡老人、高龄老人、重症老人等群体定期走访、精准服务制度；针对独居老人家庭，配置直通物业的报警求助装置。

（5）唤醒荣耀记忆，打造熟人社区

设计、建设具有鲜明特色的劲松社区颜色及标识系统；建设劲松文化墙，完善文化宣传展示设施，凝聚乡愁元素，唤醒荣耀记忆；在居委会指导下加强多种类兴趣社群运营，定期开展惠民公益演出和特色活动，恢复邻里关系，打造熟人社区。

（6）引入科技手段，打造智慧社区

打造劲松网上社区，推广使用集门禁、安防、停车、电梯、智能垃圾分类回收、自行车充电、便民服务支付等多功能合一的社区智能服务一卡通"劲松卡"；打造开放的社区积分云平台，接入各类商户，居民通过参与活动获得积分，实现线上线下消费抵扣；结合居民尤其是老年人实际生活需求，不断完善好用管用的社区智慧治理解决方案。

在示范区，聚焦居民意见最突出的公共空间环境、服务和停车等问题，首先针对社区内主要公共空间和服务设施进行改造提升，主要集中在："一街"（劲松西街），"两园"（社区活力公园、209号楼社区温馨花园），"两核心"（劲松北社区居委会/服务站、物业服务中心/物业党支部），"多节点"（入口大门、配套服务设施、文化展示长廊、公园入口等）。总计包含21类、51项改造内容（表8-2）。

在规划设计阶段，设计团队积极与街道责任规划师、专家学者、高校师生开展合作，统筹连接街区、社区、邻里三个层面，使老旧小区改造与街区规划更好地融合起来，同时充分倾听和征集居民意见，实现空间改造方案与居民生活需求充分对接。例如，与中央美术学院师生合作，对既有自行车棚进行立面改造和功能提升，并由居民投票决定方案。最后的实施方案中，植入了物业服务中心、匠心工坊、面食工坊、电动车自助式充电桩等新功能，实现闲置空间的高效再利用（图8-14）。

图8-14 劲松北社区改造后的自行车棚（左）和社区花园（右）

劲松北社区改造内容 表8-2

空间	序号	改造类别	序号	细项	所在区域	说明
街区	1	劲松西街	1	劲松西街强电架空线入地	示范区	架空线入地
			2	劲松西街弱电架空线入地	示范区	架空线入地
			3	劲松西街文化长廊（景观）	示范区	劲松西街西侧
			4	社区大门	示范区	劲松西街
			5	人行步道翻新	示范区	劲松西街两侧
			6	沥青路面翻新	示范区	劲松西街
社区邻里	2	停车管理	7	车辆出入口及道闸管理（安防）	一、二区	各院落出入口
			8	停车位及车辆交通动线规划管理	—	小区内部微循环
	3	安全	9	楼单元门禁（安防）	示范区	209号楼5个单元门
			10	社区内监控（安防）	示范区	社区道路转角处监控
			11	周界管理（安防）	示范区	社区门禁
			12	应急救援亭	示范区	—
	4	景观	13	劲松公园（景观）	示范区	劲松公园
			14	209号院公园（景观）	示范区	209楼北公园
			15	健身、娱乐设施	示范区	乒乓球桌、象棋桌、儿童设施、塑胶跑道
	5	标识系统	16	标识、导视	示范区	示范区标识
	6	灯光系统	17	照明系统（景观）	示范区	示范区西街路灯、公园景观灯
	7	无障碍	18	公共区域无障碍设施及适老化改造（景观）	示范区	居委会、219、209、劲松公园等
	8	地锁拆除	19	地锁拆除	一、二区	一、二区内部地锁
	9	志愿服务岗亭	20	志愿服务岗亭（建筑单体）	示范区	209号院公园、劲松公园、5号车棚西侧
	10	展示	21	展厅及展示屏幕	示范区	—
	11	环保	22	垃圾分类	示范区	智能垃圾回收箱
单体建筑	12	拆除重建	23	114号楼拆除重建	一区	114号楼
	13	电梯加装	24	219号楼完成施工2台	示范区	219号楼北侧2-3单元
	14	居委会	25	居委会楼（建筑单体）	示范区	218号楼
			26	社区卫生服务中心（建筑单体）	示范区	社区居委会楼里北侧
	15	立面	27	线缆规整（建筑单体）	示范区	209、219号楼
			28	水泵房外立面改造	示范区	219号院内
			29	社区警卫工作站	示范区	居委会南侧
			30		劲松西街	旺柜生鲜超市外立面改造
			31	5号配套用房（建筑单体）	劲松西街	旺柜生鲜面馆外立面改造
			32		劲松西街	美容美发外立面改造
	16	车棚	33	1号车棚（建筑单体）	一区	111号楼北侧
			34	2号车棚（建筑单体）	一区	118号楼西侧
			35	3号车棚（建筑单体）	一区	130号楼北侧

续表

空间	序号	改造类别	序号	细项	所在区域	说明
单体建筑	16	车棚	36	4号车棚（建筑单体）	示范区	209号楼北侧
			37	5号车棚（建筑单体）	示范区	205号楼北侧
			38	6号车棚（建筑单体）	示范区	218号楼一层西侧
			39	3区314号楼自行车棚（建筑单体）	三区	3区314号楼南侧
			40	农光里106车棚（建筑单体）	农光里小区	农光里106号东侧车棚
	17	配套用房	41	1号配套用房（建筑单体）	示范区	218号楼东侧
			42	2号配套用房（建筑单体）	示范区	212楼北侧西段
			43	3号配套用房（建筑单体）	示范区	211楼北侧西段
			44	4号配套用房（建筑单体）	示范区	209号楼北侧西段
			45	5号配套用房（建筑单体）	劲松五区	513号楼西侧
	18	公共卫生间	46	便民公厕更新（建筑单体）	劲松西街	220楼北侧东段
	19	党建活动室	47	209号楼公园内（建筑单体）	示范区	—
	20	劲松园内活动中心	48	劲松公园内（建筑单体）	示范区	—
IT	21	中控机房	49	中控室	二区	—
		连接网络	50	连接网络	一、二区	—
		信息化应用	51	线上劲松小程序	二区	—

资料来源：愿景集团提供。

改造后美观舒适的公共空间，为居民提供了茶余饭后休闲活动的场所，促进了邻里间的交往和连结。特别通过使用后评估和持续性改造，设计师观察居民的空间使用行为和需求后，不断优化提升方案，以精细化和人性化设计，为老人、孩子等群体的日常活动营造了安全与便利的良好环境。例如，对人行道上的树池用透水石铺砌，并做平整化处理；利用树干上"S"形挂钩提供临时挂物处，有效避免了原来钉子造成的安全隐患；在乒乓球台上方添置遮阳棚，为打球群体提供遮阳避雨的空间，进一步提高了活动场地的使用率等（图8-15）。

图8-15 应对居民需求，增设的遮阳棚（左）、座椅扶手（中）和晾晒杆（右）

更重要的是，通过将闲置空间改造为便民设施，为社区提供更加多样的生活服务，并吸纳居民和原服务群体为他们提供再就业机会，尽可能维系传统邻里关系网络。例如，引入百年义利等老字号商户；将在劲松西街为居民露天理发20余年的理发师夫妇，引入改造后的理发店，继续为老邻居们提供服务；原在自行车棚长期从事看车服务的师傅，被吸纳成为新物业保洁队的成员；原为居民提供洗衣、改衣、修鞋、配锁等便民服务的师傅被吸纳入驻改造后的匠心工坊。

有活力的公共空间更能成为增进社区活力、增强社会组织能力建设的基地。愿景集团通过成立专门的社区运营部门，推动社区的兴趣团体建设和社群运营，定期开展文体、健康、学习、亲子、节日类特色社区活动，激活各类社会组织，加强邻里关系和社会联系。例如，将闲置空间改造为"社区美好会客厅"，定期举行针对不同人群的课程和兴趣活动，如周末观影、消夏市集，以及教授老年人使用智能手机等，吸引不同年龄段的众多居民积极参加。

8.3.5 特色总结

总结劲松北社区更新案例成果，最为突出的是有效引入企业社会力量，与街道、社区协同形成合力，通过社会资本投入、专业物业引入、公共空间改造引领、社区参与运营提质等整合路径，为老旧小区的更新改造提供了有效借鉴。项目荣获城市土地学会（ULI）2020年"亚太卓越奖"。

具体而言，其主要特色包含以下几个方面。

8.3.5.1 发挥党建引领核心作用

建立"区级统筹、条块协同"领导机制，朝阳区委成立老旧小区更新提升工作专班，副区长挂帅，相关委办局、街道办事处和愿景集团参加，重在把握方向节奏、解决瓶颈问题、抓好督促落实。

打造"五方联动、闭环管理"工作平台，街道工委成立试点社区工作推动小组，对接区委办局、街道办事处、社区居委会、居民和愿景集团，搭建多元主体全流程管理平台（图8-16）。

建立劲松北社区"党建共同体"，劲松项目物业服务中心入驻后第一时间成立党支部，社区党委牵头联动物业党支部、居民党支部、房管所党支部、劲松项目临时党支部，实现组织联建、工作联合、党员联动。

发动"社区党委带头、党员示范带动"网络。社区党委组织发动楼门党小组和党员等基层党建网络，对于项目设计、改造、运营等重要内容，逐门逐户沟通联络，凝聚共识。

图8-16 劲松模式"五方联动"工作平台（资料来源：愿景集团提供）

8.3.5.2 坚持"共同缔造"和参与式治理

了解居民需求，作为更新项目的核心导向。依托"居委会-小区-楼门"治理网络征求居民意见。通过前期发放2000余份调查问卷，召开多次党小组会、居民议事会、楼门长会，了解居民需求，征求改造意见，并按照居民意见引入百年义利、匠心工坊等服务业态；在自行车棚改造、停车管理、电梯加装等过程中创新"企业献计、居民共议、政府把关"模式，由居民代表评选决定最终落地方案；以"居民过半、建筑面积过半"的"双过半"形式顺利引入物业服务。

推动居民参与，作为更新项目的价值追求。通过多种渠道引导居民关心和参与社区公共事务，在共建共治中协调不同群体利益诉求。提高居民民主协商水平，探索建立社区服务积分奖励体系（居民参加社区共建共治活动获得的积分可以冲抵物业费等），支持社区居民为社区服务，社区理发店、便民店、物业保洁等社区服务岗位吸纳居民以专兼职形式承担，激发社区参与感和主人翁意识。

获取居民意见，作为更新项目的效果评价。依托"五方联动、闭环管理"工作平台和社区"党建共同体"，居民意见及时得到反馈，将居民评价作为街道和社区监督企业服务的最主要依据。

8.3.5.3 创新企业力量参与机制

劲松街道和愿景集团签订了20年的长期战略合作协议，以愿景集团为主体开展社区公共空间更新改造，并提供专业化的物业服务。

一是探索老旧小区改造-经营相联动的微盈利模式。对于政府老旧小区综合整治菜单中的基础类项目，由街道按程序申请市、区两级财政资金进行改造，自选类项目及其他提升经费由愿景集团自有资金投入，截至2019年底，愿景集团已投资约3000万元。劲松街道、朝阳区房屋管理局授权愿景集团对社区闲置低效空间进行改造提升，引入便民服务业态，通过物业服务、停车管理、空间租金的收入以及未来可能落地的养老、托幼、健康等产业，据测算在微利情况下预期20年收回项目全部投入。后期在稳定现金流基础上，通过金融机构投资等方式，形成更新长效发展的融投资机制。由此，通过改造激活闲置空间，引入新业态新服务，实现空间基本无增量的前提下，以服务增效、场所增值带来的经营性收入部分平衡改造费用。

二是前置引入专业化物业服务，助力更新项目的信用基础和后期维护。传统上，通常认为物质性改造是社会性改造的基础，进行物质改造之后才能方便物业进驻。劲松模式探索了物业先行入驻，同步协助物质改造的有效路径。街道和愿景集团以与房管所物业收费基本持平的低价格，提供涵盖4大类52项的清单式服务，并以"先服务、再体验、后收费"方式，让居民逐步接受物业服务付费理念。由此，通过取得居民信任，建立良好和谐的社会网络，在物质改造的前期方案设计、中期施工建设、后期运营维护等方面都更容易取得共识。例如，在改造之前，通过居民议事会、入户问卷发放、现场路演等多种形式，全面了解小区真实存在的问题，并根据不同群体的多样化需求，制定改造方案，做到对症下药、精准施策。在面对设计方案选择时，也把决定权交给小区居民。此外，街道设置为期3年的物业扶持期，通过政府补贴等措施帮助物业公司度过缓冲期。

8.3.5.4 聚焦"多维度""全要素"，设计改造运营一体推进

一是科学设计，"一张蓝图"管到底。由愿景集团统筹，借助街道责任规划师、第三方机构等专业力量，形成涵盖功能提升、建筑空间、市政管线、安防消防、交通规划、停车管理、景观规划、配套设置、标识系统、便民服务、社区文化等在内的规划总图，确保不同维度、环节的工作有效衔接，服务聚焦。

二是高效建设。在"一张蓝图"指引下，立足老旧小区实际情况深化技术标准和施工作业流程，制定包含4大类、16小类、30余项的专项作业方案，明确标准、责任和计划进度，避免"拉链式"施工，最大限度减少对居民生活困扰。

三是公共空间改造引领。通过绿地、活动广场、主要街道等公共空间改造介入，成效快且显著，有助于获得居民认可，便于后续其他要素更新的推进。

四是整合运营。关注后期社区治理及社群营造，积极引入社区服务团队和各类社会组织，并将运营和共治活动的需求前置引入空间规划和改造设计。建设"社区美好会客厅"，用于举办市集、观影等社区活动和便民服务，营造充满活力、培育认同感的社区公共空间（图8-17）。

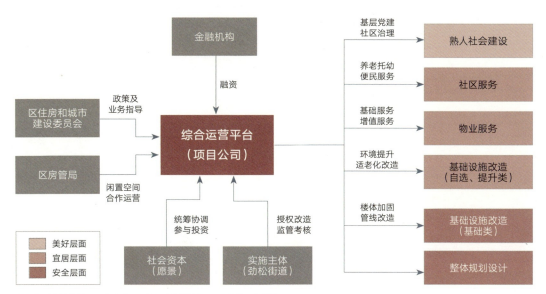

图8-17 劲松北社区更新组织示意图（资料来源：愿景集团提供）

第 9 章 基于触媒的微空间更新

9.1 地瓜社区：地下空间的再利用与活化

9.2 微花园：胡同院落绿色微更新

9.3 公共空间方案征集：全民参与的空间品质提升

随着存量更新阶段大规模更新改造的难度日益提升，基于触媒的微空间更新逐渐兴起，强调针对城市中衰败、活力不足的小尺度空间，例如闲置地下空间、废弃或边缘化的小型空地、缺乏维护的绿地、待提升的老旧建筑等，通过功能调整、空间修补、艺术创新，以小范围、低成本、低门槛、广参与的形式，由政府、专业团队与公众通过共商共建共治，以微小的切入点激活社区，增进居民认同感。

本章选取了三个特色案例，分别是以地瓜社区为代表的地下空间活化利用、以微花园为抓手的胡同院落绿色微更新，以及依托公共空间方案征集推动全民参与的空间品质提升。

9.1
地瓜社区：地下空间的再利用与活化

9.1.1 项目源起与理念

▶ 　2011年，北京市民防局开始集中对人防工程的散居户进行全面清退，大量原被非法侵占或使用的地下空间得以清理出来。同年修改的《北京市人民防空工程和普通地下室安全使用管理办法》规定，"平时使用人民防空工程应当优先满足社会公益性事业的需要，居住区内的人民防空工程应当优先满足居住区配套服务和社区服务的需要"。特别那些大量位于中心城区老旧小区的地下空间，如能通过合理的空间改造和功能植入，可以有效弥补现状公共空间资源紧张和服务短缺的问题，提升空间品质和资源利用效能。

"地瓜社区"项目的出现，正是应对上述背景，探索将社区地下闲置空间改造成社区居民的共享空间，并在空间内以各种新颖的活动形式吸引社区家庭来交流体验，营造邻里相识相知、互动协作的生活氛围和和谐诚信的社会网络，鼓励居民利用自己的知识和技能直接在社区内为邻里提供服务，让每个人在家门口实现自己的价值，在社区生活中收获安全感、归属感和参与感。

根据地瓜社区创始人周子书介绍，2013年他萌生地下空间改造的想法后，通过地下室调研，对房东原来玩游戏的房间进行改造，并开展了"技能交换"项目，相当于"地瓜社区"的前身（图9-1）。

继而在回国后，于2015年初正式创立"地瓜社区"。

地瓜社区名字的由来有两种诠释：一是地瓜意味分享，在周子书的记忆里，冬日里朋友与他分享热腾腾的烤地瓜，象征着温暖和守候；二是根据法国哲学家德勒兹的"块茎说"，地瓜社区就像一个块茎系统，根、枝、叶自由伸展和播散，不断产生差异和新的连接，生长出无数可能。

在地瓜社区的宣传手册上，写着这样的营造理念："帮助社区居民利用自己的技能为本社区提供服务，营造平等、温暖、好玩的社区共享文化。""地瓜"不仅有接地气、大众皆爱之特质，表达扎根社区，深植于地方百姓的日常生活中，还象征彼此连接、传播扩散的扩展形式。"共享"体现在将闲置的地下空间作为新的社区共享文化空间，让大家在公共资源的使用中有所收获。

图9-1 2013年改造前房东的游戏屋（左）与改造后开展的"技能交换"项目（右）（资料来源：地瓜社区提供）

9.1.2 项目运作模式

地瓜社区自我定位为一个整合空间设计、服务设计、产品设计、平面设计、组织设计为一体的社会创新设计项目，旨在通过改造城市社区的闲置空间，激励更多居民在公共空间创造更多的公共产品，并服务于更广大的公众，帮助年轻的"北漂族"通过技能交换，在城市中获得新的发展。同时，也是创新性公益探索项目。通过与政府签订战略合作协议，政府提供场地支持，地瓜社区孵化在地社会组织，帮助其与政府对接，部分依托政府购买社区服务的方式，成为整合社区公益服务供给、个体技能交换、社会资源连结的平台。

其运作模式体现为"设计整合+产消一体+共创共享+居民参与"。

（1）设计整合。通过整合设计师、政府、高校、社区、企业等各方社会力量，开展紧密合作，完成空间选择、设计改造、运营及居民动员等全环节，最终实现地瓜社区的落地呈现。

（2）产消一体。将社区闲置的地下空间改造为"社区共享艺术客厅"和"社会诚信网络"，每个居民既是空间和服务的消费者，也是提供者，居民可以利用自己的知识和技能直接在社区内为邻里提供服务，参与公共空间的运营和管理。如社区里的全职妈妈，每天傍晚帮助其他家长把放学后的孩子接至地瓜空间，并辅导绘画等课外技能，照顾自己孩子的同时还能有一定收入。

（3）共创共享。利用改造后的公共空间，吸引更多人来此创造更多的公共产品，并辐射至更广泛的公众，进而实现更多的资源链接和多元参与，让每个人在家门口实现自己的价值，重塑社区新的邻里关系，并借此实现公益和商业之间的平衡，获得运营的可持续发展。

（4）居民参与。力求在地瓜社区实现社区居民的自管自治和自主造血。在专业人员策划、管理的基础上，从社区中聘用全职妈妈等参与空间的日常运营，并负责监督组织活动。场所空间的1/3作为公益活动空间，1/3用于孵化社区"产消者"，还有1/3用于固定出租，租金用于支付日常运营开销以及管理人员的工资。

9.1.3 试点项目的落地实践

地瓜1号，作为地瓜社区的第一个试点空间，位于朝阳区亚运村安苑北里19号楼的地下人防空间，建筑面积560平方米。2015年，在朝阳区委社会工委、区社会办、亚运村街道、人防局等部门的支持下，经过社区居民投票、共同参与设计和建设，腾退空置后的防空地下室被改造为家门口的共享客厅。

安苑北里社区地处奥运核心区，建成于1980年代末期，常住人口2000余人，是高密度的居住型社区。随着居民对物质文化和品质生活的需求日益增长，公共服务设施短缺造成居民生活不便的问题亟待解决。2014年，安苑北里19号楼地下室使用权由亚运村街道收回，政府免费提供场地，并出资60万元负责清理场地，进行防水堵漏、强电、消防喷淋等基础设施建设，地瓜社区出资150万元对空间进行整体装修打造，并负责后期的运营维护。

9.1.3.1 居民需求调研

本着解决空间品质低下、社区邻里关系淡漠、居民缺乏归属感等问题，设计团队确定了建设一个公平、共享、能满足多元需求的公共活动平台的初步意向。进而，对居民生活中的痛点和实际需求进行调研，并组织投票活动，由居民来决定地下空间更新改造后的功能配置。团队将社区里一辆被人遗弃无用的老旧三轮车维修、改装后，重新喷漆涂上醒目的黄色，装载地下二层人防空间的平面模型，在小区中骑行穿梭，并在人流聚集处停留，广泛征集居民意见和建议（图9-2）。经过4轮总计187人的投票，并综

图9-2 地瓜团队利用改造后的三轮车征集居民意见（资料来源：地瓜社区提供）

合其他调研结果分析，选出了10种需求量最大的功能，其中前4个分别是会客空间、图书馆、幼托和健身房，以此作为后期改造方案的出发点。

9.1.3.2 参与式和人性化设计

空间的总体平面布局采用网格化的空间形式和内环式的流线。以共享客厅为中心，人们可以免费在这里休息、阅读、会客；环绕客厅的空间分成13个房间，其用途由居民投票决定。

为了改变长期以来人们对地下室阴暗、潮湿的固有印象，设计上以明亮的黄色为主色调，工作团队和居民共同完成墙面刷漆，再配合精心选配的灯光和家具，营造出温暖、亲和的空间氛围。为了对抗北京的雾霾天，团队经过多次试验和设计，专门配置了独特的新风系统。制作新风管道剩下的废弃边角料，被再利用做成花盆、雨伞架等小物件，展示循环利用的绿色理念。面向特殊需求的老人和孩子，楼梯扶手设计做了双层，桌角都套上了保护套。入口处摆放了一个醒目的暖黄色箭头，好玩、有趣的同时，缩减了视觉上长走道的进深感和距离感，消除了人们进入地下空间的恐惧。通过润物细无声的设计，保障人们在空间中舒适自在地开展各种各样的活动（图9-3）。

图9-3 地瓜1号社区掠影［资料来源：笔者自摄（左）和地瓜社区提供（右）］

9.1.3.3 增进居民互助自治

地瓜社区的空间不仅作为居民自主参与运营的公共场所，更是居民施展自己才能、实现自助互助的交换平台。

倡导共享文化：采取"捐即免费"的共享激励机制。例如设立邻里茶吧，居民将自己家中闲置的茶叶捐出来，就可免费使用地瓜空间，并品尝其他家庭捐献的茶叶；或将自己家中闲置的图书捐出，就可成为图书馆的会员，并免费借阅。这一办法很好地传播了地瓜社区的理念，成功地获得了社区居民的信任和支持。

居民参与运营：吸纳居民参与空间的日常运营，并鼓励他们自主策划、组织各类创意活动、节日庆祝、家庭生日宴会、传统民俗文化、邻里互助、兴趣课堂等活动，不仅满足了自己和邻里的需求，而且激发居民积极参与社区事务，让不同家庭、不同代际的人之间产生交集，增进了社区归属感。其背后是"产消者"的培育理念：居民既是生产者，又是消费者。针对当前完全依赖政府的社区公共服务从资金投入到质量保证都面临难以可持续的挑战，鼓励居民自主提供服务，同时收取部分费用以支持创业，地瓜团队监督并保障其服务的高质量和低偿特点。

鼓励技能交换：通过各种各样的"技能交换"活动，充分发掘社区居民的专业特长和兴趣爱好，鼓励其在地瓜社区里创造内容，包括儿童教育、兴趣爱好、读书俱乐部、技能训练等，并提供给其他居民，实现自我能力的提升和社区服务的再创造。

9.1.3.4 探索长效运营机制

通过设计、空间和人的联动，地瓜社区探索空间的长效运营机制。例如，通过邻里茶吧和技能交换，让居民形成主人公的自主意识，把地瓜社区作为自家客厅的延伸，增进人与场所之间的黏度，带动更多的群体、资源在其中的聚集、停留和活动。另一方面，培育了居民参与和互助的公益精神，形成地瓜志愿者和兼职管家团队，主动参与空间运维。

此外，空间运营采用大部分免费与少量付费相结合的形式，不仅为青年人创业、特殊技能培训等需求提供服务空间，而且收取的费用可以在一定程度上反哺空间运营成本。

紧随其后，多个地瓜社区在不同地区相继建成。2018年，地瓜2号在朝阳区八里庄街道甘露西园2号楼地下室落成，总面积约1500平方米，为周边居民提供服务。基本功能同样经由社区内近200位居民的投票产生，包括开放式沙龙、图书阅读、社区大学、运动健身、迷你电影厅、亲子活动屋等。以"田野与村庄"作为设计主题，将地方性的乡土、人文、生活等设计元素加入其中，并新增了8个不同的主题空间，提供更加细分和完善的空间内容（图9-4）。

地瓜3号空间位于朝阳区望京花家地北里13号楼下，建筑面积500平方米，作为中央美术学院设计学院的教学实践基地。力求"用

图9-4 地瓜2号的图书馆（资料来源：地瓜社区提供）

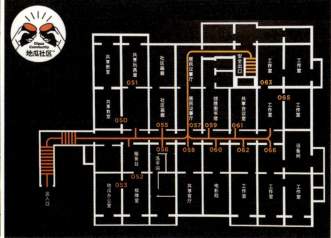

图9-5 地瓜3号空间

艺术和设计促进社区的多元文化发展",倡导不是艺术"占领"社区,而是"互相启发",艺术家和设计师也能从生活中获得启发,力求打造真正的"人文艺术社区",并探索社区美术馆的原型(图9-5)。由于疫情原因,地瓜3号空间至今尚未正式运营。

地瓜4号空间位于朝阳区潘家园街道松榆里15号、16号楼下,建筑面积1300平方米,位于潘家园古玩和传统文化商圈。空间设计以"回味过去,体验未来"为主题,提取了潘家园历史上的"潘家窑"元素,营造在不同时空间的穿梭体验,推进社区中的文化认同和传承。地瓜团队主要参与4号空间的前期设计,未参与运营。

9.1.4 特色与思考

地瓜社区通过对社区地下室空间的改造和再利用,将其打造成为居民的共享会客厅,实施项目相继获得香港设计中心2016年"DFA亚洲最具影响力设计奖"之全场大奖,2018年奥地利金尼卡奖"电子社区"提名奖、伦敦设计博物馆"2018 Beazley年度设计奖"、北京市朝阳区社会治理创新案例银奖等荣誉。

总结地瓜社区的特色主要体现在以下几个方面:

(1)挖掘地下室空间潜能,植入社区服务。在空间资源极其有限的老旧小区中,将传统认知中阴暗、难用的地下空间通过创新的空间设计和更新改造,植入社区服务和社区创业等功能,激活闲置空间,实现了地下人防空间在疏解整治之后促提升的功效。

(2)推动社会参与和连结,重塑邻里关系。通过社会创新设计,在空间设计、建设、运营中引入居民参与、共创共享、产消一体等理念和模式,增进居民自助互助意识,重塑社区邻里关系。

(3)建构居民产消互动角色,激发社区活力。在地瓜社区的运营中,打破了将居民单纯作为服务接受者的传统视角,同时也看到他们富有创造力和追求的一面,通过在家门口为他们提供可以分享资源、创新服务、传授技能的场地，促进互动、互利的新型社区服务合作方式，激发社区归属感和活力。

与此同时，地瓜社区实践中也面临一些问题有待进一步探讨和解决。一是可持续发展的底层共识。由于大部分社区居民，特别是老旧小区居民，多年习惯于完全免费的社区服务，在涉及部分特殊服务收费问题上，还有待通过沟通与协商，推进服务付费的意识养成和机制建立。从长期发展而言，在什么边界、什么情况下可以接受什么范围内的收费服务，以确保公共设施和物品得到妥善的爱护和维护，有质量的服务得以持续供给，这些都有待探索确立。二是商业空间的比重和合法性问题。尽管商业收益可以为空间持续运营提供经费支持，但人防地下室多年的不合规使用，致使如今在合法性商业方面几乎没有明确可执行的政策，进而制约了有商业属性的项目落地以及提供服务的范围选择。随着未来可能有越来越多的地下空间面向社区服务开放，明确商业化运营的范畴和边界将成为推动空间可持续发展的前提。

9.2 微花园：胡同院落绿色微更新

9.2.1 项目源起

近年来，随着北京拆除违法建设、环境美化提升、城市"留白增绿"等工作的推进，在老城区内通过植入绿色景观，营造特色胡同风貌，提升居住环境品质，成为重要议题。一方面，胡同街巷里的公共空间极其有限，权属认知复杂，如何高效利用边角空间、协调处理街巷与院落空间的关系成为挑战；另一方面，胡同中的老住户大部分保留着对于种植的浓厚兴趣和传统手艺，常常在自家门前窗边利用旧物和废弃材料，种植花草植物或瓜果蔬菜，有的各不相同，有的几户门前连绵成片，形成独具特色的"微花园"甚至立体绿化景观，成为老北京胡同风貌不可或缺的重要组成要素，也是地域性邻里生活的重要载体。

大栅栏胡同院落绿色微更新微花园项目"梦想花园计划"起始于2018年，由北京大栅栏投资有限责任公司联合北京林业大学园林学院共同开展，以更新腾退后的茶儿胡同12号小院为基地，推动实施一系列胡同和院落绿色微更新实践。通过广泛调研、征集居民报名、合作进行院落空间更新建造等方式，项目充分发动社区力量，先后组织了植物种植工坊、家庭园艺课堂、绿色营造技术展示、社区植物地图绘制等系列活动，推进居民共同参与街区治理营造和胡同文化记忆挖掘，探寻可提升居民生活品质的绿色空间营造模式，在小微尺度上修复绿色空间的微更新路径，以搭建绿色空间为桥梁，增强社区居民参与的幸福感。

9.2.2 茶儿胡同12号小院的绿色微更新示范

茶儿胡同地处大栅栏煤市街以西片区深处，长约300米，共有39个门牌。这条胡同安静悠然，保留着数百年的历史积淀和城市记忆，始建于明末的清真寺伫立至今，8号院里古槐树600年来枝繁叶茂，还有改革开放后建设的金工厂、印刷厂等老厂房。随着大栅栏更新计划的逐年推进，胡同里腾退后的院落经过拆除违建、保护修缮，部分结合和谐宜居、建筑共生、文化共享、公共空间、绿色更新、微社区等主题进行试点院落改造，探索传统和当代特色相融合的新胡同形态和文化载体。

茶儿胡同12号小院作为其中的一个试点院落，在北京大栅栏投资有限责任公司对院内进行腾退和修缮后，现有居民1户。2018年起，通过联合北京林业大学园林学院团队，小院成为校地合作的绿色微更新示范基地，逐步汇集来自政府、企业、居民、志愿者、社会组织和高校等各方力量，举办了多次城市绿色更新相关的展览、论坛、研讨、公开课等，同时开展北京历史文化保护和有机更新的科普、宣传和交流分享会，并为其他社会组织的活动提供场地支持，其中部分活动获得了"四名汇智"计划等公益性项目资金的支持。

小院作为历史街区胡同绿色微更新的科普和展示基地，于2018年北京国际设计周期间开始对外开放。历时2年多来，为诸多来自国内外的业内学者提供了交流学习的平台，为当地居民提供了教育科普知识，为推动各界共同营造美好的社区环境提供了范例。北京林业大学园林学院师生团队定期与院内和周边居民共同交流种植方法，一起动手实践建设微花园，探讨如何充分利用狭小的胡同院落空间，并定期组织植物种植工坊、旧物回收再利用、家庭农艺和园艺培训、编制大栅栏植物地图等社区共建活动，从多个维度传播了绿色生活理念和生活方式。

小院通过对院落不同空间进行绿色化利用，向公众展示了包括社区农业、家庭园艺、胡同花境、墙面挂绿、廊架悬绿等多种绿色微更新实践内容，形成了胡同绿化、立体绿化、家庭农业、庭院花境和室内科普等诸多内容的展区（图9-6）。尤其是多次举办儿童植物认知、养护体验活动，师生团队带领孩子们认知植物、学习种植养护知识等，在轻松的氛围里丰富小朋友们的绿色知识，增进对绿色空间和绿色微更新的理解，受到家长与孩子们的一致好评。

图9-6 茶儿胡同12号小院的绿色微更新（资料来源：北京林业大学园林学院、城乡生态环境北京实验室提供）

9.2.3 四个院落的微花园营造试点

在茶儿胡同12号院的工作基础上，为了将绿色微花园的实践推广到更多的胡同院落，"梦想花园计划"自2019年开始拓展到更多的院落，旨在引导和支持居民自发营造微花园，以植物种植搭建桥梁，激发街区活力，吸引社会关注和多方参与，共同推进老胡同的新发展。

9.2.3.1 胡同院落自发式绿化调研

师生们借由走进茶儿胡同及周围历史街巷，深入院落内部，对街区绿色风貌以及居民对绿色空间的自发性营造活动进行观察记录、调研访谈和分析归纳。师生足迹遍布大栅栏片区50多条胡同、300余户住家，调研对象包含居住型、商住混合型、综合型等不同类型的胡同街巷，以及代表性院落和重要公共绿色空间节点。

之后，对调研中植物的可视绿色空间分布及形态、重要绿色节点、建筑性质、种植数量、种植形态、种植容器等进行调查记录、图表分析和意象绘制，总结分析大栅栏片区自发式绿化的基本情况。进而，研究胡同居民自发性绿色空间营造的潜在规律，探寻老城自发性绿色空间发展受到限制的根源，为后续院内微花园改造提供思路。

在走访的300多户住家中，一半以上家里种养了植物，其中少数有庭院或露台，即使没有整块大面积的绿化空间，居民们也尽可能利用一切可用空间，如阳台、屋顶、门前、墙面等，来增加绿化面积，从略显拥挤的居住环境中营造出绿意盎然的生命力。居民种植的目的包括美化环境、有益健康、收获蔬果、打发时间等，也有部分居民因空间不足、时间较少、成活率低等原因放弃种植。

9.2.3.2 大栅栏绿色空间总结展示

总体而言，调研结果显示，绿植在大栅栏片区的居民家里发挥着重要的作用，并有诸多方面存在提升空间，例如：居民对绿色公共空间的强烈需求与短缺的现状之间存在显著差距；部分胡同街巷封闭感强、尺度不佳，可适当加入绿色植栽，增进亲切感；公共区域出现的高频植物有碧冬茄、辣椒、月季和南瓜等，以居民自发性种植为主，可适当增加与居民的种植互动，来提高居民归属感，同时美化胡同环境；公共区域的绿化空间对居民的吸引程度普遍较小，可增加提升参与感的绿化设施与活动等。

通过汇总调研成果，进一步分析提炼，团队制作形成了《大栅栏植物地图》等系列档案，全面记录当地特色的绿色生活空间图景；并编制了《微花园种植手册》等成果，为居民参与建设微花园提供技术参考。

9.2.3.3 微花园参与式营建

通过发布"梦想花园"资助计划，由北京大栅栏投资有限责任公司提供部分经费资助，北京林业大学师生团队提供技术支持，招募院落住户报名参与绿色微更新花园营建。基于主动报名、现场考察、意愿交流，最终确定了4户兼具改造条件和改造意愿的小院居民。通过居民参与设计、企业部分资助、高校专业指导、街道与社区鼓励支持的互动机制，实现了绿色微更新方案在院落的实施落地。并持续邀请居民参与后续维护工作，追踪营造成果，传播绿色微更新的思想和方法。

炭儿胡同10号院：典型大杂院形式，院落空间狭窄且没有大面积的空间可进行绿化。居住在此的一对夫妻生活在一居室的小房中，改造前种植南瓜、黄瓜、丝瓜等蔬菜，植物长势较好。更新策略包括：依照居民保持田园生活现状的意愿，协助丰富可食蔬菜品种，更多种植易成活易养护的花卉；结合院落空间狭窄现状，对入口墙面进行垂直绿化改造，增加花卉数量和品种；对雨水、空调水进行收集过滤，用于绿化灌溉，同时解决墙体雨水侵蚀问题。

三井胡同52号院：独院形式，现状空间狭窄，东侧墙面有住户自发种植的绿化，数量少且堆积杂物，院内植物以绿萝、长寿花、发财树为主。住户希望增加绿化，以改善脏乱现况。更新以东侧墙面、原摆放的桌子及东南墙角为主要改造空间；利用木板、木条美化墙面，增加木制架子放置植物，用废弃瓶罐作为种植容器；植物放置形式采用盆栽摆放结合垂直绿化，以遮挡现状墙面及电表箱。由此，营造丰富的微型绿化空间，为小院增添绿色活力。

取灯胡同19号院：完整合院式建筑。依照住户希望增加西墙处绿化的要求，在小院入口处保留原有的狗窝，并将其与绿化提升改造相结合；利用木格柜悬挂植物，增加墙面绿化，满足住户种植攀缘植物的愿望；利用瓦片、油漆桶、瓷砖、木凳等废旧装修材料，作为种植容器和花架；另考虑家中儿童需求，制作多个可自由组合的种植木盒，并设置黑板墙等游乐设施，让家中成员一同参与到园艺活动中。

笤帚胡同19号院：传统的小院空间格局，三户家庭共同居住。住户非常热衷于绿色种植，但植物种类和数目较多，摆放凌乱单调、不成体系。以门口处的空白砖墙为更新重点，留出人车通行空间，在墙面一米以上的位置进行再设计，挂上有各式花盆和老北京物件的木条网；对南墙窗台下方盆栽进行规整，增加置物架、多肉植物与仿生花；在西南水池旁对盆栽进行模块化组合，在空白的墙体上增加盆栽装饰，对原有水管进行藤本植物装饰，美化墙面外观，使得小院植物井然有序、绿意盎然、生机勃勃（图9-7）。

图9-7 居民共同参与院落微花园营建（资料来源：北京林业大学园林学院、城乡生态环境北京实验室提供）

结合院落改造，团队同步开展健康社区监测评估工作。通过采集改造前后院落环境和居民身体健康数据，开展对比分析和评估，研究自发式绿化活动对于居民身心健康的各种影响，为健康社区营造提供基础数据支撑。

2019年北京国际设计周期间，在茶儿12号院举办了"梦想花园计划"系列展览活动，内容包括：①"居民的梦想"：展示绿色微更新调研中居民访谈、大栅栏片区院落内绿化情况等过程；②"梦想花园"：对绿色微更新花园项目设计方案的推进、居民交流改造感受，以及落地成果进行展示；③"梦想胡同"：展示街道绿色环境调研与分析的过程和成果；④"胡同中的实践"：展示北京林业大学"乡愁北京"等实践团队的历年活动成果，并带领大家参观胡同里的优秀示范点，切身体验"梦想花园"的成果以及未来可持续生活理念。此外，还结合"胡同菊花节"，举办"胡同花课堂"，分享菊花历史、新品种引介、种植养护小知识，举办趣味知识竞猜等活动，以胡同为基地，让绿色植物和可持续理念走进居民生活。

9.2.4 特色总结

在茶儿胡同12号院和"梦想花园计划"中的胡同微花园营建活动，作为大栅栏更新计划和试点院落项目的延续，重点探索了以绿色介入为主题的参与式微更新路径；同时，通过引入北京林业大学等师生团队，实现绿色微更新实践与高校发挥教学、科研和社会服务职能的有机结合。总结活动的主要特色成果如下：

（1）系统梳理和集成传统绿化种植方式。通过师生团队对历史街区公共空间的大量深入调研，系统梳理在历史街区中居民自发性营建绿色空间的主要形式、特征和局限，为探索在有限的胡同院落空间内，如何尊重和延续传统种植品种和工艺提供支撑。

（2）提供新品种、新技术和艺术提升的支持。充分发挥高校专业优势，为居民推荐易种植、好养活、适观赏、可食用的植栽品种，推介雨水花园、可食花园、园艺疗法等健康种植理念和技艺，实现居家种植与绿化、环保、艺术、疗养的结合。

（3）以绿色花园为基地，推广健康生活方式。依托改造后的院落空间，通过实地参观、科普学堂、学术研讨等方式，将健康的生活理念和生活方式传播到胡同里的各家各户。通过改造前后的居民健康监测，提升居民健康维护意识，探究自发式绿化的健康促进作用。

（4）鼓励参与式营造，以绿色为纽带增进邻里交往和归属感。通过企业资金支持、高校技术协作、居民出力出物的方式，整合各方力量共同参与胡同与院落风貌提升。结合胡同空间有限的现实特点，依托绿色微花园这一低成本、受众广、占地小的形式，通过共同种植、经验交流、种子传递、收获分享等方式，实践共建共享"梦想花园"的理念，有助于增进邻里关系和场所归属感。

可惜的是，受新冠肺炎疫情和后续支持经费不足等原因的影响，这一工作自2020年至今基本处于停滞状态。同时，也暴露出社区更新中一直模糊不清但却难以回避的问题：经费哪里来？谁是主体？居民对于私人空间的更新和维护有动力，但如全部由公共财政经费负担，则带来关于公正性的质疑；胡同和院落空间作为公共和半公共空间，又存在居民参与意愿弱、协调难度大的问题。如引入市场力量参与，公益考量之外，利益收益和分配又如何应对？显然，在这个案例中，这些都成为制约项目可持续推进的难题。

9.3 公共空间方案征集：全民参与的空间品质提升

9.3.1 北京公共空间城市设计大赛

2018年9月，北京市规划和国土资源管理委员会联合市发展和改革委员会、市城市管理委员会共同举办了"北京公共空间城市设计大赛2018"。竞赛旨在贯彻落实《北京城市总体规划（2016年~2035年）》，推进北京公共空间改造提升，以"人人营城·共享再生"为主题，力求通过人人参与的"城市营建"，实现人人共享的"空间再生"。

如赛事网页上所写，"公共空间，是首都的窗口、是城市的风景，更是新时代人们交往的客厅。公共空间之美，在于设计之精巧、在于场所之营造，更在于人们与之相融相和。""北京的公共空间，既是城市空间组织的核心，也是城市形象的重要标志，更是体现首都风范、古都风韵、时代风貌的重要组成部分。公共空间的核心在于使用，在于共建共治共享，能够自发产生社会活力的空间才能被称为真正意义上的公共空间。因此，好的公共空间是由设计者、管理者和使用者多方共同缔造的。"与以往规划设计类竞赛不同的是，这次赛事的报名对象资格也十分开放，面向全社会，"可以是城市设计相关的专业人士，也欢迎对北京的公共空间有独到见解和切身体会的热心市民"，同时鼓励跨专业跨领域开展合作[1]。

---

[1] http://ghzrzyw.beijing.gov.cn/zhengwuxinxi/zxzt/bjggkjcssjds2018/index.html。

赛事组委会在北京市中心城区及北京城市副中心范围内,按照不同尺度分为"面空间""线空间""点空间"三个竞赛单元,共选取10个实施意愿较强的城市公共空间作为城市设计地段,此外,也鼓励参与者自行选取适宜尺度的空间并开展方案设计(图9-8、表9-1)。竞赛要求依据项目地块的空间类型及特点需求,有针对性地开展公共空间城市设计。成果应体现绿色生态理念和文化特色,具备前瞻性、科学性和实操性。

项目分布

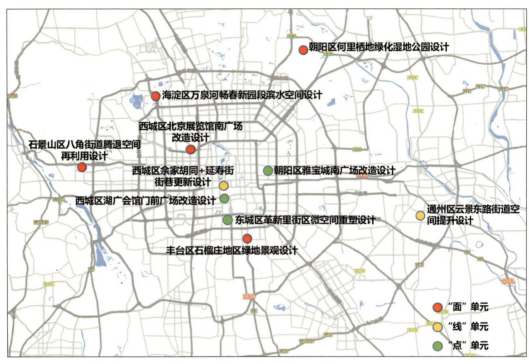

图9-8 "北京公共空间城市设计大赛2018"设计地段分布示意图(资料来源:赛事官方网站,http://ghzrzyw.beijing.gov.cn/zhengwuxinxi/zxzt/bjggkjcssjds2018/index.html)

"北京公共空间城市设计大赛 2018"设计地段基本情况　　　　　　　　　　　　　　表 9-1

序号	类型	项目名称	用地面积	空间类型
1	面单元	西城区北京展览馆南广场改造设计	2.5公顷	广场公共空间
2		朝阳区何里栖地绿化湿地公园设计	5公顷	绿化隔离地区滨水公共空间
3		海淀区万泉河周边滨水空间设计	4公顷	滨水公共空间
4		丰台区东铁营地区绿地景观设计	2公顷	绿化公共空间
5		石景山区八角街道腾退空间再利用设计	3公顷	绿化公共空间
6	线单元	西城区余家胡同+延寿街街巷更新设计	(250+370)米(长度)	街巷公共空间
7		通州区云景东路街道空间提升设计	2000米(长度)	街巷公共空间
8	点单元	东城区革新里街区微空间重塑设计	1600平方米	绿地公共空间
9		西城区湖广会馆门前广场改造设计	1000平方米	广场公共空间
10		朝阳区雅宝城南广场改造设计	5300平方米	广场公共空间

资料来源:根据赛事资料整理。

大赛共收到1500余份报名信息，吸引了120余所国内外高校，以及中国城市规划设计研究院、清华同衡规划设计研究院、北京市城市规划设计研究院等70余家设计机构的参与，最终收到设计作品500余份。2018年12月，由国内外规划、城市设计、建筑、景观、环境艺术等方面的专家组成评审团，评出获奖作品85个，举行了盛大的颁奖仪式[①]。

区别于以往传统设计竞赛往往聚焦单一地段、占地面积大、专业设计门槛高的做法，这次设计竞赛呈现出很强的创新性，主要体现在三处：①以城市公共空间设计为对象，强化设计的公共属性。地段普遍面积不大，官方给定的10个设计地段中，最大为5公顷的湿地公园，最小为1000平方米的小广场，而且大多数都位于人口密集的城市建成地区，较好地应对了新时期的城市更新议题。②赛事组织首创了"全流程跟踪管理"机制，以项目为单元设立"跟踪观察团"，全程参与方案的调研踏勘、公众沟通、方案评审、实施落地等环节。"跟踪观察团"由行业专家担任项目顾问，成员还包括属地管理人员、责任规划师、媒体观察员、当地居民及使用者等。由此，旨在搭建起专业设计人员与市民群众、实施主体之间的沟通桥梁，吸引各方力量共同参与营造真正身边的公共空间，同时通过过程跟踪、专业支持、使用者和管理者提供建议等全过程的参与环节，以类似于参与式评估的方式，引导方案评选的核心不是"以貌取胜"，而是培育出根植于地段使用和管理需求的精细化设计。③力求推动竞赛成果的落地实施。竞赛成果评选之后，主办方将获奖方案整理形成优秀方案库，并与属地政府和实施主体对接共享，推动优秀成果建设落地。

遗憾的是，后两项创新性工作并未能如设想般得以全面开展。在竞赛调研初期成立的"跟踪观察团"，后续鲜见多主体共同参与的内容；竞赛获奖方案的落地实施也由于缺乏明确投资渠道等种种原因推进困难，仅有当时从北京市发展和改革委员会"北京城市公共空间改造提升示范工程"试点项目库内选出的石景山区八角街道腾退空间再利用、通州区云景东路街道空间提升等少数几个项目因有市级资金支持而付诸实施。

但总体而言，这次公共空间设计大赛，在社会各界特别是设计领域的专家学者、高校师生中掀起了关注身边生活性公共空间的热潮，也开创性地探索了公众参与、全流程参与的机制设计。

在2018年工作经验的基础上，北京市规划和自然资源委员会、市发展和改革委员会、市城市管理委员会又于2019年联合开展了"小空间 大生活——百姓身边微空间改造优秀设计方案征集"，以为人民办实事、提高人民生活质量、提高人民生活环境品质为出发点，聚焦百姓身边需求和改造意愿强烈的"三角地""边角地""垃圾丢弃堆放地""裸露荒弃地"等具有"消极空间"特征的小尺度公共空间，选取东城区北新桥街道民安小区内公共空间等6处典型空间作为试点项目，向全社会广泛征集设计方案（图9-9）。经过方案评选等步骤，6个项目最终被纳入市发展和改革委员会市级示范工程试点项目库，并予以投资支持。

---
① 北京公共空间城市设计大赛2018圆满收官[EB/OL]．（2018-12-15）[2021-10-31]．https://house.focus.cn/zixun/9a8953bf41637c7e.html。

图9-9 2019年"小空间 大生活——百姓身边微空间改造优秀设计方案征集"设计地段分布示意图（资料来源：http://www.landscape.cn/event/2229.html）

经过后续近一年的深化设计、施工、建设，2021年6个公共空间改造项目全部竣工落成，实践探索了"市区两级政府主导、高精尖智库引领、公众全面参与"的更新工作模式。

9.3.2 北京市百微公共空间项目征集

2021年6月，北京市发展和改革委员会牵头，联合市规划和自然资源委员会、市城市管理委员会共同启动"建党百年·服务百姓·营造属于您的百个公共空间"小微城市公共空间项目征集，面向城六区及通州区征集一批百姓身边的、具有示范效应的小微尺度城市公共空间改造提升项目。项目征集要求每个项目占地面积原则上不超500平方米、总投资不超过50万元。作为北京城市公共空间改造提升示范工程的一项重要工作，这次活动希望通过"花小钱"，收获"大风景"与"大民生"。依托100个试点项目，为整座城市的小微公共空间改造提升打造100个"样板间"，形成公共空间营造与公众参与、基层治理有机结合的设计和建设的示范带动效应，激活小微空间，提升居民的生活品质和获得感、幸福感。

接下来一个多月的时间里，通过项目培训、跟踪、辅导、孵化等一系列工作，各候选项目积极开展问卷调查、居民座谈、设计工作坊等多种公众参与活动，结合民意需求，最终提出包括设计方案、需求调研成果、公众参与计划、项目实施与后续维护计划、资金估算等在内的一揽子项目方案。

同年8月，通过资料预审、现场踏勘和区级统筹，从城六区及城市副中心132个街道乡镇提交的400余个项目中，筛选出125个候选项目，进入专家评审和公众投票阶段。最终，以空间营造与基层共治相结合为评价标准，共优选出100个市级示范试点项目，纳入北京城市公共空间改造提升示范工程试点项目库，按照《城市公共空间改造提升示范工程试点工作方案实施细则》，由市固定资产投资支持实施（表9-2）。未入选市级试点的300余个项目将纳入区级项目储备库，以期在孵化成熟后，借助政府与社会资本、公益基金等多元社会力量实现改造提升。

100个市级试点项目重点突出了全龄共享、复合利用、全民健身、绿色友好、文化塑造和共享共治六类示范性发展理念，体现出当代居民对于亲老爱幼、休闲健身、绿色健康、基层治理等与自身生活相关议题的密切关注。空间类型涉及街巷边角地、居住区闲置地、零散腾退空间等多个种类，居住区周边公共空间最受关注，改造意向涵盖儿童友好、全民健身、无障碍、适老化等各个方面，充分体现出小微城市公共空间更新的民生内涵。例如，东城区美术馆后街63号居民楼旁500平方米的小空地，将被改造为趣味性的公共活动场地、结合绿环的小型"城市森林"和共享共治菜园；朝阳区立水桥地铁站B口周边，将改造成为有序布局双层自动车架和休闲活动场地的"回家驿站"；朝阳区南磨房地区的南新园小微城市公共空间项目，将中青年居民作为公众意见征集的重点人群之一，在社区内征募中青年居民代表与老年居民、儿童家长代表一起参与方案讨论，规划全龄共享公共空间，吸引中青年回归并参与社区事务。

100个市级试点项目城区分布情况　　　　　　　　　　　　　　　　　　　　　　　　　　　表9-2

城区	项目数（个）
东城区	7
西城区	9
朝阳区	23
海淀区	20
丰台区	14
石景山区	19
通州区	8
共计	100

资料来源：北京城市公共空间提升研究促进中心提供。

整个活动过程体现出较强的"民意立项"的特色：5600多名党员深入基层社区征求民意，27万居民建言献策，近200名设计大师、专业设计师志愿者和责任规划师参与策划设计与实施改造。在公众投票环节，朝阳区和海淀区项目的公众参与度最高，参与投票人数均超过10万人次。116个候选项目中有15个得票超过1万张，最受关注的是海淀上庄镇—蜂巢绿地—三嘉南街街旁微空间改造项目，共获得约2.3万位市民投票。这显示出，近年来广大群众对身边"微环境"的紧密关注，以及从"要我建"到"我要建"的参与意识的高涨。值得一提的是，公众参与度最高的朝阳区和海淀区，也是北京责任规划师制度开展十分广泛和活跃的城区；而且对比公众投票与专家评审结果可见，投票数量高的项目普遍设计评价也较高，很好地反映出公众参与和精细化设计的良性互动效应。

相比于上文中的公共空间城市设计大赛,此次活动无论从社会影响面、公众参与度,还是项目实施性而言,显然都有了更大幅度的提升。活动很好地实践了"以小带大"和实施导向的特点:通过市级平台和财政支持,有效撬动并整合各区、街镇和社会力量;通过小微公共空间改造,带动更大区域的品质提升计划;以空间改造项目实施为指向,确保公众参与和方案设计拥有更强的针对性和可操作性。按计划,100个市级试点项目将于2021~2022年完工投入使用。此外,活动的成功举办可以说在一定程度上得益于近几年北京全市推行的责任规划师制度,在提升社区空间设计专业支持水平、激发公众参与基层空间治理等方面奠定了较好的基础。

从改进的角度,笔者作为参与项目评审的专家,深感方案评分时因缺乏对地段信息和项目生成过程的全面了解而导致的惶恐。建议未来可以加大阶段性评估和"以奖代补"力度,特别是项目实施后评估,纳入专家和居民评价意见,以此决定后续资助额度,以及为成果优异者授予未来类似活动中优先参评和获得资助的资格。

9.3.3 朝阳区小微公共空间再生计划

与上面提到的政府公共财政支持的公共空间方案征集形式不同,近年来还出现了社会公益基金推动公共空间更新的新形式。一个典型代表是"微空间·向阳而生——朝阳区小微公共空间再生计划",探索了社会基金支持、责任规划师助力、面向社区居民需求的街区更新改造的机制路径。

2019年,中社社区培育基金与北京市规划和自然资源委员会朝阳分局、朝阳区民政局、朝阳区农业农村局、北京工业大学建筑与城市规划学院共同启动"微空间·向阳而生——朝阳区小微公共空间再生计划",面向朝阳区责任规划师及相关实践团队征集改造试点项目,探索以"政府引领、责师带头、居民共建、社会参与、公益支持"的方式,推动社区中小微公共空间的改造提升。

通过10天的公开征集,活动共收到朝阳区21个街镇的50个小微空间改造项目提案,空间类型涉及老旧小区、保障房小区、街头广场和城市边角地等,既有已具备一定使用功能的健身场地、小区广场,也有消极闲置的背街小巷和城市绿地,反映出人们对空间改造的真实和迫切需求。同时,大部分提案的团队构成很综合,包括责任规划师、街镇、社区、物业公司、社会组织、居民等多方主体,一定程度上可窥见参与团队的实施决心,并已初步达成共识。

通过实地走访踏勘,并综合考量实施条件和团队能力等因素,主办方在50个报名提案中选拔出16个,进入团队培力和方案深化环节,再通过网上投票和专家打分相结合的方式,筛选出8个项目进入决赛。在3天的网上投票时间内,共收到超过2.4万张投票,体现出群众对项目的高度认可与期待。决赛以团队路演的方式展开,邀请城市规划、建筑设计、城市运营、城市治理等领域的专家,从设计水平、公众参与度、实施可行性、长效维护机制、创新性等5个维度对8个小微空间实施方案进行考察，最终评选出5个最具代表性的项目，由中社社区培育基金提供实施经费支持。如今这5个项目已经全部顺利建成，成为社区中别致引人的活力空间。

总结"微空间·向阳而生——朝阳区小微公共空间再生计划"开创性地探索了利用公益基金撬动政府、市场、社会资源，整合责任规划师团队和基层力量，共同参与社区更新工作的创新平台和路径。主要特点如下。

（1）以公益基金发动社会力量参与社区更新

活动采取基金领投的方式，基金为每个项目提供10万元的实施经费补助，街道追加投入8万～30万元，政府财政资金跟进，实现以公益投资撬动各方持续性跟进投入。中社社区培育基金是2018年中社基金会与北京市规划设计研究院共同推动建立的国内第一家从城市更新角度推动社区发展的专项基金，旨在通过搭建多元主体参与和协作平台，推动社区空间品质、人文环境和社会治理水平的提升，重点关注并致力解决与社区居民切身利益息息相关的难点、痛点和热点问题。社会基金拥有资金拨付程序相对简单、使用周期不受财政年度限制等特点，能灵活应对拥有较多不确定性的创新型、社会参与型实践，吸引社会资本不断注入，为创新实践提供可持续的资源支持。

（2）通过公开征集，吸引"值得办的事"和"能办事的人"

活动不同于设计竞赛中侧重以方案设计完成度和精致度作为最重要的评价标准，而是以项目实践为最终指向，强调以责任规划师为枢纽，与街镇、社区联合组建项目团队，共同负责提案的发起、设计、实施和维护。评价标准侧重于空间改造的实施机制是否完善，包括居民对方案的认可度、实施的可能性和维护机制的可持续性等。

（3）重视公众参与，开展"全程培力"，为行动者持续赋能

活动举办的过程，同时也是为参与团队赋能、全程助力服务的过程。通过组织案例参访、专家分享、技术培训等形式的交流活动，帮助项目团队掌握和提升参与式设计、资源引入、协作共建等技术方法；通过定期开展线上沟通讨论会、协助组织公共参与活动和项目宣传，助力部门协调、施工对接，保障全程跟踪服务。

（4）与责任规划师制度相互借力，为城市更新实践积累可推广的新模式

5个接受资助的实施项目都体现出责任规划师在地工作经验丰富、街镇支持力度大、社区广泛参与等特点，从而有效地保障了各方协同参与的初衷。与此同时，各项目又因地制宜，各具特色：如常营乡项目采用全过程参与式的空间营造，儿童参与设计，居民参与施工，社区参与空间维护；小关街道项目结合社区服务用房空间提升，推动多部门协作，拔除门口的电线杆，改造地面铺装；南磨房乡项目关注面向全龄的精细化设计，注重多功能组合；太阳宫地区项目成立"红芍社小微空间治理小组"，孵化居民自治机制；双井街道项目发挥设计团队的大数据技术优势，全程助力人性化场所设计与治理（图9-10）。

图9-10 小微公共空间改造前（左）后（右）对比（自上而下分别为常营乡、小关街道、南磨房乡、太阳宫地区、双井街道5个项目）（资料来源：中社社区培育基金提供）

第 10 章　走向可持续社区更新

10.1　从城市更新到社区更新
10.2　社区更新的目标
10.3　社区更新的原则与理念
10.4　社区更新的路径
10.5　总结与展望

当代城市转型推动社区更新成为城市更新的重要内容，并从以往聚焦物质性、一次性的住区更新，迈向更为综合性、可持续的社区更新。

本章尝试提出当前我国转型背景下社区更新的主要目标、原则、路径和挑战。

10.1
从城市更新到社区更新

10.1.1 城市更新的转型

由前文可见，城市更新经历了从物质性主导的环境改造，市场导向的经济刺激，走向强调战略性规划统筹引领、面向可持续目标的综合性更新活动的演进历程。

具体而言，当代城市更新呈现出以下转型特征：

（1）更新内容从聚焦空间转向综合协调

城市更新成为一种用综合的、整体的视角和行动来解决诸多城市问题的治理方式，不仅包括物质空间的更新、外部环境的整治，而且涵盖社会、经济、文化、生态等诸多方面的全面更新与复兴。

它关乎工作，包括就业群体和岗位的创造、保护、质量和技能提升；它还关乎投资，涉及住宅、办公楼、商业、工厂、市政和公共设施；还关乎财富，涉及产出效益、收入、资源，以及这些是如何在富有和贫困地区和群体之间进行分配。这是一个高度政治化的领域——有关人和权力（Tsenkova，2002）。

（2）更新机制从空间管理转向空间治理

伴随城市物质空间环境和社会发展趋于成熟，更新活动面对的是已然在场的各方群体，以及他们之间复杂、交织甚至可能相互冲突的利益关系。更新机制从政府指令下的空间管理，转向多方参与、共同协作的空间治理，涵盖多元化的治理主体、合作化的治理方式、民主化的治理过程以及伙伴化的治理关系；从追求结果的正确性，转向强调过程的正当性（侯丽，2013；刘佳燕等，2017）。

(3) 更新目标从做新求量转向精耕提质

城市更新针对的应是改变甚至扭转城市形态、功能、结构面对新需求的不适应甚至衰退现象。在以往的大量实践中，较易推进且有直观成效的形态更新，以及通过追求规模化以做大土地、空间增量收益成为常用手段，并常常被混淆成为更新活动追求的目标。导致看似光鲜亮丽、规模宏大的更新行动，很多时候的结果是"换汤不换药"，或是引发诸多社会经济矛盾，实属本末倒置。在存量更新时代，特别在北京疏解减量的战略背景下，需要从以往粗放型扩张，转向在既有城市用地和空间内精耕细作，实现质的提升；从简单做大规模、获取一次性增量收益，转向提升产出效能，追求长效、综合性运营收益。

上述转型特征汇聚到一个重要的落脚点，就是邻里社区。响应当代城市更新与规划建设日益强调以人为本、以生活为中心的核心理念，社区更新成为一大关键内容。

10.1.2 从住区更新到社区更新

社区更新，目前而言在国内外都处于新的理念和实践探索阶段。

长期以来的老旧建筑、棚户区和老旧小区改造等，可以说属于住区更新的内容，更多体现为政府或市场机构作为决策和实施主体，对住区物质环境进行修缮、改造、拆除、重建等。回顾过去近半个世纪以来的北京城市住区更新历程，其关注范畴总体呈现出从小到大、从建筑到综合环境的转变，即从单体住宅楼栋的改造，到组团、小区内空间环境改善和服务设施配套，再到街区统筹下的综合环境提升。

当代城市转型的两大趋势推动从聚焦物质性的住区更新向更为综合性的社区更新转变。

一是综合性社区问题需要综合性的回应。人们日益认识到贫困、衰败等城市社区问题是多因素复合作用的结果，仅凭空间环境的改造，很多时候并不足以实现真正长效的改善预期。比如，老旧小区公共环境的破败和失序问题，不仅仅是品质低下、破损，其原因可能复杂多样，包括原有功能无法应对当代居民新的活动需求（文体休闲以及停车等需求），住区产权构成复杂、空间归属不明导致责任主体不明确，单位制解体后物业管理滞后，或是邻里关系淡漠、市民意识不足进一步加剧空间使用不当和维护不足等。

二是来自社会对于公众参与和包容性发展的广泛诉求。这也是社区更新区别于住区更新的一个重要特征。在后者的视角中，社区是静态的、被动的、物质化的，即使提及其中的居民也多为抽象的代名词或标准化个体的集合。而在社区更新中，社区是由多元主体及其相互关系共同构成的真实存在，是动态的、主动的、复合性的，强调对社区内外多元主体及其相互关系的关注，进而甄别在更新策略中，有哪些人分别得到了什么，又有哪些人失去了或承担了什么，并广泛吸引相关利益群体参与更新的全过程。

因而，需要迈向更加综合、可持续的社区更新——以尊重和挖掘地方社区既有资源为基础，以促进人的全面发展和完整社区营造为指向，通过多主体的协作，以社区住房条件

住区更新与社区更新的区别 表10-1

	住区更新	社区更新
主要目标	住区内物质环境的改善	社区全面提升与可持续发展
干预点	聚焦物质空间	以住房和居住环境为核心，兼顾经济、社会、文化、治理等多个方面
参与方	政府或市场机构	社区内多元主体，以及政府、市场、社会等外部主体
社区地位	更新的对象，被动接受的	更新的主体，也是更新的对象，积极参与的
需求方	抽象的代名词或标准化个体的集合	社区内外真实存在的、存在复杂联系和利益关系的多元主体
决策机制	技术理性	技术理性+社会协商

和居住环境的改善为核心，同时考虑就业产业的发展、社区服务的提升、地方文化的复兴、邻里关系的改善、治理结构的优化等，提升社区的活力、魅力和生活品质，推动社区全面、可持续发展（表10-1）。

10.2 社区更新的目标

相对于城市更新而言，社区更新更强调"以人为中心"。体现在社区更新的目标上，既要响应人的个体需求，更要应对社区和城市的整体发展需求。

面向个体需求，对应马斯洛的人的需求层次理论，社区更新的目标包括六个层级的内容，由低到高分别为：

（1）安全：住宅坚固，防火防水防盗防毒防跌，出行安全。

（2）便利：方便快捷享受各类生活服务。

（3）品质：绿色舒适的生活环境，健康的生活方式，面向的多元服务。

（4）交往：邻里间多种正式、非正式的交流机会。

（5）归属：地方特色文化彰显，邻里亲和互助，有社区认同感。

（6）自我实现：社区参与，自我价值的实现和社会价值的提升。

面向社区和城市整体发展，社区更新的目标包括6个方面的内容，即实现土地价值、经济活力、社会福祉、社会资本、生态效益、文化活力的全面提升（图10-1）。

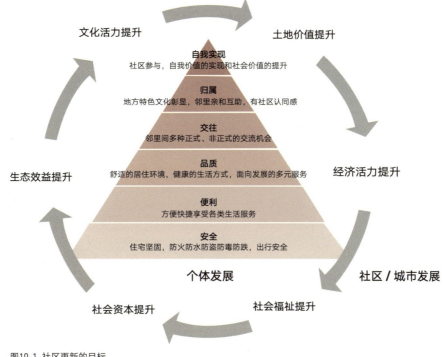

图10-1 社区更新的目标

对应地区和城市发展水平的差异，以及社会需求层级的递进，社区更新的目标兼具阶段性和层次性两大特征。

从阶段性特征而言，面向处于不同发展阶段、拥有不同发展水平的城市地区，社区更新的目标需因时、因地制宜。例如，我国在20世纪中后期，住区更新的主要目标是改善居民基本住房条件，包括增加住宅供应规模和人均居住面积，保障住房质量和基本服务配套。随着生活水平逐步从温饱走向小康、富裕，对应的居住标准也由原来的"一人一张床"走向"一户一套房"和"一人一间房"（张仙桥等，1993）。当前，面对人民日益增长的美好生活需要和不平衡不充分的发展之间的主要矛盾，社区更新更多建立在居民对生活品质的更高和更为综合的诉求之上，以实现高质量、高效率的发展，健康、老年友好、儿童友好等主题日益受到关注。而在欧美和日本等国家，当前社区更新的一个重要出发点是针对社区衰落和社会资本下降的问题，肩负了城市复兴的重任，重点在于激发社区内部活力。

从层次性特征而言，伴随城市功能的日益复合，网络化带来职住复合的新型生活方式，社区所承载的需求内容已经从简单的"有床睡、有屋住"的个体/家庭的起居生活，扩展为兼容了文化休闲、康体健身、教育培训、就业创业、育儿养老、社会交往、公益服务等多元复合的生活需求。同时，社区作为城市的基本组成单元，还需要融入城市和地区的整体发展，不能仅"独善其身"，还需"兼顾整体"。

10.3
社区更新的原则与理念

社区更新应强调以下四项原则：主体性、公共性、综合性和永续性。这也是可持续社区更新需要秉持的基本理念。

10.3.1 主体性：以"基于社区"为更新出发点

社区更新不仅是地理意义上"在社区"的更新，或是以其为对象的"关于社区"的更新，更应是"基于社区"的更新，这意味着以社区需求和问题为出发点，以社区资产为依托，以社区为参与主体。由此带来更新工作模式的转变，从"为社区"（for the community），转向"与社区"（with the community）和"由社区"（by the community）。

较长一段时期以来，我国社区层面的建设与发展主要来自三方面的力量：以单位制为主要载体的国家福利投放、基于个体可支付能力的市场供给以及主要面向弱势群体的社会保障和社会工作。然而上述重点解决了福利供给的问题，却未能有效实现促进社会再生产的可能，社区为主体的自我服务、自我发展的意识、能力和路径一直相对欠缺。

社区主体性原则涉及两个重要理念：一是社区社会资本与集体效能，二是沟通理性与公众参与。两者分别诠释出社区主体性的价值所在和实现路径。

10.3.1.1 社区社会资本与集体效能

芒福德（Mumford）曾经指出，大规模改造所谓的"累赘"常常是人们的住家、商店等当地人赖以维系的整个组织结构的基础，把孕育着这些生活方式的建筑整片拆除，意味着把这些人们一生的合作和忠诚一笔勾销，而这些珍贵的东西一旦被清除后是不易恢复的（金经元，1998）。

另一方面，社区更新作为一个伴随城市发展、需求进步而常态进行的过程，完全依赖外部力量和资源投入是不可持续的。需要建立"资产为本"（assets-based）的视角，看到社区中的人及其他资源的潜力和价值，将社区既有的各类资源作为资产加以挖掘、整合和利用，特别是社区社会资本。

Putnam（1995）将社会资本定义为网络、规范和信任等社会组织的特征，可以促进协作和互惠。体育俱乐部、互助协会、文化组织、志愿联盟等志愿组织和社区组织是培育社会资本的关键资源。这些水平联结的、秩序化的、互助性的组织，与有效的地方政府一起，形成信任、互惠主义和公民参与的能力。社会资本的水平决定了社区成员之间的凝聚力和相互理解的"厚度"，还能增强社区内的自力更生、集体行动和集体决策能力。这些品质对于社区更新中避免"搭便车行为"至关重要，并通常被视为实现社区参与的必要前提。失去社会资本的邻里通常难以实现共同价值，也难以维系有效的社会控制（Sampson等，1989；Bursik，1999）。

但也有不少研究和事实显示，社区社会资本与实现低犯罪率等社会控制和社会发展并不一定直接相关。基于社会网络的社会整合只是人们对邻里环境积极预期的起始点，但并非充分条件（Gibson等，2002）。由此，出现了另一个指向行动的概念——集体效能（collective efficacy）。不同于个体间联系所代表的资源潜力，集体效能代表个体对于集体能力的共同预期。Bandura（1997）定义集体效能指一个群体对自身联合起来组织和实施行为达到特定目的的能力所共享的信念。Sampson等（1997，1999）提出社区集体效能指"凝聚力和相互信任与支持邻里社会控制的共同干预期望之间的联系"，是基于特定任务的，强调居民的共同预期和互动参与。多项研究显示，社区集体效能有助于提升居民生活质量，促进社区管理，比如降低犯罪率、促进健康水平等；另一方面，社区的物质环境、社区人口统计特征、居民对社区事务的参与度等能提高社区集体效能（Ohmer，2007）。

10.3.1.2 沟通理性与公众参与

实现社区主体性的另一个挑战来自如何将集体效能转化为共同行动。即使在社区内部，不同群体的利益也通常是分化的，它们并非通过"加法"就能成为统一的社区利益，该如何建构共享的利益呢？

在充斥着多元价值观的舞台上，为一个城市或社区确定一个目标是非常困难的。根据Habermas等人的观点，当代公共领域的概念呈现出以下特点：一是公共领域的形成来自个体利益、不同观点的协调和聚合；二是协调的形式是动态的，基于社会需求、利益或新问题的出现而可能发生变化；三是公共领域既不是标准化的，也不是确切的，不同群体的公共领域可能不一样。公共领域的结构性转变，带来规划领域的根本变革。综合理性规划作为经典的规划理论，强调通过综合的、技术性的方法构建一个静态形式的城市发展愿景，特征体现为综合的、线性的、客观的、绝对的。伴随这一方法论的局限日趋显著，一系列新的规划理论相继涌现，包括Davidoff的倡导式规划（advocacy planning）、Friedmann的交互式规划（transactive planning）、Habermas的沟通式规划（communicative planning）以及Forester

的协商式规划（negotiative planning）等。人们日益认识到，规划的要点并非寻求目标的合理性和不可替代性，而是通过公众参与为各方利益提供充足的对话和协商机会，从而促进沟通理性和寻求共识。

开展公众参与的原因包括但不限于：①社区对于地方自身的问题往往拥有更深刻的认知，并能提出更好的解决方案；②参与有助于抵御社会排斥；③社区能提供多种资源支持，从智力、劳作、资金到物资，并对于改善社区有着最直接的动力；④提升社区对于更新成果的认同，有利于后期维护，无论是精神支持还是人力参与。

通过公众参与，有助于：①增进社区社会资本，提升社区的发展能力、自我信任和专项技能；②促进社会融合和整合，提升邻里网络紧密度、内聚力和协调度；③优化治理结构，提升社区共识和共同行动的能力；④完善服务供给，提升社区服务的配置和品质。

要实现公众参与，还需要关注以下要点：①共享各类利益相关信息；②鼓励不同利益群体的参与；③提供充足的对话机会，推动合作；④考虑出错或不确定性的可能；⑤允许所有参与者可能改变观点，关注随时间的变化。

基于上述理念，此处可以回应前文中所提出的大量既有更新活动不能称为真正意义上的社区更新，因其一大问题在于只见"更新"，而不见"社区"。当前存量更新背景下，社区主体性的"可见度"亟待进一步得到关注和提升。

由此，一方面应关注和挖掘社区既有资源和价值网络。众多的老旧小区、平房社区并非一张空白无物的、任由技术、权力、资本精英尽情畅想和谋划的白纸，时光与生活的烙印，既留下了物质性的空间特质，也有或紧密或松散的社会网络与社会资本，更有生活者与场所之间的情感联系。对于这些社区资源，以认知、尊重其价值网络为前提，不仅是营造地方特色的基础，而且是让更新规划获得社区认可的根本。

另一方面，应培育和提升社区参与和集体效能。社区不仅仅只是更新的对象、问题的提出者，更应成为更新活动中议题的提出者、资源的投入者、目标的共商者、决策的参与者、实施的推动者，因为他们才是对社区最为了解、需求最为迫切，也应是更新后最大的受益者。规划人员应充分发挥培育、倡导和助力的作用，积极推动社区的更新诉求向参与动力的转化，以及社区资本向集体效能的转化。

10.3.2 公共性：以公共领域营造为更新落脚点

前文中提到社会资本在社区更新中非常重要，但其并非包治百病的良药。相关研究和实践显示，过度内向化的营造可能带来社区与外部群体的隔离与排斥，导致强化了"小我"，而忽视了"大我"。这凸显出公共领域营造的重要性。

当前，我国社区更新面临的主要问题已经从20世纪的"住房短缺"逐步走向"公地悲剧"，既包括人们过度利用公共资源导致的"公地悲剧"，也包括相互阻挠导致公共资源闲置或利用不足的"反公地悲剧"。众多老旧社区中普遍的公共环境破败、设施设备老化、邻里矛盾等都彰显出这一问题，即公共领域发展的滞后。

社区公共领域包含两个层面的指代：一是物质性公共空间，主要指邻里社区中的公共服务设施和开放空间体系；二是社会性公共领域，主要指社区相关行动主体自由、公开、理性地讨论公共事务，形成公共意见和公共行动，是围绕社区公共事务形成的国家、社会和个体之间的中介和融合机制。

上述两者紧密关联，相辅相成。前者是后者发生的重要物质载体，为交流和互动提供开放的、有吸引力的空间容器和媒介；后者为前者赋予了更为丰富的内涵和活力，在真实个体和公共场域之间建立起心理联系和能量场的连结。

史明正等（2005）提出，20世纪初出现于北京的公园，可以算是最早的真正意义上的公共空间的代表，其一方面是"帝王领域收缩"和公共领域发展的产物，另一方面也成为政府开展公共卫生、道德教化和扫盲运动的重要阵地。笔者团队在社区的调研亦显示，社区和街区层面的公共服务设施和活动场地，是促进社区邻里交往和社会资本发展的重要媒介，特别对于当前大量城市社区所缺乏的"桥梁型"（bridging）社会资本而言，这类场所相比于封闭小区、大院内部的公共空间，拥有更为显著和积极的正向建构作用（刘佳燕，2021b）。

中国社会关于公共空间的理解，往往被诠释为公家的（权威的）、大家的（共享的）、非私有的（非盈利的），在较长时期的单位制和大院形制影响下，还一度具有底层的、补缺的含义。事实上，公共的字源本身就含有聚集之意。关注社区层面的公共领域和公共性的营造，应强调国家代表的公共利益、不同群体的集体利益与个体利益之间，基于社会理性寻求价值整合与共益的过程。基于此，才可能在高度流动的当代社会，在滕尼斯笔下亲密无间、休戚与共的熟人社区已失去其生存基础的背景下，通过社区公共领域的建设，将个人与更广泛的社会重新联系起来，激发合作、共识和相互信任，培育互爱互助和责权共担的新市民精神，从而营造良序的新型社区共同体。

10.3.3 综合性：以社会—空间互生产为更新机制

如何理解城市变化，将直接决定社区更新的效果。最大的常见问题在于人们常常将一个城市问题归于某个单一的原因。Hall（1981）针对英国城市更新中的问题曾指出，需要采用最广泛的可能视角，从当代快速变化着的经济和社会地理所形成的空间环境来认识城市变化的问题。

如果只是关注社区服务设施、绿地花园的配置，或是空间环境的美化，这是社会工程学视角，也就是把社区视为一个静态的空间单元、一个资源投放和改造的对象，而没有看到社区的复杂性和能动性。

社区更新应是一个系统性工程和综合性工程，内容涵盖社会、经济、空间、服务、生态等多个维度。这不仅意味着，更新活动需要跨学科团队和跨行业协作机制，综合考量社区发展的各个维度，补短板、促优势，实现更加均衡的发展；还需要充分探究和利用各维度之间的互动和共生机制，通过"过程设计"，在空间更新的过程设计中同步融入生态修复、社会复兴等策略，促进各维度之间的协同发展。例如，通过参与式设计，让居民在共同探讨公共空间改造的过程中增进自然教育、促进邻里协作；或是通过建立社区基金、基层议事协商平台等优化社会治理结构，为社区公共空间的维护和运营提供长效保障机制。

在社区更新的各个维度中，最需要关注而又最易忽视的是社会性维度。强调以人为本、以社会发展为核心，应成为社区更新最重要的特质之一。这意味：需要以社区需求作为更新的最重要出发点，居民满意度和幸福感作为评价更新成果的最关键指标；注重更新的社会性评价，加强关于更新活动和更新成果的社会指标、社会评价等相关研究和实践应用；注重更新中的公正性问题，关注"漂亮的财务报表"所掩盖的社会成本，以及"沉默的大多数"或"被牺牲的少数人"。

10.3.4 永续性：以多元、包容、可持续为更新原则

当前，不少更新实践都伴生以不可持续的问题。从社会的不可持续（如更新后大量中低收入群体被置换，地区房价上涨和不平等现象加剧），到环境的不可持续（如地方特色空间肌理、生态植被被破坏，为平衡改造资金推动大规模地产开发而加剧周边道路拥堵），再到经济的不可持续（如老旧小区等改造后空间增量有限的项目难以吸引市场资金投入，政府财政亦难以全面负担，更不用说后期的维护管理费用）。如果不解决可持续性的问题，社区更新只是一次次的改造运动，从长远来看可能给城市带来更大的成本负担。

2016年，第三届联合国人居大会上通过的《基多宣言》(*The Quito Papers*)，作为《新城市议程》(*New Urban Agenda*)的重要理论基础，提出气候变化、大数据和非正规性等新的力量正在塑造着当代城市发展，需要通过营造开放城市，实现社会的公平与正义，关注城市的多样性和能动性，并体现出多孔性（porous）、未完成性（incomplete）和共时性（synchronicity）等特点。

城市的魅力在于多元与不确定性。尊重人群、文化、地区的差异性，倡导机会公平的包容性增长，促进人与自然、邻里关系的和谐可持续发展，有助于实现活力永续的社区更新。

10.4 社区更新的路径

实现可持续社区更新的路径，离不开六项核心要义：共益、共识、共商、共担、共建和共治。由此，形成以下六个方面的特色路径：寻求共益价值，形成共识战略；搭建共商平台，建立共担意识；空间更新为核，多维共建协动；完善制度保障，强化基层共治（图10-2）。

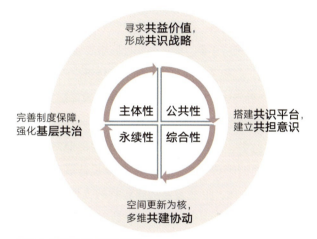

图10-2 社区更新的原则和路径

10.4.1 寻求共益价值，形成共识战略

10.4.1.1 寻求共益价值

共益是社区更新得以推动的基本出发点。也就是说，需要相关各方在更新中都能找到相对均衡的收益点，找到多元价值的最大公约数。无论是从政府政绩或所谓公共利益出发，或是市场收益角度，亦或是社区居民受益于环境改善和住房价值提升，仅考虑单方收益，而忽视了其他利益相关方的增益可能，甚至带来利益受损，将导致更新无法真正付诸实践。例如，"新清河实验"通过参与式社区规划，有效提升了老旧小区的物业费缴收率，并激发居民自主参与改造和维护社区环境，为物业管理机构参与更新带来了共益的价值驱动。

可以通过多种形式的公众参与，包括座谈会、问卷调查、个体访谈、听证会等，实现开放的信息交流、沟通与协商，推动各方主体都能畅通无阻地表达自我价值、倾听他方诉求、进行平等对话。

10.4.1.2 形成共识战略

基于共益的共识，是社区更新愿景和目标的基础。

共识方的来源，不仅包括作为资源投入主体的政府、投资商和建设方，还应包括相关职能部门和专业机构、街道办事处、社区两委和居民、辖区相关企业和商铺等，此外，物业公司和社区社会组织作为更新后维护和服务的重要供给方，他们的参与和共识也非常重要。

共识的形成，还需要融入更大尺度区域统筹和长期发展战略的指导，建立地区性的发展共识和更新框架。过去众多的更新项目都缺乏战略性思考和长期视角，更新政策过度聚焦于小地块、分散的项目，以一种零敲碎打的方式处理各种问题，而没有建立起不同更新项目之间、更新活动的不同方面之间的联系。英美等国的更新案例也显示，仅仅依靠地方社区的力量，试图转变长期经济衰退的问题无济于事，即使强调社区协商和参与也可能只有微弱影响，这是因为忽视了地区衰退的大背景，忽视了住房、更新和地区经济之间的关联问题（Hall，2007）。Hall（1997）曾提出，英国城市面向边缘区住房的更新政策多数体现为"内向型更新政策"，应更多转向"外向型政策"，将对城市衰败问题的讨论引向对结构性和城市层面等外部因素的关注（表10-2）。

在北京的案例中，东四南地区更新中搭建街道治理创新平台、清河街道的街区更新规划、学院路街道的街区更新战略规划和更新设计联盟，都是力求在街区乃至更大区域范围内，统筹联动各方主体，形成发展战略和共识，作为社区更新的总体指引。

内向型和外向型更新政策比较　　　　　　　　　　　　　　　　　　　　　　　　　　　　　　　表10-2

政策方面	内向型	外向型
环境、可达和便利设施	改善环境，为当地提供便利设施	消除物理隔离；交通规划；改善便利设施以吸引外来者
住房	改善住房条件，为当地人提供多种住房所有形式；分权管理	改善住房以吸引新居民；关注城市层面的住房配置过程
社会更新	社区/租户参与；防治犯罪策略；保持既有人口的稳定	消除污名化和社会排斥
经济更新	在地产管理和建设中的当地就业；小型商业的发展和培训	教育、招聘和人员配置；将地产和次区域发展相联系；吸引对内投资
制度安排	强调租户和住房组织控制；基于地区的合作	强调城市层面的合作；强调机构之间的联系
空间维度	以地区为目标的地产；显著分权的规划行为	衰败地区和潜在地区之间的联系；城市层面的战略规划

资料来源：Hall，1997。

制定地区性更新战略指导的另一个重要意义在于，明确地区更新的主要目标和重点项目。更新的目标究竟是如英美重点解决贫困和社会排斥问题，还是改善基本住房条件，或是促进社会融合，不同的目标选取会直接导向差异化的更新地区和干预手段。从政府财政投入的角度，公共资金是否投向了最迫切需要更新的困难地区，至少目前看来，不少更新项目（甚至是代表性的更新案例）在这一点上并不具备良好的示范效应，它们更多是从项目的可操作性和展示度上来考量的。

10.4.2 搭建共商平台，建立共担意识

10.4.2.1 搭建共商平台

充分吸纳社区更新相关利益主体的参与，搭建纵向到底、横向到边的基层参与共商平台。纵向维度上，加强市、区、街道层级的统筹规划、部门行政、资金支持等与社区、小区、楼院等不同空间层面主体的供需对接和协作对话；横向维度上，增进政府、市场、社会等不同利益相关主体之间的连结，包括街道办事处、社区两委、居民、社区社会组织、辖区企业、工作群体、职能部门以及高校、社会组织、设计机构、媒体等第三方机构。

推进基层议事共商能力和体系建设。结合社区更新项目推进，具体策略包括：①得到关键行动者的参与和支持，例如社区两委、专业人士、社区能人、意见领袖等；②聚焦重点议题先行启动，围绕更新中关注度高，或共识较为集中的议题，先行组织协商，并尽量确保其顺利推进，有助于建立信心；③建立基层议事共商网络，考虑到更新的长期性，将更新活动纳入基层议事体系，避免"一更新一议事"，后者不但加大更新协作成本，而且不利于更新与社区建设其他方面的整合推进；④采取形式多样的参与式活动，参与过程同时也是对话沟通的过程、共识形成的过程、为基层赋能的过程。

加强地方知识、专业技术与多元利益的对话。地方知识指社区居民在社区建设过程中累积并传承延续的关于社区发展的理解、经验与知识，涉及人们对于社区乃至整个社会的认知与信念，也包括社区解决问题及验证新信息的地方智慧，在应对复杂的社会关系与延续社区适应性发展等方面具有不可或缺的作用。需要加强专业技术与地方知识的对话沟通，在此基础上寻找问题的地方性解决方案。例如，大栅栏地区跨界复兴中对当地手工艺人的发掘和培育，东四南地区和茶儿胡同的微花园营造中对本地种植达人、技艺和文化的尊重和支持，都是让更新实践更具地方特色和内生动力的基础。

建立可持续的伙伴关系。实践显示，更新中的合作很重要，可持续的合作更为重要（Shaw等，1998）。可以根据不同的地方特点和更新需求，建立不同的伙伴关系：根据参与主体和关注点的不同，可分为地产开发联盟、与地方当局的战略联盟、基于社区的伙伴关系等（表10-3）；根据合作形式和更新目标的不同，可分为战略型伙伴关系、项目型伙伴关系、技术型伙伴关系等。

英国城市更新中伙伴关系的类型   表 10-3

特征要素	地产开发联盟	与地方当局的战略联盟	基于社区的伙伴关系
参与者	中央政府和地产开发商；在法律要求之外，与地方当局没有互动	中央和地方政府、地产开发商、商业精英之间有紧密联系；其他部门可以被代表	志愿组织、社区活动家、地方商户和公共部门组织
主要关注	地产开发，经济变化	更新的经济、社会、环境方面；重点关注物质再开发	社区收益：就业和社会机遇，物质更新
合作模式	扩大预算；杠杆作用	与正式伙伴协议之间的协同效应；与地方行动者之间的层级关系	转型；与公共部门建立正式伙伴关系，通过志愿性合作实现可能的协同效应
意识形态	企业家哲学；市场导向的发展，政府提供财政支持，地产开发商获得特许权；行政机构进行实验性城市管理	受企业家文化影响，地方当局与商业精英和地产开发商建立伙伴关系	受到对地方福利和社区繁荣的真实关注的驱动
资金动机	组建伙伴关系是为了获得税收鼓励和政府对地产开发的资助	政府拨款驱动：形成伙伴关系去争取公共资金	从争取政府拨款转向关注合作网络
影响范围	策略制定和实施很大程度上由中央政府确定；与地方政府的象征性合作	策略制定和实施由竞争性的利益确定；在竞争性的优先权和政策中寻求平衡	策略制定和实施由社区确定；与地方当局和志愿部门保持紧密互动
演变的依存关系	有限的合作，效益驱动	地方合作，伙伴关系形成协同效应	伙伴关系开始根植于地方社区，形成积极的协同效应
伙伴关系的可持续性	以增长为中心；短期的	回应地方需求，依赖于强大的地方当局领导权；在较长时期内可持续	与社区社会结构良好整合；存在潜在的冲突风险；自我维系

资料来源：Tsenkova，2002。

10.4.2.2 建立共担意识

参与是分层级的。当前大量的社区更新中，社区即使有参与，也多限于作为意见、问题的提出者，而很少会去思考"我要做什么"和"我能做什么"，即作为资源的投入者和行动的实践者。也就是说，有权益而无担当，这种权责不对等或不清晰的更新活动，必然导致难以持续，甚至无法付诸实施。

针对老旧社区中土地和空间权属通常十分复杂、混乱的现状，社区更新的一个重要前提是更新对象的权属明晰和利益主体的权责明晰，从而明确责权分担机制。

另一方面，社区更新中涉及大量公共、半公共空间的更新改造和运营维护，在某些权属还不甚清晰的前提下，同时考虑到"公地的悲剧"，需要建立相关主体的共担意识，制定共担机制，才有可能付诸共担行动，推动更新实践，保障更新成果的长效维护。例如前文案例中，朝阳门街道组织院落居民制定"小院公约"，清河街道社区居民自发组建广场和花园维护小组，都是通过充分发动社区居民以智力、劳动或资源投入等方式，成为社区更新的主体，并对于更新成果拥有更高的认同感和归属感；地瓜社区通过建构居民"产消一体"的角色，促进互动、互利的新型社区服务合作方式，让社区居民同时成为创新、分享的主体；北京市和朝阳区小微公共空间设计方案征集等活动，则是利用市区财政资金、社会公益资金，发挥其杠杆作用和选拔激励机制，吸引更多的基层和社会力量、资金投入。

此外，推进社区组织建设，有助于增进共担意识和共担能力。目前，我国社区居民的组织性发育较弱，既体现在居民的参与意识和参与能力弱，也体现在参与层级较低，大量社区社会组织主要基于个体兴趣爱好而组建，参与更新活动的形式也多为前期调研阶段的需求表达。有待进一步推动社区自治组织和地方志愿团体的发展，并强化其组织能力和专业特长培育。由此，在面对社区问题或发展诉求时，才能形成参与和共担的引领力量，成为与外界平等对话的代表。

10.4.3 空间更新为核，多维共建协动

10.4.3.1 空间更新为核

以居住环境的空间更新和改善为核心，应作为目前甚至较长一段时期社区更新的基本思路。一方面是补欠账，长久以来我国城市规划建设以生产型空间为中心，以住区为中心的生活型空间的品质一直相对滞后；另一方面，微观人居环境建设品质的提升，成为走向共同富裕、实现幸福感最具优先性的落脚点。

随着建设和更新的不断推进，更新的重点从住房条件的改善，逐步向社区整体居住环境和设施配置的改善推进。通过提高住房面积、保障居住舒适度、提升建成环境品质、优化服务设施配置，创造舒适、积极、宜人的生活氛围，特别对于维系个体、家庭和社区的健康发展有着十分显著的积极效用。

社区更新并不等同于住宅楼宇的全部拆除重建，而包含以下多种更新策略：

（1）拆除重建：拆除低品质的或低需求的存量住房，取而代之以新建住房。通常会带来社区内土地利用强度、人口容量、住房权属和类型、邻里构成等的改变。当前的普遍趋势是为原住户提供原址回迁或外迁等选择，提高更新的可操作性；同时，通过回迁，有助于继续维系社区传统的邻里关系网络。

（2）整治修缮：对老旧住宅建筑进行保养和维修，消除安全等隐患，对现有环境进行局部调整或小的改动。在基本不改变既有住户容量和构成的情况下，改善居住条件和生活环境。具体措施包括局部加扩建、楼体和设备维修改造、外立面修缮、内部空间改造、环境整治、市政设施和服务设施改善等。这部分成为当前社区更新的最主要内容，相应的最大挑战在于配套政策的进一步完善，涉及增容空间的产权和收益归属、公共空间运营的收益分配、临时建筑用于社区服务的性质调整和资产运营等。

（3）新建：在更新中也可以通过新建住房，解决当地住房供给短缺问题，调整地区的居住混合。

（4）保护：对具有历史、文化或美学等价值的建筑或街区给予保护和修缮，保持现有格局形式和地方特色。

例如，在劲松北社区，以成本低、影响小、见效快的公共空间环境改造为先期启动项目，获得居民认可和信任，进而逐步推进服务设施改造、老楼加装电梯、宅间环境改造、危旧房拆除重建等项目，实现"一张蓝图"指引下，全要素、递进式的更新推进。

10.4.3.2 多维共建协动

住房通常是城市更新和社区更新最重要的驱动器，但单纯聚焦于投入产出效益、完全依赖拆除重建的大规模住房改造，通常会带来人群的绅士化，原有住户被"置换"到别处。更重要的是，带来地段乃至周边更大范围地区的房价和租金的上涨，加重购房、租房群体的生活成本，甚至波及各行各业的运营成本。

从社会空间的视角，住房形塑了个体、家庭所生活社区的中心，但并非全部；更重要的是以此为中心，既体现在物质层面也包含精神层面，形成人们日常生活、交往、休闲乃至就业的家园。因此，社区更新应指向营造更为宜人的社区环境、更为完整的社区功能、更为丰富的社区服务、更具特色的社区文化、更加紧密的社区关系。

面向不同类型的社区，包括历史文化街区、单元大院、新建商品房小区、城郊混合型社区等，因地制宜采取不同维度、不同主题的更新策略。具体包括但不限于以下内容；可以聚焦其中某类策略，或是多维并进，协动开展。

（1）邻里环境整体优化：关于公共空间体系和重要空间节点、慢行系统、街道立面、街道家具、指路标识等的一体化设计和品质提升。

（2）触媒活化与再利用：将闲置或废弃的街头空间、绿地、建筑物、地下室等，改造为活动广场、社区花园、菜市场、邻里中心等重要的邻里活动场所，通过小微空间的再生与串联，激发区域活力。

（3）社区服务设施提升：增建基础教育、托幼、卫生、文体、养老、停车等社区服务设施；进行提质改造，提升设施的配置标准、可达性和适宜度；通过多功能整合的社区综合体建设，打造富有活力的邻里中心。

（4）社区特色主题营造：依托地方既有资源和优势，围绕健康、安全、绿色、儿童友好、老年友好等主题，实现社区整体特色营造和培育社区认同。

（5）社区文化发展：基于资产挖掘、线路规划、特色塑造等，围绕社区传统和现代文化氛围、品牌与支撑体系进行整体营造。

（6）社区服务供给：聚焦社区整体福祉提升和特殊群体服务等方面，实现软硬件相整合的全面提升。

（7）创投吸引社会参与：在整体更新框架的指导下，以城市重要空间节点为更新单元，借助公益创投、方案征集、公共竞赛等形式，以较小规模的财政资金为先导并充分发挥其杠杆效应，广泛吸引专业团队、基层组织、社会资金、居民志愿者等各方资源，共同参与更新活动，并依托多元参与，因地制宜形成各具特色的更新方案和实施路径。

10.4.4 完善制度保障，强化基层共治

系统完善的制度建设，是可持续社区更新的最根本保障，能为社区更新提供长久稳定的机制支持，而不限于某个特殊背景和资源支持下的运动式项目；更重要的是，为参与各方提供信心。更新项目形成的制度能力，与项目的物质性产出一样重要，甚至对于更新的可持续发展具有更为重要的意义。

当前，社区更新亟需在以下几方面探索模式创新和机制保障。

10.4.4.1 与基层治理创新机制的对接

有活力、可持续的社区更新离不开强大的基层治理土壤的支持。北京近年来一系列基层治理创新工作，强化了以街道为核心落脚点的基层治理体系和能力的现代化建设，有助于推动街道作为居民需求与政府资源的重要对接平台。

从推动社区更新中社区的主体性和参与度的角度，有待进一步完善基层议事协商平台和渠道的建立，使得社区更新相关的议题提出、方案协商、共识拟定、实施协作等各项工作能全面、有效、规范地纳入基层日常治理工作体系，而不是围绕单个项目组织活动，或运动式推进。

此外，积极推动社区更新与大数据、智能化平台、智慧社区建设相结合，通过数字化治理，进一步拓展和增进多元主体参与更新改造和后期的运营管理。

10.4.4.2 与国土空间规划体系的对接

社区更新并非一次性的改造工作，而应成为城市规划建设和空间治理运营全周期中的重要组成环节，需要推进社区更新与国土空间规划体系的对接。以社区规划为落脚点，全面整合纳入社区更新工作，完善空间规划和治理体系在街区、社区层级的落位。特别应对存量更新的发展需求，面对新时期空间利用和更新的创新模式，完善相关的空间治理和管控机制。

另一方面，加强社区更新与城市设计体系的对接。董光器（1998）早年关于北京老城的改造建议直至今日仍直指痛点：很多历史街区的主要问题是缺乏综合整治规划和严格的管理，临街乱搭棚屋、侵占公共空间等私搭乱建活动破坏了原本很好的景观风貌，或是私宅、商铺的局部翻建项目缺乏统一的城市设计做指导，与传统风貌格格不入。"因此，主要矛盾不是改造，而是如何保护好。通过整治规划和良好的城市设计，恢复老城独有的风貌。"这一问题不仅限于历史街区，在各类社区更新中都亟待加强城市设计的整体指引。

10.4.4.3 与城市住房保障机制的对接

社区更新制度的复杂性，在于它同时涉及城市更新和住房保障两方面基础性的城市政

策领域。而目前，大量实践更多聚焦在更新领域，而较少从城市住房保障的领域进行统筹考量。

从住房保障政策领域而言，一方面，需要从完整社区营造的角度，在社区更新中加强关于社区功能、服务、环境、交通等方面的整体提升机制研究；另一方面，借助社区更新契机，增加可支付住房供给，如借鉴德国的经验，政府依托更新项目，通过购置产权或签订长期租约等多种形式，收储保障性住房房源。由此，可有效抑制更新后房价房租大幅上涨现象，并拓展中心城区内保障性住房供应规模。

10.4.4.4 与责任/社区规划师制度的对接

随着社区更新日益成为常态化城市规划建设工作的主要内容，需要一个专业支持和协调组织的团队力量，能在纷繁复杂的利益诉求和矛盾冲突中，形成解决方案、地方共识，并推动更新实施。它不仅需要拥有更新相关领域的专业技术体系，还有跨领域合作、沟通对话、统筹协调，以及创新解决问题的能力，能为地方提供持续性的能力建设和技术支持。

而在既有大量的更新活动中，这类团队是急缺的。街道和社区居委会的基层工作人员绝大部分既无精力、也缺乏能力承担这部分工作；以社会工作为主要内容的社会组织，更多致力于面向特殊个体提供帮扶，对话空间更新存在较大专业壁垒，在当前亟需的社区发展能力建设方面也较为欠缺；更新设计团队多依托项目制，完成方案设计即撤离社区，并且多聚焦空间更新层面，无法有效推动更新全过程的组织协调和社区参与。

因而，需要一类跨学科的第三方团队，可来自地方高校、研究或设计机构、社会组织、社区志愿团体等，如北京、上海、成都等地的责任/社区规划师、社区营造师等，通过相关制度建设，为这类团队扎根地方明确相关职责、资金支持、培训和选退等机制，及其在社区更新中的主要职责和工作内容。

例如，清河街道搭建责任规划师和社区规划师的"双师"协作机制，有效实现区—街道—社区等层级的资源、政策和需求之间的对接；东四南街道和学院路街道的责任规划师则全面参与社区更新与社区营造、街区更新规划的编制和实施等工作中。

10.4.4.5 建立健全全周期更新评估机制

应建立面向社区更新的全周期评估机制。通过更新前评估，明确更新需求、主要问题、更新目标、优先权等。通过更新后评估，既关注资源投入情况，也关注产出，包括收益和损失，及其在不同地域、不同群体之间的分布；既关注硬件环境的改变，也关注就业机会、社会资本、服务可达、可持续性等软件的提升，还包括满意度和认同感等社区主观感受。

相关配套工作还包括：政府制定和发布更新行动评估指南，为各地开展评估提供技术和路径指导；重视更新评估信息的公开，总结和传播经验教训，让决策者、社区居民和更新参与各方全面了解更新任务和地方基础；完善评估与动态监测、反馈、调整工作的对接机制；等。

10.5 总结与展望

▶ 中华人民共和国成立后，特别是改革开放以来，中国城市经历了前所未有的高速发展和大规模的变革，不仅体现在社会、经济、政治领域，也包括城市空间，几者之间相互交织，使得这个过程益发复杂。更新作为回应并推动城市发展转型的综合性活动，其目标和路径也伴随这一复杂过程不断调整。回顾北京城市社区更新发展历程，从核心主题而言，可以分为三个主要阶段：从1950年代~1980年代聚焦于"住房改善"，到1980年代~2010年代中期落脚于"住区改造"，再到2010年代中期以来更多转向"社区更新"。每个阶段对应的城镇化、收入、住房和社会分异水平都有显著差异，进而带来核心主题、主要任务和关键挑战的不同（表10-4）。

当前，北京城市发展面对更为复杂的全球化、城镇化浪潮，以及后工业化转型、社会和文化的多样性、社会不平等相互交织的诸多新挑战。从平均水平而言，北京已经步入高度城镇化、高收入、住房水平较舒适的阶段，同时也面临不同群体间收入和资产、住房面积、居住条件等分异不断加剧的现实问题。在解决了基本住房保障的任务之后，如何通过更新，提升社区生活品质，营造和谐、包容、可持续的社区环境，成为新时期的城市更新，特别是社区更新，必须正视的重任。

社区更新并不等同于将城市更新落脚于小尺度、精细化的更新形式，而是代表一种新的对于生活价值的综合认知，一种基于地域视角的政策整合机制，一种社区为主体推进可持续发展的更新模式。

北京城市社区更新发展的阶段特征 表10-4

时期	1950年代~1980年代	1980年代~2010年代中期	2010年代中期至今
核心主题	住房改善	住区改造	社区更新
主要任务	增加住房供给，改善过度拥挤、恶劣的居住状况	改善住房条件、住区环境和设施配套	提升居住品质，推动可持续社区
关键挑战	有限的财政和空间资源应对快速增长的城镇人口	市场资本参与，项目可操作，应对快速发展的居住需求	多元利益协调，多方资源投入，可持续的更新和维护
城镇化水平	中期阶段，城镇人口快速增长	中后期阶段，城镇人口增长速度放缓	后期阶段，基本稳定
收入水平（人均GDP）	中等偏下（<0.1万美元）	中等偏上（0.1万~1万美元）	高收入（1万~2万美元）
住房水平（人均住房建筑面积）	极度拥挤（5~10平方米）	较为拥挤-基本舒适（10~30平方米）	较为舒适（>30平方米）
收入分异（高、低收入户年收入比）	分异极小	出现分异（1990年：2.3：1）	分异加大（2015年：4.4：1）

资料来源：相关数据来自北京历年统计年鉴。

社区更新需要城市的视角。不能只聚焦于微观社区尺度的修修补补，抑或局限于单个改造项目内部算经济账、空间账，而应从城市整体发展战略的高度进行统筹谋划和协同推进。欧洲近年来的城市社区更新开始强调整体性，关注与周边社区和城市之间的整合与联系，以避免加剧的社会和空间分异。北京20世纪末期的大规模老城更新运动，就存在过度聚焦单体项目的问题，因小失大，导致老城人口规模偏离规划预期，不减反增。当前的老旧小区改造工作，也需要思考对居住人口分布格局的重新调整和优化。

社区更新需要人文的视角。当下城市更新、城市复兴的热潮在全球兴起，各地政府孜孜不倦地推进更新，赞歌一片，好似佛罗里达（Florida，2002）笔下的创意城市、创意群体自此花落此地。波特（Porter）等（2009）在《谁的城市复兴？城市更新策略的国际比较》（Whose Urban Renaissance? An International Comparison of Urban Regeneration Strategies）一书中收录了全球21个代表性的城市更新案例，同时提出质疑，究竟是"谁的城市复兴"？社区更新需要回归社区自身，回归地方发展与人本生活，关注更新对不同地区和群体可能带来的不同影响，而不只是给城市多了一张旅游观光的名片，一个主题乐园的植入。真正充满活力和宜居的地方，应全面承载居民和外来者通过脚步、时间和经历，在城市的真实体验、对地方的投资和对未来的期许。

社区更新需要投资的视角。更新视角应从"支出"转向"投资"，即更加强调资源的投入产出效益，不论公共还是私人资本。而且对于社区更新而言，相比于物质性投资，社会性投资更为重要，意味着需要关注更长久的个人和社区的发展，及其发展能力的建设。

社区更新需要发展的视角。更新，天然地将"未来"与"发展"的理念深度根植于当下的实践和经历中。因而，更新不等于简单的修复、缝补，或只是重新"切分蛋糕"，还需要以发展为导向，展望新技术、新功能、新结构、新生活、新理念可能带来的新的变革和分配机制，通过"做大蛋糕"，让社区的各方主体能在共同参与发展的过程中，分享增值的收益。

社区更新还需要价值的视角。更新本身是一个价值生产的过程，也是一个价值分享的过程，更是一个价值共创的过程。这当中既包含对于自然、文化、经济等要素及其相互关系的基本价值观，强调对日常、真实、多元的生活价值的关注；也包含对人的基本价值观，推动不同群体协同寻求大家都认可的最大公约数，而不只是政治家、企业家或规划师个人的理想实现；更包含对实现地方发展权利的价值观，关注对社区中个体、家庭、社群的历史、文化、认同、记忆、资产、能动性的认知、挖掘和尊重，而不仅仅依赖外来资源注入、全盘替代的做法，在尊重差异、公正、包容的基础上寻求共识，多方扩展人们对于参与营造更美好生活家园的信心和渠道。

目前而言，社区更新中最大的挑战还是这最后一点。也就是说，一种可以支持可持续社区更新的完整价值链尚未构建起来。北京当前乃至往后较长一段时期内，在人口和空间规模双控的背景下，传统开发导向下通过大规模空间增容平衡资金成本的更新模式已经难以为继，政府基于土地市场收益的做法在不变更权属方和使用人的前提下也无法实现。不同于城市更新能在较大区域内整合成本效益的平衡，或是通过重大项目、明星项目吸引资金投入和政府关注，社区更新主要落脚于住房改善、公共空间改造和服务提升，其提升的价值在当前体制机制下难以在短时期内实现市场转化，成本收益和可持续推进成为无法回避的现实难题。

从政府投入的角度，如果全部由政府财政负担将是一个极大负担，或者走向"涂脂抹粉"的简单处理，或是有待在较长时期内逐步推进。从吸引市场力量参与的角度，目前"劲松模式"（8.3节的案例）探索了一条基于空间运营的微利可循环路径，这对于企业的EPCO（设计、采购、施工和运营）一体化服务能力、社区内可运营空间的规模和社区消费水平，以及空间资产委托运营的稳定性和持续性等方面都提出了更高要求。除此之外是否还有其他路径？从社区参与的角度，居民作为社区更新最大的受益人，目前的参与多局限于提问题、提要求、提意见，而尚未有正式渠道真正参与到更新投资、建设、运营的核心领域。欧美等国家近年来开展社区更新的一条重要路径是推进"社区主导的住房行动"，由本地居民或社会团体，通过非营利组织的形式对住房进行更新建设，包括合作住房、社区土地信托、发展信托、自助和自建住房、社区主导的住房协会等。实践评估显示，这种创新性的更新方法，能更直接、及时地应对当地多样化的住房需求，充分吸引社区群体参与，增加地方责任，同时实现高标准建造，以及可负担的更新和居住费用，促进对项目的长期投资和社区的可持续发展。

未来可持续社区更新亟待从理论到实践的全面探索。前一阶段的城市"有机更新"理论，借鉴生物体自然演替的规律，提出了小规模、渐进式的更新法则，针对之前老城区中大拆大建的"机械式"改造方式，可以说提出了另一条对于城市历史文脉、空间肌理和社会网络的延续更加友好的发展路径，但它更多落脚于空间操作层面，在社会经济持续性方面尚缺乏系统的应对机制和支撑路径，也在一定程度上导致了理念认同多、实践操作少的尴尬局面。

在当前城市更新成本日益高企、约束机制日趋严格和复杂的背景下，有待在"有机的整体性"这一视角指导下，探寻并推动以社区为更新主体、以街区为更新单元、以城市为更新动力的可持续社区更新路径。如果将社区视为城市生命体的细胞，那么社区更新就如同"细胞疗法"，面对城市这一生命体组织受损或机能衰退，并非外科手术式的完全切除和置换器官、组织，而是着眼于社区细胞的激活和再生，让城市获得从内到外的青春与活力。

社区的质量决定了城市生活的质量，可持续的社区更新与发展才能导向城市"更"新的活力和未来。

▶ 社区更新，应是营造一个人们希望来此并长久居住和生活的家园，而不是一个他们希望或被迫迁离的地方。一个成功和可持续的社区应是美丽的，对环境负责的，空间可识别并独具魅力的；同时，拥有与众不同的历史和文化，各类群体都可在此安居乐业，老少相融；此外，还应是一个充满了爱和公正的场所，每个人和家庭在其中终身学习、互助成长和自我实现的家园。

愿同行者共勉！

参考文献

[1] Bailey J T. Marketing cities in the 1980s and beyond[M]. Chicago: American Economic Development Council,1989.

[2] Bandura A. Self-efficacy: the exercise of control[M]. New York: Plenum,1997.

[3] Beider H, ed. Neighbourhood renewal & housing markets: community engagement in the US & UK[M]. Oxford: Blackwell Publishing, 2007.

[4] Bray D. Social space and governance in urban china: the danwei system from origins to reform[M]. Stanford, California: Stanford University Press, 2005.

[5] Bursik R J. The informal control of crime through neighborhood networks[J]. Sociological Focus, 1999, 32(1): 85-97.

[6] Catungal J P, Leslie D, Hii Y. Geographies of displacement in the creative city: the case of liberty village, Toronto[J]. Urban Studies, 2009, 46(5-6): 1095-1114.

[7] Colantonio A, Dixon T. Urban regeneration and social sustainability: best practice from European cities[M]. Oxford: Wiley-Blackwell, 2011.

[8] Couch C, Sykes O, Cocks M. The changing context of urban regeneration in North West Europe[M]// Leary M E, Mccarthy J, ed. The routledge companion to urban regeneration. London and New York: Routledge, 2013: 33-44.

[9] Couch C. Urban renewal: theory and practice[M]. London: Macmillan Education Ltd, 1990.

[10] Cullingworth B, Caves R W. Planning in the USA: policies, issues and processes[M]. London: Routledge,2003.

[11] Department for Communities and Local Government. Transforming places; changing lives: taking forward the regeneration framework[R]. 2009.

[12] Department for Communities and Local Government. Estate regeneration national strategy[R]. 2016.

[13] Federal Housing Administration. A handbook on urban redevelopment for cities in the United States[M]. Washington, D.C.:United States Government Printing Office,1941.

[14] Florida R. The rise of the creative class: and how its transforming work, leisure, community and everyday life[M]. New York: Basic Books, 2002.

[15] Foard A A, Fefferman H. Federal urban renewal legislation[M]// Wilson J Q, ed. Urban renewal: The record and the controversy. Cambridge, MA: MIT Press, 1966.

[16] Gibson C L, Zhao J, Lovrich N P, et al. Social integration, individual perceptions of collective efficacy, and fear of crime in three cities[J]. Justice Quarterly, 2002, 19(3): 537-564.

[17] Howard J. Civitas by design: building better communities, from the garden city to the new urbanism[M]. Philadelphia: University of Pennsylvania Press, 2010.

[18] Gold J R, Ward S V, ed. Place promotion: the use of publicity and public relations to sell towns and regions[M]. Chichester: John Wiley,1994.

[19] Gold J R. Modernism, narratives of renewal and the historiography of urban regeneration[M]// Leary M E, McCarthy J, ed. The routledge companion to urban regeneration. London and New York: Routledge, 2013: 23-32.

[20] Grodach C. Toward sustainable culture-led regeneration[M]//Leary M E, Mccarthy J, ed. The routledge companion to urban regeneration. London and New York: Routledge, 2013: 505-514.

[21] Hall P. Regeneration policies for peripheral housing estates: inward- and outward-looking approaches[J]. Urban Studies, 1997: 34(5-6),873-890.

[22] Hall P. The inner city in context[M]. London: Heinemann, 1981.

[23] Hall S. Housing, regeneration and change in the UK: estate regeneration in tower hamlets, east London[M]// Beider H, ed. Neighbourhood renewal & housing markets: community engagement in the US & UK. Oxford: Blackwell, 2007: 249-270.

[24] Hall T. Urban geography (third edition)[M]. London: Routledge, 2006.

[25] Hamnett C. Gentrification and the middle-class remaking of inner London, 1961–2001[J]. Urban Studies, 2003,40(12): 2401-2426.

[26] Healey P, Davoudi S, O' Toole M, et al, ed. Rebuilding the city: property-led urban regeneration[M]. London: E&FN Spon, 1992.

[27] Hillary G. Definitions of community: areas of agreement[J]. Rural Sociology, 1955, 20(2): 111-123.

[28] Horita M, Koizumi H, ed. Innovations in collaborative urban regeneration[M]. Tokyo: Springer, 2009.

[29] Hsu J Y, Chang W H. From state-led to developer-led? The dynamics of urban renewal policies in Taiwan[M]//Leary M E, Mccarthy J, ed. The routledge companion to urban regeneration. London and New York: Routledge, 2013: 148-158.

[30] Imrie R, Lees L, Raco M, ed. Regenerating London: governance, sustainability and community in a global city[M]. New York: Routledge, 2009.

[31] Kearns A. Social capital, regeneration and urban policy[M]//Imrie R, Raco M, ed. Urban renaissance? New Labour, Community and Urban Policy. Bristol: Policy Press, 2003: 37-60.

[32] Leary M E , Mccarthy J. Introduction: urban regeneration, a global phenomenon[M]//Leary M E, Mccarthy J, ed. The routledge companion to urban regeneration. London and New York: Routledge, 2013: 1-14.

[33] Lees L. Policy (re)turns: gentrification research and urban policy—urban policy and gentrification research[J]. Environment & Planning A, 2003, 35(4): 571-574.

[34] Lu D. Remaking Chinese urban form: modernity, scarcity and space, 1949-2005[M]. London: Routledge, 2006.

[35] Markusen A, Gadwa A. Arts and culture in urban or regional planning: a review and research agenda[J]. Journal of Planning Education & Research, 2010, 29(3): 379-391.

[36] Mumford L. The culture of cities[M]. New York: Harcourt, Brace and company, 1938.

[37] Oatley N. Cities, economic competition and urban policy[M]. London: Paul Chapman, 1998.

[38] Oatley N. Urban regeneration[J]. Planning practice and research, 1995,10(3-4): 261-270.

[39] Office of the Deputy Prime Minister (ODPM). Sustainable communities: building for the future[R]. 2003.

[40] Ohmer M L. Citizen participation in neighborhood organizations and its relationship to volunteers' self- and collective efficacy and sense of community[J]. Social Work Research, 2007,31(2): 109-120.

[41] Perri 6, Leat D, Stoker G. Towards holistic governance: the new reform agenda[M]. Palgrave, 2002.

[42] Porter L, Shaw K, ed. Whose urban renaissance? An international comparison of urban regeneration strategies[M]. London: Routledge, 2009.

[43] Putnam R D. Bowling alone: America's declining social capital[J]. Journal of Democracy, 1995, 6(1): 65-78.

[44] Raco M. Building sustainable communities: spatial policy and labour mobility in post-war Britain[M]. Bristol: Policy Press, 2007.

[45] Roberts P, Sykes H. Urban regeneration: a handbook[M]. London: Sage Publications, 2000.

[46] Romano G C. Changing urban renewal policies in China: policy transfer and policy learning under multiple hierarchies[M]. Cham: Springer International Publishing AG, 2020.

[47] Sampson R J, Groves W B. Community structure and crime: testing social-disorganization theory[J]. American Journal of Sociology,1989, 94(4): 774-802.

[48] Sampson R J, Morenoff J D, Earls F. Beyond social capital: spatial dynamics of collective efficacy for children[J]. American sociological review, 1999, 64(5): 633-660.

[49] Sampson R J, Raudenbush S W, Earls F. Neighborhoods and violent crime: A multilevel study of collective efficacy[J]. Science, 1997, 277(5328): 918-924.

[50] Shaw K, Robinson F. Learning from experience: reflections on two decades of British urban policy[J]. The Town Planning Review, 1998,69(1): 49-63.

[51] Short J R, Kim Y H. Globalization and the city[M]. Harlow: Longman, 1999.

[52] Six P, Leat D, Stoker G. Towards holistic governance: the new reform agenda[2002nd edition][M]. Red Globe Press, 2002.

[53] Smith N R, Abramson D E B, Shih M. An introduction to planning China's communities: between people and place[J]. International Development Planning Review, 2019, 41(3): 247-268.

[54] Stabrowski F. New-build gentrification and the everyday displacement of polish immigrant tenants in Greenpoint, Brooklyn[J]. Antipode, 2014, 46(3): 794-815.

[55] Tallon A. Urban regeneration in the UK[M]. New York: Routledge, 2010.

[56] Taylor M. Public policy in the community[M]. Basingstoke: Palgrave Macmillan, 2003.

[57] Teaford J C. Urban renewal and its aftermath[J]. Housing Policy Debate, 2000, 11(2): 443-465.

[58] The Urban Task Force. Towards an urban renaissance[R]. 1999.

[59] Tonnies F. Community and association[M]. London: Routledge and Kegan Paul, 1955.

[60] Tsenkova S, ed. Urban regeneration: learning from the British experience[M]. Calgary: Faculty of Environmental Design, University of Calgary, 2002.

[61] Zhang J. Informal construction in Beijing's old neighborhoods[J]. Cities, 1997, 14(2): 85-94.

[62] Zukin S. Naked city: the death and life of authentic urban places[M]. New York: Oxford University Press, 2011.

[63] Zukin S. The cultures of cities[M]. MA: Blackwell, 1995.

[64] 白思奇, 任吉东, Richard, 等. 中华帝国晚期北京城市生态的重新思考: 都城社会空间的演变[J]. 城市史研究, 2006: 46-65.

[65] 北京市1%人口抽样调查领导小组办公室, 北京市统计局. 2005年北京1%人口抽样调查资料[G]. 北京市: 中国统计出版社, 2007.

[66] 北京市城市建设综合开发办公室. 开拓创新, 推进北京市危房改造进程[J]. 中国建设信息, 2001（6）: 19-20.

[67] 北京市地方志编纂委员会. 北京志·市政卷·房地产志[M]. 北京: 北京出版社, 2002.

[68] 北京市地方志编纂委员会. 北京志——城乡规划卷·建筑工程设计志[M]. 北京: 北京出版社, 2007.

[69] 北京市第六次全国人口普查领导小组办公室, 北京市统计局, 国家统计局北京调查总队. 北京市2010年人口普查资料[G]. 北京: 中国统计出版社, 2012.

[70] 北京市规划局. 东城区"十一五"时期城市建设发展规划[EB/OL]. (2015) [2021-09-17] http://plandb.cn/plan/3663#%E4%B8%89%E3%80%81%E2%80%9C%E5%8D%81%E4%B8%80%E4%BA%94%E2%80%9D%E6%9C%9F%E9%97%B4%E9%A3%8E%E8%B2%8C%E4%BF%9D%E6%8A%A4%E5%92%8C%E5%8D%B1%E6%97%A7%E6%88%BF%E6%94%B9%E9%80%A0%E5%B7%A5%E4%BD%9C%E7%9A%84%E6%80%BB%E4%BD%93%E7%9B%AE%E6%A0%87%E5%8F%8A%E6%8E%AA%E6%96%BD.

[71] 北京市人口普查办公室. 北京市第四次人口普查手工汇总资料[G]. 北京: 中国统计出版社, 1991.

[72] 北京市社会科学院"北京城区角落调查"课题组. 北京城区角落调查[M]. 北京: 社会科学文献出版社, 2005.

[73] 北京市统计局. 北京50年[M]. 北京: 中国统计出版社, 1999.

[74] 北京市统计局, 国家统计局北京调查总队. 北京统计年鉴2010[J]. 北京: 中国统计出版社, 2010.

[75] 北京市统计局, 国家统计局北京调查总队. 北京统计年鉴2019[J]. 北京: 中国统计出版社, 2019.

[76] 北京市统计局, 国家统计局北京调查总队. 国民经济和社会发展总量指标（1949-2013年）[EB/OL]. (2014) [2021-09-17]. http://hgk.tjj.beijing.gov.cn/query/queryReport/queryReportAction?method=queryHtmlStyle&queryCondition.reportNumber=60Y-1-03-N&queryCondition.collectFrequenceMask=&yhid=guest&netType=2&queryCondition.queryType=2&queryCondition.objectType=04&queryCondition.objectCode=0100.

[77] 北京市统计局, 北京市第七次全国人口普查领导小组办公室. 北京市第七次全国人口普查公报（第二号）——人口分布情况[EB/OL]. (2021a-05-09) [2021-09-05]. http://www.beijing.gov.cn/gongkai/shuju/sjjd/202105/t20210519_2392886.html.

[78] 北京市统计局, 国家统计局北京调查总队. 北京城区角落调查计公报[J]. 北京: 中国统计出版社, 2021b.

[79] 北京市统计局，国家统计局北京调查总队．北京统计年鉴2020[J]．北京：中国统计出版社，2021c．

[80] 北京市卫生健康委员会，北京市规划和自然资源委员会．北京市医疗卫生设施专项规划（2020年-2035年）[EB/OL]．(2021-09-10) [2021-10-21]．http://wjw.beijing.gov.cn/zwgk_20040/zxgk/202109/t20210910_2490429.html．

[81] 北京市西城区统计局，北京市西城区经济社会调查队．北京西城统计年鉴2010[J]．北京：北京市西城区统计局，2011．

[82] 北京市西城区统计局，北京市西城区经济社会调查队．北京西城统计年鉴2015[J]．北京：北京市西城区统计局，2016．

[83] 北京市住房城乡建设史志鉴编纂委员会．2008北京建设年鉴[J]．北京：北京工业大学出版社，2008．

[84] 北京市住房城乡建设史志鉴编纂委员会．2009北京建设年鉴[J]．北京：北京工业大学出版社，2009．

[85] 北京市住房城乡建设史志鉴编纂委员会．2010北京建设年鉴[J]．北京：北京工业大学出版社，2010．

[86] 北京市住房和城乡建设委员会．北京市"十四五"时期老旧小区改造规划（京建发〔2021〕275号）[EB/OL]．(2021a-08-27) [2021-09-22]．http://www.beijing.gov.cn/zhengce/zhengcefagui/202109/t20210902_2482687.html．

[87] 北京市住房和城乡建设委员会．探索统筹老旧小区综合整治和建立长效管理机制工作情况[EB/OL]．(2021b-02-02) [2021-09-21]．https://baijiahao.baidu.com/s?id=1690577150751925337&wfr=spider&for=pc．

[88] 彼得·罗伊．时间轴上的徘徊——北京西城区城市更新探索[J]．世界建筑，2004（2）：50-51．

[89] 边兰春，石炀．社会—空间视角下北京历史街区整体保护思考[J]．上海城市规划，2017（6）：1-7．

[90] 柴彦威，陈零极，张纯．单位制度变迁：透视中国城市转型的重要视角[J]．世界地理研究，2007（4）：60-69．

[91] 谌丽，张文忠，党云晓，等．北京市低收入人群的居住空间分布、演变与聚居类型[J]．地理研究，2012（4）：720-732．

[92] 党云晓，湛东升，谌丽，等．城市更新过程中流动人口居住-就业变动的协同机制研究——以北京为例[J]．地理研究，2021（2）：513-527．

[93] 丁元竹．中文"社区"的由来与发展及其启示——纪念费孝通先生诞辰110周年[J]．民族研究，2020（4）：20-29．

[94] 董光器．北京规划战略思考[M]．北京：中国建筑工业出版社，1998．

[95] 方可．当代北京旧城更新：调查·研究·探索[M]．北京：中国建筑工业出版社，2000．

[96] 冯健，周一星．转型期北京社会空间分异重构[J]．地理学报，2008（8）：829-844．

[97] 高元，邓夕也，刘潇潇，等．北京旧城人口过滤现象、演化机制和空间响应——基于四普、五普、六普数据的分析[J]．城市发展研究，2017（12）：54-60．

[98] 葛嘉伟．北京市海淀区村庄拆迁腾退评议——以四个村庄为例[D]．北京：清华大学，2017．

[99] 耿宏兵．90年代中国大城市旧城更新若干特征浅析[J]．城市规划，1999（7）：13-17．

[100] 顾朝林，C·克斯特洛德．北京社会极化与空间分异研究[J]．地理学报，1997（5）：385-393．

[101] 顾萌，吴晓，强欢欢，等．近代社会转型时期北京社会空间结构变迁研究——基于1917、1935、1946年人口数据的分析[J]．城市规划，2019（7）：34-49+59．

[102] 侯丽．城市更新语境下的城市公共空间与规划[J]．上海城市规划，2013（6）：43-48．

[103] 胡鞍钢，赵黎．我国转型期城镇非正规就业与非正规经济（1990-2004）[J]．清华大学学报（哲学社会科学版），2006（3）：111-119．

[104] 华揽洪．关于住宅标准设计方案的分析[J]．建筑学报，1956（3）：103-112．

[105] 黄汇，史健．小后仓胡同危房改建——一次旧城改建的探索[J]．城市规划，1990（6）：3-6．

[106] （加）道格·桑德斯．落脚城市：最后的人类大迁移与我们的未来[M]．陈信宏，译．上海：上海译文出版社，2012．

[107] 金经元．近现代西方人本主义城市规划思想家霍华德、格迪斯、芒福德[M]．北京：中国城市出版社，1998．

[108] 晋璟瑶，林坚，杨春志，等．城市居住区公共服务设施有效供给机制研究——以北京市为例[J]．城市发展研究，2007（6）：95-100．

[109] 景体华. 西城区人口动态分析与疏解对策研究［EB/OL］.（2009-08-27）［2015-03-31］. http://rkjshw.bjxch.gov.cn/RKJSxxxq/536262.html.

[110] 李君甫,李阿琳. 北京社会阶层空间结构的特点、问题及优化[J]. 北京社会科学, 2016,（7）: 72-79.

[111] 李君甫,王春璇. 超大城市乡-城与城-城流动人口的居住空间差异——基于北京和上海的研究[J]. 东北师大学报: 哲学社会科学版, 2020（5）: 91-99.

[112] 李强. 农民工与中国社会分层[M]. 北京: 社会科学文献出版社, 2004.

[113] 李玉坤,应悦. 老构件留胡同味道, 北京雨儿胡同19个院落完成整体修[EB/OL].（2019-08-19）[2021-09-13]. https://baijiahao.baidu.com/s?id=1642264251081216475&wfr=spider&for=pc.

[114] 廖正昕. 北京市的保障性住房规划[J]. 住区, 2013（4）: 18-23.

[115] 刘佳燕. 北京基层空间治理的创新实践——责任规划师制度与社区规划行动策略[J]. 国际城市规划, 2021a（6）: 41-48.

[116] 刘佳燕. 基于场所营造的社区规划: 北京"新清河实验"的实践探索[J]. 上海城市规划, 2021b（5）: 1-8.

[117] 刘佳燕,李宜静. 社区综合体规建管一体化优化策略研究: 基于社区生活圈和整体治理视角[J]. 风景园林, 2021c（4）: 15-20.

[118] 刘佳燕. 社区规划师——制度创新与实践探索[M]. 北京: 中国建筑工业出版社, 2020.

[119] 刘佳燕,谈小燕,程情仪. 转型背景下参与式社区规划的实践和思考——以北京市清河街道Y社区为例[J]. 上海城市规划, 2017（2）: 23-28.

[120] 刘佳燕,王天夫. 社区规划的社会实践——参与式城市更新及社区再造[M]. 北京: 中国建筑工业出版社, 2019.

[121] 陆茜. 北京启动新一轮老旧小区综合整治[EB/OL].（2017-11-02）［2021-10-21］. http://www.gov.cn/xinwen/2017-11/02/content_5236342.htm.

[122] 陆孝襄. 北京的危旧房改造[J]. 城市规划, 1992（4）: 8-12.

[123] (美) C·亚历山大,S·伊希卡娃,M·西尔佛斯坦,等. 建筑模式语言[M]. 王听度,周序鸿,译. 北京: 知识产权出版社, 2002.

[124] 孟延春. 北京旧城改造产生的问题及其对策[J]. 清华大学学报（自然科学版）, 2000（S1）: 33-37.

[125] 彭慧,毕宇珠,苟天来. 大城市居民家庭居住特征及结构性问题分析——以北京为例[J]. 现代城市研究, 2016（4）: 121-126.

[126] 钱笑. 北京居住空间的发展与变迁（1912-2008）[D]. 北京: 清华大学, 2010.

[127] 冉奥博,刘佳燕. 政策工具视角下老旧小区改造政策体系研究——以北京市为例[J]. 城市发展研究, 2021（4）: 57-63.

[128] 盛明洁,顾朝林. 北京史各庄低收入大学生社会空间调查研究[J]. 北京规划建设, 2017（1）: 110-115.

[129] 施坚雅. 中华帝国晚期的城市[M]. 北京: 中华书局, 2000.

[130] 石炀,边兰春,葛天任. 社会空间与居住改善导向的历史街区居住再生——北京旧城若干历史街区的调查与分析[C]//新常态: 传承与变革——2015中国城市规划年会论文集（08城市文化）. 北京: 中国建筑工业出版社, 2015.

[131] 史明正,谢继华. 从御花园到公园——20世纪初北京城市空间的变迁[J]. 城市史研究, 2005, 23: 159-188.

[132] 宋融,刘开济. 关于小面积住宅设计的探讨[J]. 建筑学报, 1957（8）: 36-46.

[133] 宋晓龙,黄艳. "微循环式"保护与更新——北京南北长街历史街区保护规划的理论和方法[J]. 城市规划, 2000（11）: 59-64.

[134] 孙金楼,柳林. 住宅社会学[M]. 济南: 山东人民出版社, 1984.

[135] 邰磊. 以南池子改造为例浅谈北京四合院的保护[J]. 青岛理工大学学报, 2010（5）: 32-36.

[136] 谭烈飞. 解放后北京城市住宅的规划与建设[J]. 当代中国史研究, 2002（6）: 101-108.

[137] 王均,祝功武. 清末民初时期北京城市社会空间的初步研究[J]. 地理学报, 1999（1）: 69-76.

[138] 王伊倜,邵磊. 大型保障性住区政策机制的完善——以北京市垡头经适房和常营保障房为例[J]. 住区, 2012（3）: 118-124.

[139] 魏后凯, 陈雪原. 中国特大城市农转居成本测算及推进策略——以北京为例[J]. 区域经济评论, 2014（4）: 114-121.

[140] 魏科. 1990~2004: 北京两次大规模危改[J]. 北京规划建设, 2005（6）: 71-76.

[141] 温宗勇, 张翼然, 邢晓娟, 等. 城市体检: 北京"城中村"特征及整治策略研究[J]. 北京规划建设, 2018（3）: 139-149.

[142] 吴良镛. 北京旧城居住区的整治途径——城市细胞的有机更新与"新四合院"的探索[J]. 建筑学报, 1989（7）: 11-18.

[143] 吴良镛. 北京旧城与菊儿胡同[M]. 北京: 中国建筑工业出版社, 1994.

[144] 吴良镛. 关于北京市旧城区控制性详细规划的几点意见[J]. 城市规划, 1998（2）: 6-9.

[145] 项飚. 跨越边界的社区——北京"浙江村"的生活史[M]. 北京: 生活书店出版有限公司, 2018.

[146] 徐向东. 建国后北京城市建设方针的演变[J]. 北京党史研究, 1996（2）: 28-31.

[147] 阳建强. 中国城市更新的现况、特征及趋向[J]. 城市规划, 2000, 24（4）: 53-55+63.

[148] 杨青. 北京市市长办公会: 用3年时间集中整治"城中村"[EB/OL].（2004-09-27）[2021-09-05]. http://news.sina.com.cn/o/2004-09-27/16193783549s.shtml.

[149] 殷呈悦. "十二五"北京完成8.3万户棚改 人均寿命达发达国家水平[EB/OL].（2016-01-13）[2021-09-21]. https://www.takefoto.cn/viewnews-653134.html.

[150] 张红, 王悦, 任荣荣. 北京土地价格空间分布特征——基于单中心城市的视角[J]. 中国房地产（学术版）, 2014（2）: 45-50.

[151] 张慧茹. 2007年北京商品住宅市场回顾[J]. 城市开发, 2007（Z2）: 34-37.

[152] 张家明, 郝桂宝, 朱江红. 北京旧城区改造保护的模式探索[J]. 城市开发, 2004（12）: 30-32.

[153] 张杰, 李力. 当代北京城市住房发展的反思[J]. 城乡规划, 2009a, 1: 94-111.

[154] 张杰, 李力. 十年局变: 北京住房发展问题剖析[J]. 北京规划建设, 2009b（5）: 56-61.

[155] 张杰. 北京城市保护与改造的现状与问题[J]. 城市规划, 2002（2）: 73-75.

[156] 张杰. 探求城市历史文化保护区的小规模改造与整治——走"有机更新"之路[J]. 城市规划, 1996（4）: 14-17.

[157] 张念萍. 以房改带动危改将成为全市危改的一个重要模式: 危改试点龙潭西里建成入住[J]. 北京房地产, 2001（2）: 25-26.

[158] 张树林, 刘惠娟. 龙潭西里: 京城房改带动危改第一家[J]. 北京房地产, 2000（7）: 11-13.

[159] 张威, 刘佳燕, 王才强. 新加坡社区服务设施体系规划的演进历程、特征及启示[J]. 规划师, 2019（3）: 18-25.

[160] 张仙桥, 洪民文. 住宅社会学概论[M]. 北京: 社会科学文献出版社, 1993.

[161] 张振华. 增长联盟: 分析转型期我国地方政府与经济利益集团关系的一种理论视角[J]. 天津社会科学, 2011（1）: 72-77.

[162] 张艳, 柴彦威, 周千钧. 中国城市单位大院的空间性及其变化: 北京京棉二厂的案例[J]. 国际城市规划, 2009（5）: 20-27.

[163] 章英华. 二十世纪初北京的内部结构: 社会区位的分析[J]. 新史学, 1990（1）: 29-77.

[164] 赵燕菁. 探索新的范型: 概念规划的理论与方法[J]. 城市规划, 2001（3）: 38-52.

[165] 郑珺. 北京市文物保护工作的演进[C]//当代中国研究所, 宋月红. 第十届国史学术年会论文集. 北京: 当代中国出版社, 2011: 413-420.

[166] 中国大百科全书总编辑委员会. 中国大百科全书[M]. 北京: 中国大百科全书出版社, 1980.

[167] 周乐. 对北京当前大规模危旧房改造的思考[J]. 北京规划建设, 2002（4）: 43-47.

▶ 后记 ◀

本书作为国家出版基金项目、"十三五"国家重点出版物出版规划项目《城市社区更新理论与实践丛书》的一册，本人接到北京这个城市分册的分工时，心情忐忑直至付梓。当前我们正在步入一个"城市更新"不绝于耳的时代，既有对于过去数十年来更新历程的反思和批判，也肩负着当下不可逃避的"更新时代"委以的破题重任，更欣喜见证并身体力行地探索前沿多元的社区更新案例。

凡处变革时代，实践多领先于理论。本人作为规划从业者，更是深知"纸上得来终觉浅，绝知此事要躬行"的道理，故著书重点是尝试对北京社区更新的发展历程和最新实践探索做较为系统的梳理和思考。立足当下的认知，自然有所局限；未来审视之时，却也有记录这一转型时代思辨与探索的意义。书中收录的案例，大多小而不凡。社区虽小，与百姓生活息息相关之事实皆为大事，更新背后的复杂程度亦不容小觑；案例或小，却大多持续数年，并在理念、方法、路径上进行了全国乃至全球极为前沿的探索；案例既有自己亲身实践的，也有志同道合的好友多年倾力心血之作，有成功的探索，也有不足的遗憾，一并记录，不求全面,但求启示。行至书末,尝试对社区更新的目标、理念和路径进行初步的梳理,而未求进行理论、方法和模式的总结。在此城市更新走向转型、社区更新走向创新的时期,需要我们直面社区的多样性,鼓励探索的在地性,避免将无尽创造的可能扼杀在几个有限的概念名词中。

成书的一大遗憾是直至最终交稿,也未能等到北京市第七次人口普查数据的全面公布,导致很多关于社会—空间的数据分析时效性受限,同时也深感社区层面社会—空间数据的缺乏。要推动社区更新和社区治理,精细化的数据平台和数据治理应作为重要的前提条件,否则何谈精准,何谈人本。

感谢重庆大学建筑城规学院的赵万民教授和黄瓴教授,敏锐地捕捉到城市社区更新这一时代前沿挑战,并统筹组织丛书撰写。感谢中国建筑工业出版社(中国城市出版社)欧阳东副社长、石枫华主任、兰丽婷编辑的鼎力支持和辛勤付出。感谢清华同衡规划设计研究院的康进、张东林、田昕丽、毛芸芸,北京市城市规划设计研究院的赵幸,北京林业大学园林学院的钱云,北京工业大学建筑与城市规划学院的惠晓曦,愿景集团的江曼、刘楚、原艺,地瓜社区的周子书、郑言,海淀区社区提升与社会工作发展中心的刘乐璇,以及我的研究助理和研究生李宜静、沈毓颖、熊若仪、陈思羽、冉奥博等,在项目资料收集和整理中给予的大力支持。

期待更多的同仁和读者共同参与到社区更新共建之路的探索中,谢谢!

刘佳燕
2021年11月于清华园

图书在版编目（CIP）数据

北京城市社区更新理论与实践 / 刘佳燕著. — 北京：中国城市出版社，2022.7

（城市社区更新理论与实践丛书 / 赵万民，黄瓴主编）

ISBN 978-7-5074-3488-0

Ⅰ.①北… Ⅱ.①刘… Ⅲ.①城市—社区管理—研究—北京 Ⅳ.① D669.3

中国版本图书馆 CIP 数据核字（2022）第 116197 号

图书总策划：欧阳东
责 任 编 辑：石枫华　兰丽婷
书 籍 设 计：韩蒙恩
责 任 校 对：芦欣甜

城市社区更新理论与实践丛书
赵万民　黄　瓴　主编

北京城市社区更新理论与实践

刘佳燕　著

*

中国城市出版社、中国建筑工业出版社出版、发行（北京海淀三里河路9号）
各地新华书店、建筑书店经销
北京锋尚制版有限公司制版
北京富诚彩色印刷有限公司印刷

*

开本：787毫米×1092毫米　1/16　印张：14　字数：314千字
2022年7月第一版　2022年7月第一次印刷
定价：**150.00** 元
ISBN 978-7-5074-3488-0
　　（904492）

版权所有　翻印必究
如有印装质量问题，可寄本社图书出版中心退换
（邮政编码 100037）